新編諸子集成續編

風俗通義校注

上册

〔漢〕應劭 撰
王利器 校注

中華書局

圖書在版編目(CIP)數據

風俗通義校注/(漢)應劭撰;王利器校注. -2版.—北京:中華書局,2010.5(2022.4重印)
(新編諸子集成續編)
ISBN 978-7-101-07385-0

Ⅰ.風… Ⅱ.①應…②王… Ⅲ.①風俗習慣-中國-東漢時代②風俗通義-注釋③風俗通義-譯文 Ⅳ.K892

中國版本圖書館CIP數據核字(2010)第069400號

新編諸子集成續編
風俗通義校注
(全二册)
〔漢〕應 劭 撰
王利器 校注

*

中 華 書 局 出 版 發 行
(北京市豐臺區太平橋西里38號 100073)
http://www.zhbc.com.cn
E-mail:zhbc@zhbc.com.cn
三河市宏盛印務有限公司印刷

*

850×1168毫米 1/32 · 21⅜印張 · 4插頁 · 372千字
1981年1月第1版 2010年5月第2版
2022年4月第8次印刷
印數:16801-17700册 定價:65.00元

ISBN 978-7-101-07385-0

新編諸子集成續編出版緣起

新編諸子集成叢書，自一九八二年正式啟動以來，在學術界特别是新老作者的大力支持下，已形成規模，成爲學術研究必備的基礎圖書。叢書原擬分兩輯出版，第一輯擬目三十多種，後經過調整，確定爲四十種，今年將全部出齊。第二輯原來只有一個比較籠統的規劃，受各種因素限制，在實施過程中不斷發生變化，有的項目已經列入第一輯出版，因此我們後來不再使用第一輯的提法，而是統名之爲新編諸子集成。

隨着新編諸子集成這個持續了二十多年的叢書劃上圓滿的句號，作爲其延續的新編諸子集成續編，現在正式啟動。它的立意、定位與宗旨同新編諸子集成一脈相承，力圖吸收和反映近幾十年來國學研究與古籍整理領域的新成果，爲學術界和普通讀者提供更多的子書品種和哲學史、思想史資料。續編堅持穩步推進的原則，積少成多，不設擬目。希望本套書繼續得到海内外學者的支持。

中華書局編輯部

二〇〇九年五月

風俗通義校注目録

風俗通義校注敍例

應劭風俗通義，隋書經籍志入之雜家，前人評論，大都譏其不純，儕之俗儒；後進循聲，莫能原察。閒嘗繙帑其書，知其立言之宗旨，取在辯風正俗，觀微察隱，於時流風軌，鄉賢行誼，皆著爲月旦，樹之風聲，於隱惡揚善之中，寓責備求全之義；故其考文議禮，率左右采獲，期於至當，而不暖姝於一先生之言，至於人倫臧否之際，所以厚民風而正國俗者，尤兢兢焉。周禮合方氏職云：「除其怨惡，同其好善。」鄭玄注云：「所好所善，謂風俗所高尚。」其應氏之謂乎！

在中國封建社會時期，任何王朝，無不强調移風易俗之作用，漢代且設有風俗使，常以時分適四方，覽觀風俗。賈山至言曰：「風行俗成，萬世之基定。」〔一〕王吉上疏曰：「春秋所以大一統者，六合同風，九州共貫也。」〔二〕唐德宗時，遣黜陟使行天下，陸贄説使者庾何，請以五術省風俗爲首務〔三〕。樓鑰論風俗紀綱，謂：「國家元氣，全在風俗；風俗之本，實繫紀綱。」〔四〕鄭曉論風俗，謂：「夫世之所謂風俗者，施于朝廷，通于天下，貫于人心，關乎氣運，不可一旦而無焉者。」〔五〕黄中堅論風俗，謂：「天下之事，有視之無關于輕重，而實爲安危存亡所寄者，風俗是也。」〔六〕其視風俗之重也胥若是，蓋未嘗不以移風易俗爲手段，而達其潛移默化之目的，此春秋井田記所以有「同風俗」〔七〕之説也。良以吾華爲多民族之國家，幅員廣大，人口衆多，「百里不同風，千里不共俗」〔八〕，故爾古之大一統之君，繼同軌同文之後，莫不以同風俗爲急務也。然則風俗云者，誠爲研究封建社會不可或少之課題也。應氏此書，不僅爲論述此問題之權輿，抑且爲董理漢代風俗之第一手材料，足供研究中國風俗史者之要删。蓋應氏於通古今之郵而外，尤究心於通雅俗之故，故其書於先民在生活實踐中所積累之經驗而以俚語出之者，尤津津樂道焉，此於先漢古籍中尤爲不可多得者。劉知幾曰：「民者，冥也，冥然罔知，率彼愚蒙，牆面而視，或訛音鄙句，莫究本源，或守株膠柱，動多拘忌，故應劭風俗通生焉。〔九〕」

風俗通義之稱風俗通，四庫提要謂：「不知何以删去『義』字，或流俗省文，如白虎通義之稱白虎通，史家因之歟？」器案：華嶠、范曄俱稱風俗通，劉昭補注續漢書，裴松之注三國志，亦稱風俗通，補注且於五行志卷五引風俗通曰：「劭故往觀之，何在其有人也？……劭又通之曰云云。」又引風俗通曰：「光和四年四月，南宮中黃門寺有一男子長九尺云云。」臣昭注曰：「檢觀前通，各有未直。」然則是劭自以通爲言，而六朝承之也。洪邁嘗據此書謂漢儒訓釋，有通之名〔一〇〕，其說是矣而未盡也，應氏此書實已具三通之雛形，而爲後代「通書」之初祖，固非白虎通諸書之所可同日而語也。

桂馥謂風俗通，蓋劭「少年之作」〔一一〕，其說似是而實非。本書正失篇封泰山禪梁父條云：「予以空僞，承乏東嶽，忝素六載。」此爲仲遠行事見於本書最晚之年限。考本傳，劭以中平六年拜太山太守，至興平元年，棄官歸袁紹，前後適爲六載。則是書之成，當在歸袁以後。同篇彭城相袁元服條，盛稱袁氏「載德五世」，此亦歸袁後之佞言也。又續漢書五行志注引風俗通言：「光和中，……劭時爲太尉議曹掾云云」，光和爲漢靈帝中平前之年號，以光和紀元僅有七年，則劭之爲太尉議曹掾，不過早於拜太山太守者十許年耳，亦不得謂之少年。此皆應劭自言其歷官之於本書之足徵者，益知桂氏謂爲少作之不足據也。

應氏書，隋志著録三十卷，注：「録一卷，梁三十卷。」意林三十一卷，兩唐志俱作三十卷，而日本國見在書目又作卅一卷，當卽並録一卷計之耳。其書三十一卷，卷爲一篇，今存者十篇，則北宋時崇文先闕本，蘇頌以私本因官書校定，而次第録之者也。元祐中，嘗徵書於高麗，其目録中有風俗通義三十卷〔一二〕，然當時猶傳此本者，蓋彼邦亦無是也。其餘二十篇，見於蘇頌校風俗通義題序〔一三〕者：曰心政，曰古制，曰陰教，曰辨惑，曰析當，曰恕度，曰嘉號，曰徽稱，曰情遇，曰姓氏，曰諱篇，曰釋忌，曰輯事，曰服妖，曰喪祭，曰宮室，曰市井，曰數紀，曰新秦，曰獄法。蘇頌又云：「子鈔但著卷第凡三十一，而不記篇名，意林則存篇名，而無卷第，……而第八則篇名亦亡。」則應氏書原本三十一卷也，其作二十卷者亦非矣。而章學誠乃謂：「應劭風俗通義，劭自序寔十卷，隋書亦然，至唐志乃有三十卷，非疏解家爲之離析篇第，其書安得有三倍之多乎？〔一四〕」既昧探源，遂滋嚮壁，乃欲以通文史之義，續歆、固之業，豈非「白圭之玷」乎！

應氏書卷帙，今所存者，劣及三分之一，原書佚篇，已如蘇氏所舉，於其存者，覆加尋檢，則一篇之中，猶有佚條〔一五〕，一條之中，猶有佚句〔一六〕，甚矣，應書之厄也！自錢大昕以下諸家，蒐采遺文，拾遺補闕，冀復舊觀；而姓氏一篇，𦔮之者尤衆〔一七〕，前脩未密，後出轉精，諒乎其爲應氏之功臣也。唯諸家所𦔮，其沈而未鉤者固多，其𦔮而非佚者亦夥，錢輯則有孝文革舃、柘林爲弓二條，顧輯則有秦刻、漢書、藉田、大江、笙簨、坎侯、羌笛、秦箏、五聲、八音，及福脯、秦運十一條，此皆二氏之失者也。別有割裂未當，倫脊毫無，或一事而兩屬〔一八〕，或兩事而不分〔一九〕，或當在甲而入乙〔二〇〕，或既見前而重出〔二一〕，且有以漢以後之事而羼入者〔二二〕：凡此紕繆，悉爲是正，並依蘇氏所見篇目，略爲類聚。夫由今之所肝，欲以復應書之舊，懸解肊斷，不無得失，如之何其任情無例，至此極也！比年以來，逸書頗出，多爲前脩所不及見，其引應氏書，往往溢出舊肝之外，爰最録之，以程其識小之功，非以此求勝前人也。

昔呂氏著書，始發互見之例〔二三〕，後儒繼起，多沿其波，其述作繁富者，往往稱一事，陳一義，見於彼者，復具於此，出於甲者，又詳於乙，觀其會通，兼收並蓄，固無害也。今於本書説時王典制者，即取其漢官儀以相印證；又應氏漢書集解，可與本書相發明者，亦采獲無遺；蓋以應氏之説，證應氏之書，其爲證尤切也。

至是書之足供研讀後漢書之助者，尤爲指不勝數。後漢書周景傳及三國志吴書周瑜傳注引張璠漢紀，俱載當時論者，譏議韓演、周景二人之失，語焉不詳，其辭則見於本書之十反篇也。又後漢書方術傳中人，類皆流俗所傳，其中多有取古仙人名，傅會爲時人者。淮南子泰族篇已稱王喬、赤松子，齊俗篇作王喬、赤誦子，而東漢復有王喬；宋玉高唐賦已稱上成鬱林，而東漢復有上成公。俗語不實，流爲丹青。應氏則於正失篇葉令祠條，舉王喬事而辨其誣，其識高出東漢諸史，不啻倍蓰，此其一隅耳。

應氏書，自盧氏拾補爲之考文訂事，篳路襤褸，已導先路；其後，錢氏大昕、臧氏鏞堂、顧氏明、孫氏志祖、郝氏懿行、朱氏筠、劉氏師培，續有是正，而孫氏詒讓札迻所發二十許事，尤徵至。凡此，皆校注取精用宏之所資也。至於校注所用之底本則爲四部叢刊景印元大德本，而校以宋本〔二四〕、朱藏元本〔二五〕、明仿元大德丁未刊本〔二六〕、吴琯本〔二七〕、兩京遺編本〔二八〕、何允中本〔二九〕、程榮本〔三〇〕、胡文煥本〔三一〕、鍾惺評本〔三二〕、郎壁金本〔三三〕、汪士漢本〔三四〕、王謨本〔三五〕、鄭國勳本〔三六〕、百家類纂本〔三七〕、百子類函本〔三八〕、諸子彙函本〔三九〕、諸子合雅本〔四〇〕、古文奇賞本〔四一〕、諸子拔萃本〔四二〕、增訂漢魏六朝別解本〔四三〕，以及郎壁金校引之宋本、錢大昕所引之嚴于鈇本，徵引所及，例得備書。至諸古注、類書及子雜等書引及風俗通者，尤爲繁富，不及一一覼縷也。

一九七九年國慶三十周年紀念日王利器識于北京北新橋之争朝夕齋。

〔一〕漢書卷五十一賈山傳。

〔二〕漢書卷四十二王吉傳。

〔三〕新唐書卷一百五十七陸贄傳。

〔四〕攻媿集卷二十五奏議。

〔五〕策學卷二。

〔六〕蓄齋文集卷五。

〔七〕見佚文宫室篇，春秋公羊傳宣公十五年解詁説井田之義同。

〔八〕詳本書應劭風俗通義序引傳曰。

〔九〕劉知幾史通自序。

〔一〇〕容齋五筆卷六。

〔一一〕晚學集卷五書風俗通義後。

〔一二〕高麗鄭麟趾高麗史卷第十宣宗：「辛未八年六月丙午，李資義等還自宋，奏云：『帝聞我國書籍多好本，命館伴書所求書目録授之，乃曰：雖有卷第不足者，亦須傳寫附來。百篇尚書、……風俗通義三十卷、……計然十五卷。』」案：高麗宣宗八年，當宋哲宗元祐六年，所求書目録，共一百二十八種。

〔一三〕蘇魏公文集卷六十六。

〔一四〕校讐通義補鄭六之三。

〔一五〕如佚文聲音篇及祀典篇所列諸條。

〔一六〕如十反篇聘士彭城姜肱條、聲音篇琴條及箏條，俱有脱文，詳見各條校注。

〔一七〕今所見計有：殿本附録，朱筠，錢大昕，張澍，顧櫰三，姚東升（北京圖書館藏原稿本），王仁俊，陳漢章等，其它如臧庸、徐友蘭，亦略有斠補。

〔一八〕意林引「案秦昭王太后始臨朝也，牧守長不宜數易云云」，拾補分爲兩條；續漢書五行志注引「中平中，京師歌董逃，董卓以董逃之歌，主爲己發，大禁絶之，死者千數。靈帝之末，禮壞樂崩，賞罰失中云云」，拾補分爲兩條；陳漢章姓氏篇校補則不知「伯成」即「陽成」之誤，而分爲二，説詳佚文。

〔一九〕御覽九〇一引「靈帝于西園宮中駕四白驢云云」，及「凡人相罵曰死驢云云」，本爲二條，拾補合爲一條。

〔二〇〕拾補據御覽引「左回天、徐轉日、具獨坐、唐應聲云云」，不列入服妖篇中，其它如此者甚衆，不悉具。

〔二一〕拾補引「光武中興以來，五曹詔書，題鄉亭壁云云」條，重出。

〔二二〕御覽引「五月五日，集五色繒，辟兵，余問服君云云」，此裴玄新語文，御覽誤引，諸家斠本從之，誤甚。又猗覺寮雜記引「許自然」條，此唐人也，朱翌誤引。今皆駁正。

〔二三〕呂氏春秋諭大篇：「解在乎薄疑説衛嗣君以王術，杜赫説周昭文君以安天下云云。」高誘注：「説見務大篇。」

〔二四〕宋嘉定十三年（庚辰），東海丁黼刊本，每半頁九行，行十七字。存卷之四至卷之十，北京大學圖書館藏。丁黼，宋史卷四百五十四有傳，魏了翁鶴山大全集卷三十六答丁大監黼，卷三十七（與）丁制副（黼，甲午）。

〔二五〕元大德丁未，李果序刊本，每半頁十行，行十六字。有「朱筠」、「朱筠之印」、「大興朱氏竹君藏書之印」、「朱錫庚印」、「逸休堂藏書印」、「紹廉經眼」等藏書印，今歸寒齋。

〔二六〕簡稱明仿元本。

〔二七〕古今逸史，明吳琯刊本，此本爲四卷，簡稱吳本。

〔二八〕兩京遺編，明胡維新輯，萬曆十年刊本，簡稱兩京本。

〔二九〕漢魏叢書，明何允中輯，萬曆二十年刊本，簡稱何本。

〔三〇〕漢魏叢書，明程榮輯，萬曆二十年刊本，簡稱程本。

〔三一〕格致叢書，明胡文焕輯，萬曆三十一年胡氏文會堂刊本，簡稱胡本。

〔三二〕祕書九種，明鍾惺評輯，萬曆中金閶擁萬堂刊本，簡稱鍾評本。

〔三三〕明天啓丙寅（六年）郎璧金堂策檻刊本，簡稱郎本。

〔三四〕祕書廿一種，清汪士漢輯，康熙七年據古今逸史版重編印本，簡稱汪本。

〔三五〕增訂漢魏叢書，清王謨輯，乾隆五十六年金谿王氏刻本，簡稱王本。

〔三六〕龍谿精舍叢書，清鄭國勳輯刻本，簡稱鄭本。

〔三七〕百家類纂，明沈津纂輯，隆慶元年刊本，簡稱類纂。

〔三八〕百子類函，明葉向高選訂，萬曆壬子（四十年）刊本，簡稱類函。

〔三九〕諸子彙函，明歸有光輯，萬曆中刻本，簡稱彙函。

〔四〇〕諸子合雅，明萬曆中刻本，簡稱合雅。

〔四一〕古文奇賞，明萬曆中刻本，簡稱奇賞。

〔四二〕諸子拔萃，明李雲翔評選，天啓七年秣陵唐氏刻朱墨套印本，簡稱拔萃。

〔四三〕增定漢魏六朝別解，明葉紹泰輯，崇禎十五年刊本，簡稱別解。

風俗通義序〔一〕

漢太山〔二〕太守應劭〔三〕撰〔四〕　王利器校注

昔仲尼没而微言闕，七十子喪而大義乖〔五〕。重遭戰國，約從連横〔六〕，好惡殊心〔七〕，真僞紛争〔八〕：故春秋分爲五〔九〕，詩分爲四〔一〇〕，易有數家之傳〔一一〕；並以諸子百家之言〔一二〕，紛然殽亂〔一三〕，莫知所從。

〔一〕朱藏元本作「大德新刊校正風俗通義序」。

〔二〕「太山」，當作「泰山」，後漢書應劭傳亦作「太山」，此范曄避祖諱改；何本、郎本、鍾本作「泰山」。

〔三〕何本、郎本、鍾本「應劭」上有「南頓」二字。應劭，范書有傳。劭之字，范書作仲遠，李賢注：「謝承書、應氏譜並云字仲遠，續漢書文士傳作仲援，漢官儀又作仲瑗，未知孰是。」惠棟後漢書補注曰：「劉寬碑陰有故吏南頓應劭仲瑗，洪适云：『漢官儀作瑗。』官儀既劭所著，又此碑可據，則知遠、援皆非也。」器案：文心雕龍議對篇：「仲瑗博古而銓貫以敍。」水經河水注東阿縣下引應仲瑗，正作瑗，亦其證。郎本正文大題下署名亦作「漢南頓應劭仲瑗著」。今案：古人名字率以音近字代之，惟昔然矣，如見於史記仲尼弟子列傳之南宫括、論語作南宫适，曾蒧、論語作曾點，公伯繚、論語作公伯寮，皆其比也。應氏字仲遠，則其名當作卲，卲字從卩，子結反，高也。名卲字仲遠，義正相應。俗書卲、劭二字多混，晉人陳卲，晉書本傳作陳卲，隋書經籍志作陳劭；傳見三國志魏書之劉劭，官至散騎常侍，晉書刑法志作散騎常侍劉卲，亦其比也。

〔四〕「撰」字，朱藏元本、吴本、兩京本、胡本、汪本無。何本移此十字於序文末。按本傳云：「又删定律令，爲漢儀，建安元年乃奏之，……獻帝善之。二年，詔拜劭爲袁紹軍謀校尉。時始遷都於許，舊章堙没，書記罕存，劭慨然歎息，乃綴集所聞，著漢官禮儀故事，……録爲狀人紀，又論當時行事，著中漢輯序，撰風俗通，……凡所著述百三十六篇，又集解漢書，皆傳於時。後卒於鄴。」本序云：「今王室大壞，九州幅裂，亂靡有定，生民無幾。私懼後進，益以迷昧，聊以不才，舉爾所知，方以類聚，凡三十一卷，謂之風俗通義。」與本傳所敍相合。蓋風俗通義之撰成，當在棄泰山郡奔袁紹以後；書中劭自敍經歷，最晚爲「承乏東嶽，忝素六載」，劭以中平六年拜泰山太守，至興平元年棄官歸袁紹，前後適爲六年。此書成於歸袁以後，猶題爲「泰山太守」者，蓋從其所歷之高官。後漢書鄭玄傳載：「時大將軍袁紹總兵冀州，遣使要玄，大會賓客。……時汝南應劭亦歸於紹，因自贊曰：『故太山太守應仲遠北面稱弟子何如？』」蓋其自稱官閥如此也。三國志吴書張昭傳注：「汝南主簿應劭議云云，事在風俗通，昭著論駁之。」按此謂應劭作舊君議，時爲汝南主簿，其事收入風俗通，非謂作風俗通在爲汝南主簿時也。又案：三國志魏書武紀注引世語：「曹嵩在泰山華縣，太祖令泰山太守應劭送家詣兖州。劭兵未至，陶謙密遣數千騎掩捕，嵩家以爲劭迎，不設備。謙兵至，殺太祖弟於門中，嵩懼，穿後垣先出其妾，妾肥不能得出，嵩逃於廁，與妾俱被害，闔門皆死。劭懼，棄官赴袁紹。後太祖定冀州，劭時已死。」按曹操取鄴，在建安九年秋，則劭蓋死於是年也。

〔五〕漢書藝文志：「昔仲尼没而微言絶，七十子喪而大義乖。」注：「李奇曰：『隱微不顯之言也。』師古曰：『精微要妙之言也。七十子，謂弟子達者七十二人，舉其成數，故言七十。』」又劉歆傳載歆移書讓太常博士：「及夫子没而微言絶，七十子卒而大義乖。」家語孔安國序：「孔子既没而微言絶，七十二弟子終而大義乖。」范甯春秋穀梁傳序：「蓋九流分而微言隱，異端作而大義乖。」文選讓太常博士書李善注引論語讖（崇爵讖）曰：「子夏六十四人共撰仲尼微言。」吕延濟注曰：「大義謂詩、書、禮、樂之義也。」據此，則所謂「仲尼微言」，卽論語是也。

〔六〕韓非子五蠹篇：「從者，合衆弱以攻一强也；而衡者，事一强以攻衆弱也。」淮南子泰族篇：「張儀、蘇秦之從衡。」許慎注：「蘇秦合六國爲從，張儀説爲衡。」文選西都賦注引文穎曰：「關東爲從，關西爲横。」衡、横古通。文選過秦論：「約從離横。」李善注：「言諸侯結約爲從，欲以分離秦横也。」

〔七〕漢書藝文志諸子略：「時君世主，好惡殊方。」此應氏所本。

〔八〕漢書藝文志：「戰國從横，真僞分爭。」此應氏所本。案漢書宣紀：「使真僞毋相亂。」法言重黎篇：「欲讐僞者必假真。」徐幹中論考僞篇：「仲尼之没，於今數百年矣，其間聖人不作，唐、虞之法微，三代之教息，大道陵遲，人倫之中不定。於是惑世盗名之徒，因夫民之離聖教日久也，生邪端，造異術，假先王之遺訓以緣飾之，文同而實違，貌合而神遠，自謂得聖人之真也；各兼説特論，誣謡一世之人，誘以僞成之名，懼以虚至之謗，使人憧憧乎得亡，惙惙而不定，喪其故性，而不自知其迷也。」

〔九〕漢書藝文志：「故春秋分爲五。」注：「韋昭曰：『謂左氏、公羊、穀梁、鄒氏、夾氏也。』」

〔一〇〕漢書藝文志：「詩分爲四。」注：「韋昭曰：『謂毛氏、齊、魯、韓。』」

〔一一〕漢書藝文志：「易有數家之傳。」此應氏所本。又藝文志六藝略云：「凡易十三家，二百九十四篇。」隋書經籍志云：「猶以去聖既遠，而經籍散佚，簡札錯亂，而傳説紕謬；遂使書分爲二，詩分爲三，論語有齊、魯之殊，春秋有數家之傳。」此則行文便辭，非實事求是之論矣。

〔一二〕漢書藝文志諸子略：「諸子十家，其可觀者，九家而已。」十家謂儒、道、陰陽、法、名、墨、縱横、雜、小説，十家去小説，故曰九家。藝文志又曰：「凡諸子百八十九家，四千三百二十四篇。」漢書武紀贊：「罷黜百家。」注：「師古曰：『百家謂諸子雜説。』」後漢書安紀：「永初四年二月詔謁者劉珍及五經博士校定東觀五經、諸子、傳記、百家、藝術，整齊脱誤，是正文字。」注：「前書曰：『凡諸子百六（案當作「八」）十九家。』言百家，舉全數也。」器案：史記甘茂傳：「事下蔡史舉先生，學百家之説。」范雎傳：「五帝、三代之事，百家之説，吾亦知之。」五帝本紀：「百家言黄帝，其文不雅馴。」則秦、漢間人已有百家之説也。

〔一三〕「殽亂」，何本、郎本、鍾本作「散亂」，朏改。漢書藝文志曰：「諸子之言，紛然殽亂。」注：「師古曰：『殽，雜也。』」此應氏所本。廣弘明集載阮孝緒七録序曰：「逮于戰國，殊俗異政。百家競起，九流互作。」

漢興，儒者〔一〕競〔二〕復比誼會意〔三〕，爲之章句〔四〕，家有五六，皆析文便辭，彌以馳遠〔五〕；綴文之士〔六〕，雜襲龍鱗〔七〕，訓註説難，轉相陵高，積如丘山〔八〕，可謂繁富者矣。而至於俗間行語，衆所共傳，積非習貫〔九〕，莫能原察〔一〇〕。今王室大壞，九州幅裂〔一一〕，亂靡有定〔一二〕，生民無幾〔一三〕。私懼後進〔一四〕，益以迷昧，聊以不才，舉爾所知〔一五〕，方以類聚〔一六〕，凡一十卷〔一七〕，謂之風俗通義，言通於流俗之過謬〔一八〕，而事該之於義理也〔一九〕。

〔一〕儒者義詳本書佚文。

〔二〕「競」，原校云：「一本作『竟』。」朱藏元本同。嚴可均輯全後漢文引元刻本風俗通校語云：「一本作『興』。」

〔三〕「比誼」誼、義古通。吕氏春秋高誘序：「若有紕繆不經，後之君子，斷而裁之，比其義焉。」比義義與此同。周禮大司寇：「凡庶民之獄訟，以邦成弊之。」鄭衆注：「邦成，若今時決事比也。」賈公彥疏：「若令律有其斷事，皆依舊事斷之；其無條所，比類以決之，故云決事比。」器案：此文比字，亦比類、比例之義。漢書文紀：「比類從事。」師古注：「類比而從事。」又刑法志：「決事比萬三千四百七十二事。」師古曰：「比，以例相比況也。」後漢書陳寵傳：「寵爲鮑昱撰辭訟比七卷，決事科條，皆以事類相從。」又應劭傳：「輒撰具……決事比例。」諸比字義並同。

〔四〕章句之學，先漢已有之。後漢書徐防傳載：「防以五經久遠，聖意難明，宜爲章句，以悟後學，上疏曰：『臣聞詩、書、禮、樂，定自孔子，發明章句，始於子夏。』」漢書藝文志載易經有章句施、孟、梁丘氏各二篇，尚書有歐陽章句三十一卷，大小夏侯章句各二十九卷，春秋有公羊章句、穀梁章句，又劉歆傳載：「歆治左氏，引傳文以解經，轉相發明，由是章句義理備焉。」張禹傳載：「禹爲師，以上難數對己問經，爲論語章句獻之。」夏侯建傳載：「自師事勝及歐陽高，左右采獲，又從五經諸儒問，與尚書相出入者，牽引以次章句，具文飾說。」後漢書桓郁傳載：「明帝自制五家要說章句（注引華嶠書作五行章句），令郁校定於宣明殿。」又楊終傳載：「作春秋外傳，改定章句。」趙岐傳載：「作孟子章句。」牟長傳載：「著尚書章句。」何晏論語集解敍：「安昌侯張禹，本受魯論，兼講齊說，善者從之，號曰張侯論，爲世所貴；包氏、周氏章句出焉。」唐書藝文志：「自六藝焚於秦，師傳之道中絕，而簡編訛缺，學者莫得其本真，於是諸儒章句之學興。」馬瑞辰毛詩傳箋通釋一毛詩詁訓傳名義考曰：「漢儒說經，莫不先通訓詁。漢書揚雄傳言：『雄少而好學，不爲章句，訓故通而已。』儒林傳言：『丁寬作易說二萬言，訓故舉大義而已。』而後漢書桓譚傳亦言：『譚徧通五經，皆訓詁大義，不爲章句。』則知訓詁與章句有辨：章句者，離章辨句，委曲支派，而語多傅會，繁而不殺，蔡邕所謂『前儒特爲章句者，皆用其意傳，非其本旨』。劉勰所謂『秦延君之注堯典十餘萬字，朱普之解尚書三十萬言，所以通人惡煩，羞學章句也』。訓詁則博習古文，通其轉注假借，不煩章解句釋，而奧義自闢，班固所謂『古文讀應爾雅，故解古今語而可知也』。」

〔五〕漢書藝文志六藝略：「後世經傳，既已乖離，博學者又不思多聞闕疑之義，而務碎義逃難，便辭巧説，破壞形體，説五字之文，至於二三萬言；後進彌以馳逐，故幼童而守一藝，白首而後能言。安其所習，毁所不見，終以自蔽：此學者之大患也。」應氏卽本此。「馳遠」漢志作「馳逐」。禮記王制：「析言破律。」

〔六〕漢書劉向傳贊：「自孔子後，綴文之士衆矣。」文選皇甫謐三都賦序：「綴文之士，不率典言。」綴文，漢人又謂之屬文。漢書楚元王傳：「辟彊字少卿，亦好讀詩，能屬文。」顏師古注曰：「屬文，謂會綴文辭也。」又賈誼傳：「能讀詩、書，屬文。」師古曰：「屬謂綴緝之也，言其能文也。」案綴文卽綴字成句，聯句成章，組章成篇也。又漢書劉歆傳：「綴學之士。」義與此同。

〔七〕文選西都賦：「提封五萬，疆埸綺分，溝塍刻鏤，原隰龍鱗。」呂延濟注：「綺紛、刻鏤、龍鱗，皆地之畦疆，相交錯成文章。」龍鱗，漢人又多用作「魚鱗」，義並同。史記淮陰侯傳：「天下之士，雲合霧集，魚鱗雜遝。」漢書蒯通傳作「魚鱗雜襲」，師古曰：「雜襲猶雜沓，言相雜而累積。」又劉向傳：「魚鱗左右。」師古曰：「言在帝之左右，相次若魚鱗也。」又本書正失篇：「雜襲繼踵。」

〔八〕後漢書鄭玄傳論：「自秦焚六經，聖文埃滅。漢興，諸儒頗修藝文，及東京學者，亦各名家。而守文之徒，滯固所稟，異端紛紜。互相詭激；遂令經有數家，家有數説，章句多者，或迺百餘言。」所論與此同也。文選求立太宰碑表注引七略：「孝武皇帝勑丞相公孫弘，廣開獻書之路，百年之間，書積如山。」御覽六〇七引本書：「武帝廣開獻書之路，立五經博士，開弟子員，設科射策，勸以官禄，訖於元始，百有餘年，書積如丘山，傳業浸衆，枝葉繁滋，經説百萬言，蓋禄利之路然也。」

〔九〕漢書賈誼傳：「孔子曰：『少成若天性，習貫如自然。』」師古曰：「貫亦習也。」案：貫、慣通。

〔一〇〕蘇頌蘇魏公集六六校風俗通義題序引意林所載折當篇目録云：「泰山太守臣劭再拜上書曰：『秦皇焚書坑儒，六藝缺亡。高祖受命，四海乂安，往往於壁柱石室之中，得其遺文，竹朽帛裂，殘缺不備。至國家行事，俗間流語，莫能原察。故三代遣輶軒使者，經絶域，採方言，令人君不出户牖而知異俗之語耳。』」

〔一一〕三國志魏書崔琰傳：「琰對曰：『今天下分崩，九州幅裂。』」

〔一二〕詩小雅節南山：「不吊昊天，亂靡有定。」鄭玄箋云：「定，止。天下之亂，無肯止之者。」

〔一三〕詩小雅頍弁：「死喪無日，無幾相見。」箋云：「王政既衰，我無所依怙，死亡無有日數，能復幾何，與王相見也。」漢書五行志中之上：「民生幾何，誰能毋偷。」師古曰：「幾何，言無多時也。」

〔一四〕論語先進篇：「子曰：『先進於禮樂，野人也；後進於禮樂，君子也。』」釋文引包曰：「先進、後進，謂士先後輩也。」鄭曰：「先進、後進，謂學也。」

〔一五〕論語子路篇：「仲弓爲季氏宰，問政，子曰：『先有司，赦小過，舉賢才。』曰：『焉知賢才而舉之？』曰：『舉爾所知；爾所不知，人其舍諸！』」

〔一六〕易繫辭上：「方以類聚，物以羣分。」語又見禮記樂記。

〔一七〕「凡一十卷」，程本、奇賞本作「凡十一卷」，誤。朱筠曰：「案文獻通考，陳氏云：『風俗通義，唐志三十卷，今惟存十卷。』此序自云一十卷，蓋後人刻本所改，當作『三十』。」盧文弨羣書拾補作「凡三十一卷」，云：「今多作『凡一十卷』，乃妄人所改。」案嚴可均輯全後漢文作「凡三十一卷」，乃嚴氏校改，非所見爲三十一卷本也。

〔一八〕續漢書五行志五補注：「風俗通曰：『劭故往視之，何在其有人也，走漏污處，膩赭流漉，壁有他剥數寸曲折耳。』劭又通之曰云云。」又：「風俗通曰：『光和四年四月，南宮中黄門寺有一男子』云云，臣昭注曰：『檢觀前通，各有未直』云云。」劉昭用通字，卽本應氏自序之義。

〔一九〕後漢書本傳：「撰風俗通，以辯物類名號，釋時俗嫌疑，文雖不典，後世服其洽聞。」三國志魏書王粲傳注引華嶠漢後書：「子劭，字仲遠，亦博學多識，尤好事，諸所撰述，風俗通等，凡百餘篇，辭雖不典，世服其博聞。」史通自敍篇：「民者，冥也，冥然罔知。率彼愚蒙，牆面而視。或訛音鄙句，莫究本源；或守株膠柱，動多拘忌：故應劭風俗通生焉。」諸子彙函曰：「應劭，漢太山太守，著書寓同風易俗之意。」又曰：「作風俗通，爲一時鉅典，誠爲政辨風正俗之本也。」

風者，天氣有寒煖，地形有險易〔一〕，水泉有美惡，草木有剛柔也〔二〕。俗者，含血之類〔三〕，像〔四〕之而生，故言語歌謳異聲，鼓舞動作殊形，或直或邪，或善或淫也〔五〕。聖人〔六〕作〔七〕而均齊之，咸歸於正；聖人廢，則還其本俗〔八〕。尚書：「天子巡守〔九〕，至於岱宗〔一〇〕，覲諸侯〔一一〕，見百年〔一二〕，命大師陳詩，以觀民風俗〔一三〕。」孝經曰：「移風易俗，莫善於樂〔一四〕。」傳曰：「百里不同風，千里不同俗，户異政，人殊服〔一五〕。」由此言之：爲政之要，辯風正俗〔一六〕，最其上也〔一七〕。

〔一〕盧文弨曰：「『險易』，御覽作『陰陽』。」徐友蘭曰：「謹案：當是『隂易』，故譌『險易』。隂見乾坤鑿度，雖僞書，然所用古字，當有元本，第錯畫多譌易耳，正與穆天子傳類也。隂字當從二日，與霒、黔、黔同意，許君解侌字爲雲覆日，正與𨊠義近也。㗊譌吅，上今奪爲亼，下云譌从，遂爲險字。」器案：文獻通考經籍考卷四十引亦作「陰陽」，此蓋別本。孫子始計篇：「地者，遠近、險易、廣狹、死生也。」淮南子兵略篇：「易則用車，險則用騎。」高誘注曰：「易，平地也。」

〔二〕意林無「也」字。漢書五行志下之上注：「應劭曰：『風，土地風俗也。』」

〔三〕史記律書：「自含血戴角之獸，見犯則校。」則凡動物俱可以含血稱之。此文含血之類，則指人類。後漢書趙壹傳：「使乾皮復含血，枯骨復被肉。」亦正謂圓顱方趾之倫耳。

〔四〕「像」，意林、通考作「象」，古通。

〔五〕禮記王制：「凡居民財，必因天地寒煖燥濕，廣谷大川易制，民生其間者異俗，剛柔輕重遲速異齊。」

〔六〕意林引本書：「易云：『利見大人。』大人與聖人，其義一也。」類聚等引本書：「聖者，聲也，通也，言其聞聲知情，通於天地，條暢萬物，故曰聖也。」詳佚文。

〔七〕作謂興起，讀如孟子公孫丑上「賢聖之君六七作」之作。

〔八〕漢書地理志下：「凡民函五常之性，而其剛柔緩急音聲不同，繫水土之風氣，故謂之風。好惡取舍，動静亡常，隨君上之情欲，故謂之俗。孔子曰：『移風易俗，莫善於樂。』言聖王在上，統理人倫，必移其本而易其末，此混同天下，壹之虖中和，然後王教成也。」劉晝新論風俗章：「風者，氣也。俗者，習也。土地水泉，氣有緩急，聲有高下，謂之風焉。人居此地，習以成性，謂之俗焉。風有厚薄，俗有淳澆，明王之化，當移風使之雅，易俗使之正。」

〔九〕「守」，吳本、郎本、鍾本、汪本、鄭本及全後漢文作「狩」，古通。

〔一〇〕文見孔本尚書舜典，竊疑此及下文俱出尚書大傳。本書引經文及經説多相混。白虎通德論巡守篇所引尚書大傳，與此下文同，此二句自應與下文相連屬，知書傳引經文而釋之如此也。又此及下文俱見禮記王制篇，陳立白虎通疏證卷六云：「蓋伏生引以釋書也。」岱宗，詳後正失篇封泰山禪梁父及山澤篇五嶽。

〔一一〕「觀」，尚書大傳作「見」，禮記作「覲」。

〔一二〕「見」，尚書大傳作「問」。路史後紀十二疏仡紀引鄭玄注：「百年，老成人；見，尊之至。」則鄭本大傳仍作「見」。王制鄭注：「覲，見也，就見老人。」漢書萬石君傳：「問百年，民所疾苦。」

〔一三〕白虎通巡守篇引尚書大傳：「見諸侯，問百年，命大師陳詩，以觀民風俗。」漢書藝文志六藝略曰：「古有采詩之官，王者所以觀風俗，知得失，自考正也。」又食貨志曰：「春秋之月，羣居者將散，行人振木鐸，徇於路以采詩；獻之大師，比其音律，以聞于天子。故曰：王者不窺牖户而知天下。」又禮樂志：「乃立樂府，采詩夜誦。」師古曰：「采詩，依古遒人徇路，采取百姓謳謡，以知政教得失也。」王制鄭注：「陳詩，謂采其詩而視之。」疏云：「此謂王巡守，見諸侯畢，乃命其方諸侯大師——是掌樂之官，各陳其國風之詩，以觀其政令之善惡：若政善，詩辭亦善，政惡，詩辭亦惡；觀其詩則知君政善惡。故天保詩云：『民之質矣，日用飲食。』是其政和；若其政惡，則十月之交『徹我牆屋，田卒汙萊』是也。」器案：采詩，漢代又謂之舉謡言。後漢書羊續傳：「爲南陽太守，……採問風謡，然後乃進。」又郅壽傳：「聖王聽歌謡於路。」又劉陶傳：「詔以謡言舉刺史二千石，由是諸坐謡言徵者，悉拜議郎。」又蔡邕傳：「又令三公謡言奏事。」又范滂傳：「後詔三府掾屬舉謡言。」又李郃傳：「和帝分遣使者至州縣觀採風謡。」三國志魏書武紀注引魏書：「靈帝詔書勅三府舉奏，……民爲作謡言者，免罷之。」後漢書蔡邕傳注引漢官儀：「三公聽採長吏臧否，人所疾苦，還條奏之，是爲舉謡言者也。」

〔一四〕引孝經，見廣要道章。漢書五行志下：「夫天子省樂以作風。」注：「應劭曰：『風，土地風俗也。省中和之風以作樂，然後可移惡風移惡俗也。』」

〔一五〕漢書王吉傳：「百里不同風，千里不同俗，户異政，人殊服。」又貨殖傳：「國異政，家殊俗。」

〔一六〕「辯」，文選王元長三月三日曲水詩序注引作「辨」；集注殘本引「政」作「正」。

〔一七〕晏子春秋内篇問上景公問明王之教民何若章：「古者，百里而異習，千里而殊俗，故明王脩道，一民同俗。」

周、秦常以歲八月遣輶軒之使，求異代方言，還奏籍之，藏於秘室〔一〕。及嬴氏之亡，遺脱漏棄，無見之者〔二〕。蜀人嚴君平有千餘言〔三〕，林閭翁孺〔四〕才有梗概之法〔五〕；揚雄好之，天下孝廉〔六〕衞卒〔七〕交會，周章質問〔八〕，以次注續，二十七年，爾乃治正〔九〕；凡九千字，其所發明，猶未若爾雅之閎麗也，張竦以爲懸諸日月不刊之書〔一〇〕；予實頑闇，無能述演，豈敢比隆於斯人哉〔一一〕！顧惟述作之功〔一二〕，故聊光啟之耳。

〔一〕意林、文選七命注、又顔延年曲水詩序注、文選曲水詩序集注及任彦昇宣德皇后令集注、事類賦五引俱無「歲」字，御覽七七九、職官分紀四五引有。「遣輶軒之使求異代方言」，意林作「遣輶軒使者採異代方（道藏本誤「芳」）言」。七命注、曲水詩序注及集注、宣德皇后令集注引無「遣」字，書鈔四〇、御覽引有。「求」，書鈔、分紀、事類賦作「採」，御覽、全後漢文作「采」，拾補引孫曰：「文選顔延年曲水詩序注引此作『采』（器案：六臣本作「採」），七命注作『採』（器案：宣德皇后令集注作「採」），意林同。」事類賦引「代」作「俗」，肊改。「還奏籍之」，御覽、分紀引無「籍」字。「藏於秘室」，意林、七命注、事類賦作「藏之祕府」。器案：説文車部：「輶，輕車也。」文選吴都賦：「輶軒蓼擾。」李周翰注：「輶軒，輕車也。」異代方言者，異謂異語，代謂代語。方言十云：「皆南楚、江、湘之間代語也。」郭注：「凡以異語相易謂之代也。」又十三注：「鼻、祖，皆始之别名也，轉復訓以爲居，所謂代語者也。」事類賦引作「異俗方言」，所謂不知妄作也。奏籍者，據揚雄答劉歆書：「嘗聞先代輶軒之使，奏籍之書，皆藏於周、秦之室。」郭璞方言序：「蓋聞方言之作，出乎輶軒之使，所以巡遊萬國，采覽異言，車軌之所交，人迹之所蹈，靡不畢載，以爲奏籍。」奏籍，蓋謂奏進之簿籍，御覽、分紀無「籍」字，非是。秘室者，漢書藝文志：「於是建藏書之策，置寫書之官，下及諸子傳説，皆充祕府。」注：「如淳曰：『劉歆七略曰：外則有太常、太史、博士之藏，内則有延閣、廣内、祕室之府。』」則祕室又稱祕府也。

〔二〕意林作「及嬴氏之亡，遺棄殆盡」。

〔三〕道藏本意林「千」作「十」，誤。戴震方言疏證曰：「案常璩華陽國志：『高尚逸民嚴遵，字君平，成都人。』又云：『嚴君平經德秉哲。』漢書地理志：『後有王褒、嚴遵、揚雄之徒，文章冠天下。』又王貢兩龔鮑傳：『蜀有嚴君平，博覽無不通；揚雄少時從游學，蜀人愛敬，至今稱焉。』嚴遵卽莊遵，漢顯宗孝明皇帝諱莊，始改爲嚴。揚雄法言開明篇：『蜀莊沈冥，蜀莊之才之珍也。』吳祕注云：『莊遵字君平。』洪邁容齋隨筆以法言不諱莊字，何獨至此書而曰嚴？不知本書不諱而後人改之者多矣。此書下文『蜀人有揚、莊者』，不改莊字，豈獨習於嚴君平之稱而妄改之與？」

〔四〕意林「孺」下有「者」字。拾補云：「華陽國志：『林閭，字翁孺，臨邛人，揚雄師也。』」戴氏疏證曰：「案廣韻：『林閭氏，出自嬴姓。文字志云：後漢有蜀郡林閭翁孺，博學善書。』而華陽國志乃云：『林閭字公孺，臨邛人，揚雄師之。見方言。』又云：『林翁儒訓詁玄遠。』似以爲林姓閭名，且公孺、翁儒，訛舛互異；據此書，林閭定是複姓。」錢繹方言箋疏云：「案王應麟姓氏急就篇云：『漢揚雄書：林閭婦，蜀郡掌氏子。』其誤與常璩同。」

〔五〕錢繹箋疏曰：「方言卷十三云：『梗，略也。』注云：『梗概大略也。』張衡東京賦：『故粗爲賓言其梗概如此。』薛綜注云：『梗概，不纖密，言粗舉大綱如此之言也。』後漢書杜篤傳云：『故略其梗概。』李賢注：『梗概，猶言粗略也。』左思魏都賦云：『時梗概於滮池。』聲轉而爲辜較，孝經云：『蓋天子之孝也。』孔傳云：『蓋者，辜較之辭。』劉炫述義云：『辜較，猶梗概也，孝道既廣，舉其大略也。』

〔六〕漢書武紀：「元光元年冬十一月，初令郡國舉孝廉各一人。」顏師古注曰：「孝謂善事父母者，廉謂清潔有廉隅者。」武紀又載：「元朔元年，有司奏議曰：『今詔書昭先帝聖緒，令二千石舉孝廉，所以化元元，移風易俗也。不舉孝，不奉詔，當以不敬論；不察廉，不勝任也，當免。』」北堂書鈔設官部引漢官儀：「和帝詔曰：『大郡口五十萬，舉孝廉二人。』」後漢書和紀：「永元十三年九月詔：『其令緣邊郡口十萬以上，歲舉孝廉一人；不滿十萬，二歲舉一人；五萬以下，三歲舉一人。』」案後漢書丁鴻傳：「時大郡口五六十萬，舉孝廉二人，小郡口二十萬，并有蠻、夷者，亦舉二人，帝（和帝）以爲不均，下公卿會議。鴻與司空劉方上言：『凡口率之科，宜有階品，蠻、夷錯雜，不得爲數。自今郡國率二十萬口歲舉孝廉一人，四十萬二人，六十萬三人，八十萬四人，百萬五人，百二十萬六人，不滿二十萬，二歲一人，不滿十萬，三歲一人。』帝從之。」和帝詔蓋卽據丁、劉之言。續漢書百官志五：「郡太守、王國相，本注曰：『歲盡，遣吏上計，并舉孝廉，郡口二十萬舉一人。』」當時名額分配比例，亦隨時隨地而異宜；舉二人或舉一人，則俱謂舉孝與廉各二人或各一人，安帝永初二年詔所謂居鄉里有廉清孝順之稱者，亦分別言之，故曰與廉舉孝，非謂孝廉爲一人也。歲盡者，劉昭注補引盧植周禮小行人「秋獻功」注曰：「計斷九月，因秦以十月爲正故也。」又後漢書順紀載：「陽嘉元年冬十一月辛卯，初令郡國舉孝廉，限年四十以上，諸生通章句，文吏能牋奏，乃得應選。」則舉孝廉又有限年之制也。又案：意林、書鈔七九引傅子：「閒歲察舉孝廉而上之，皆是九州百郡之士，風異俗殊，所尚不同。」則揚雄之所以向天下孝廉周章質問者，正以其風異俗殊，所尚不同也。

〔七〕續漢書百官志五注引漢官儀：「民年二十三爲正，一歲以爲衛士，……年五十六老衰，乃得免爲民，就田。」衛卒卽衛士。

〔八〕漢書武紀：「南越獻馴象。」應劭注曰：「馴者，教能拜起，周章從人意也。」楚辭九歌雲中君：「聊遨遊兮周章。」王逸注：「周章，猶周流也。」顔氏家訓勉學篇：「齊有宦者内參田鵬鸞，……時伺間隙，周章詢請。」文選楊德祖答臨淄侯牋：「自周章於省覽，何遑高視哉！」張銑注曰：「周章，馳逐也。」隋書王貞傳：「謝齊王索文集啓：『咫尺天人，周章不暇。』」按周章猶言周流章皇，文選羽獵賦：「章皇周流。」注：「章皇，猶彷徨也；周流，周匝流行也。」

〔九〕劉淇助字辨略三曰：「此爾字，猶云斯也，然後也。爾既訓此，故得轉爲斯也。」

〔一〇〕張竦，字伯松，見漢書張敞杜鄴陳遵傳，即王莽傳所謂「欲求封，過張伯松」者也。揚雄答劉歆書：「常聞先代輶軒之使，奏籍之書，皆藏於周、秦之室。及其破也，遺棄無見之者。獨蜀人有嚴君平、臨邛林閭翁孺者，深好訓詁，猶見輶軒之使所奏言。翁孺與雄外家牽連之親，又君平過誤有以私遇少而與雄也。君平財有千言耳，翁孺梗概之法略有。翁孺往數歲死，婦蜀郡掌氏子，無子而去。而雄始能草文，先作縣邸銘、王佴頌、階達銘及成都城四隅銘；蜀人有楊莊者爲郎，誦之於成帝，成帝好之，以爲似相如。雄以此得外見。此數者，皆都水君嘗見也，故不復奏。雄爲郎之歲，自奏：少不得學，而心好沈博絶麗之文，願不受三歲之奉，且休脱直事之繇，得肆心廣意，以自克就。有詔：『不可奪奉，令尚書賜筆墨錢六萬，得觀書於石室。』（據疏證本）如是，後一歲，作繡補、靈節、龍骨之銘詩三章，成帝好之，遂得盡意。故天下上計孝廉及内郡衛卒會者，雄常把三寸弱翰，齎油素四尺，以問其異語，歸卽以鉛摘次之於槧，二十七歲於今矣；而語言或交錯相反，方復論思詳悉集之。燕其疑張伯松不好雄賦頌之文，然亦有以奇之，常爲雄道言其父及其先君憙典訓，屬雄以此篇目，頗示其成者，伯松曰：『是縣日月不刊之書也。』」戴氏疏證曰：「據上云『語言或交錯相反，方復論思詳悉集之。』是歆求方言時，雄撰集尚未成，此云『示其成者』，正以見有未成者耳。今書中有僅舉其字，不辨何方云然，蓋方言究屬雄未成之書。洪邁以漢書本傳無所謂方言，藝文志亦不載方言，遂疑非雄作。又云：『書稱汝、潁之間，先漢人無此語也。』則書内舉水名以表其地者多矣，何以先漢人不得稱汝、潁之間邪？應劭風俗通義序云：『周、秦常以歲八月，遣輶軒之使，……張竦以爲懸諸日月不刊之書。』任昉南徐州蕭公行狀：『竝勒成一家，懸諸日月。』李善注云：『揚雄方言曰：雄以此篇目煩示其成者張伯松，伯松曰：是懸諸日月不刊之書也。』此注重『伯松』二字，有訛舛。」（器案「伯松」二字不重，屬上句讀之，其理自貫。）錢氏箋疏曰：「按漢書揚雄傳備列雄所著書，獨無方言。常璩華陽國志及藝文志小學類亦但有訓纂一篇，儒家有雄所序三十八篇，亦不及方言。東漢一百九十年中，未有稱揚子作方言者；至漢末應劭風俗通義序始稱：『周、秦以歲八月，遣輶軒之使，……二十七年，爾乃始正。』又劭注漢書引揚雄方言一條。是稱揚子作方言者，案自劭始。至魏孫炎注爾雅，吴薛綜述二京解，晉杜預注左傳，張載、劉逵注三都賦，皆遞相證引；沿及東晉，郭氏遂注其書；後儒稱揚子方言，蓋由於是。郭氏云：『三五之篇著。』與歆書『十五篇』之數正合。而隋書經籍志云：『方言十二卷。』舊唐書稱：『別國方言十三卷。』是并十五爲十三，斷在郭注後、隋以前無疑矣。又風俗通義序取答書語，詳具本末，云：『方言凡九千字。』今計本文實萬一千九百餘字，蓋子雲此書本未成也。觀其答劉歆書言：『交錯相反，方復論思詳悉集之。』又云：『張伯松屬雄以此篇目，頗示其成者。』又云：『如可寬假延期，必不敢有愛。』其曰『方復論思詳悉集之』，則正在搆綴時也；曰『頗示其成者』，則尚有未成者也；曰『寬假延期，必不敢有愛』，則謂他時成書之後也；書中自十二卷以下，大率皆僅舉其字，不言何方，其明證也。當歆求書時，撰集未備，歆欲借觀未得，故七録不載，漢志亦不著録。至卷帙字數之不同，或子雲既卒之後，侯芭之徒，搜其遺稿，私相傳述，不免輾轉附盜，如徐鉉之增説文，故字多於前；厥後傳其學者，以漢志無方言之名，而小學家有別字十三篇，不著撰人名氏，恐其假借影附，故證其實出於揚子，遂并爲一十三卷，以就其數，故卷減於舊歟？至宋志又云十四卷，當因劉歆書及揚子答書向附籍卷末者，亦別爲卷而併數之，無可疑也。」器案：華陽國志蜀都士女篇言「典莫正於爾雅，故作方言。」當即本之應氏「言其所發明，猶未若爾雅之閎麗」之說，錢氏言「常志不言揚子作方言」，可謂失之眉睫。漢志著録之別字，錢大昕三史拾遺亦以爲：「即揚雄所撰方言十三卷也。本名輶軒使者絶代語釋別國方言，或稱別字，或稱方言，皆省文。」案後漢書光武十王傳載東平王所著有別字，蓋仿雄書而爲之。

〔二〕意林作「余雖不才，敢比隆於斯人」。史記劉敬傳：「哭泣之聲未絶，傷痍者未起，而欲比隆於成、康之時，臣竊以爲不侔也。」

〔三〕禮記樂記：「作者之謂聖，述者之謂明，明聖者，述作之謂也。」鄭玄注：「述謂訓其義也。」疏云：「作者之謂聖，聖者，通達物理，故作者之謂聖，則堯、舜、禹、湯是也。述者之謂明，明者，辨説是非，故修述者之謂明，則子游、子夏之屬是也。」

昔客爲齊王畫者〔一〕，王問：「畫孰最難？孰最易？〔二〕」曰：「犬馬最難，鬼魅最易。」犬馬旦暮在人之前，不類不可，類之故難；鬼魅無形，無形者不見，不見故易〔三〕。今俗語雖云浮淺〔四〕，然賢愚所共咨論，有似犬馬，其爲難矣；并綜事宜於今者，孔子稱：「幸苟有過，人必知之。」〔五〕俾諸明哲〔六〕，幸詳覽焉。

〔一〕何本、郎本、程本、鍾本無「客」字。

〔二〕何本、郎本、程本、鍾本、鄭本作「最易」，無「孰」字。

〔三〕何本、郎本、鍾本作「無形者不見故易」，不重『不見』二字。按韓非子外儲説左上：「客有爲齊王畫者，齊王問曰：

『畫孰最難者？』曰：『犬馬最難。』『孰最易者？』曰：『鬼魅最易。』夫犬馬，人所知也，旦暮罄於前，不可類之，故難。鬼魅無形者，不罄於前，故易之也。」卽此文所本。淮南子氾論篇：「今夫圖工好畫鬼魅而憎圖狗馬者，何也？鬼魅不世出，而狗馬可日見也。夫存危治亂，非智不能，而道先（從王念孫說乙正）稱古，雖愚有餘；故不用之法，聖王弗行，不驗之言，聖王弗聽。」後漢書張衡傳：「譬猶畫工惡圖犬馬，而好作鬼魅，誠以實事難形，而虛僞不窮也。」劉晝新論正賞篇：「由今之人畫鬼魅者易爲巧，摹犬馬者難爲工，何者？鬼魅質虛，而犬馬質露也。」

〔四〕漢書東方朔傳贊：「其事浮淺。」

〔五〕論語述而篇：「陳司敗問：『昭公知禮乎？』孔子曰：『知禮。』孔子退。揖巫馬期而進之，曰：『吾聞君子不黨。君子亦黨乎？君取於吳爲同姓，謂之吳孟子。君而知禮，孰不知禮！』巫馬期以告，子曰：『丘也幸苟有過，人必知之。』」

〔六〕詩大雅烝民：「旣明且哲，以保其身。」漢書刑法志：「躬明悊之性。」悊卽哲字，說文心部悊下云：「『哲』或從心。」

風俗通義皇霸卷一〔一〕

漢汝南應劭著〔二〕　　江津王利器校注

蓋天地剖分，萬物萌毓〔三〕，非有典藝〔四〕之文，堅基可據，推當今以覽太古，自昭昭而本冥冥〔五〕，乃欲審其事而建其論，董其是非而綜其詳畧〔六〕，言也實爲難哉！故易紀三皇，書敍唐、虞，惟天爲大，唯堯則之，巍巍其有成功，焕乎其有文章〔七〕。自是以來，載籍昭晳。然而立談者人異，綴文者家舛〔八〕，斯乃楊朱哭於歧路〔九〕，墨翟悲於練素者也〔一〇〕。是以上述三皇，下記〔一一〕六國，備其終始曰皇霸。

〔一〕程本、鄭本「第」上有「卷」字，何本、胡本、鍾本作「卷一」，今從元本。蘇頌校風俗通義題序載三十一卷本篇名、卷第云：「獨皇霸一篇，同爲第一。」

〔二〕何本、胡本、鍾本有此一行，今從之。

〔三〕萌毓即萌育，易蠱卦：「君子以果行育德。」釋文：「王肅本作『毓德』。」漢書五行志中之上：「孕毓根核。」師古曰：「『毓』字與『育』同。」

〔四〕類聚五二引王粲儒吏論：「古者，八歲入小學，學六甲、五方、書計之事，……文法典藝，具存於此矣。」典藝，猶言經典。賈誼新書六本篇：「詩、書、易、春秋、禮、樂，六者之本，謂之六藝。」漢書藝文志有六藝略，師古曰：「六藝，六經也。」

〔五〕莊子知北游：「夫昭昭生於冥冥。」淮南人間篇：「人能由昭昭於冥冥，則幾於通矣。」又要略篇：「昭昭之通冥冥。」又繆稱篇：「人能貫冥冥入于昭昭，可與言至矣。」漢書外戚孝武李夫人傳：「去彼昭昭，就冥冥兮。」則以「昭昭」與「冥冥」對文，爲漢人習慣用法。昭昭亦作炤炤，淮南子泰族篇：「由冥冥至炤炤。」又：「從冥冥見炤炤。」

〔六〕「詳畧」，原作「詳矣」，拾補曰：「疑。」劉師培風俗通義書後曰：「『矣』疑『略』。」今據改正。

〔七〕論語泰伯篇：「子曰：『大哉！堯之爲君也！巍巍乎惟天爲大，唯堯則之。蕩蕩乎民無能名焉，巍巍乎其有成功也，煥乎其有文章。』」集解：「孔安國曰：『則，法也；美堯能法天而行化也。』何晏曰：『功成化隆，高大巍巍也。煥，明也；其立文垂制，復著明也。』」

〔八〕漢、魏、六朝人以「家」、「人」對文，「家」、「人」義同，詳遼海引年器撰「家」「人」對文解。

〔九〕「歧」原作「岐」，今改。

〔一〇〕程本、鄭本「練素」作「絲素」，郎本校云：「俗本作『絲素』，今從宋本。」案：淮南子說林篇：「楊子見逵路而哭之，爲其可以南可以北；墨子見練絲而泣之，爲其可以黄可以黑。」

〔一一〕郎本、程本、鄭本「記」作「紀」。

三皇〔一〕

春秋運斗樞説：「伏羲、女媧、神農，是三皇也。〔二〕」皇者天〔三〕，天不言，四時行焉，百物生焉〔四〕；三皇垂拱無爲〔五〕，設言而民不違〔六〕，道德玄泊〔七〕，有似皇天，故稱曰皇〔八〕。皇者，中也，光也，弘也；含弘〔九〕履中，開陰陽〔一〇〕，布剛上〔一一〕，含皇極〔一二〕，其施光明，指天畫地〔一三〕，神化潛通〔一四〕，煌煌盛美〔一五〕，不可勝量。禮號謚記說〔一六〕：「伏羲、祝融、神農。〔一七〕」含文嘉記〔一八〕：「虙戲，燧人，神農〔一九〕。伏者，別也，變也〔二〇〕；戲者〔二一〕，獻也，法也；伏羲始別八卦，以變化天下，天下法則，咸伏貢獻，故曰伏羲也〔二二〕。燧人始鑽木取火〔二三〕，炮生爲熟，令人無復腹疾〔二四〕，有異於禽獸，遂天之意，故曰遂人也〔二五〕。神農，神者，信也；農者，濃也；始作耒耜，教民耕種，美其衣食，德濃厚若神〔二六〕，故爲神農也。」尚書大傳說：「遂人爲遂皇，伏羲爲戲皇，神農爲農皇也。遂人以火紀〔二七〕，火，太陽也〔二八〕，陽尊，故託遂皇於天；伏羲以人事紀，故託戲皇於人。蓋天非人不因〔二九〕，人非天不成也。神農以地紀〔三〇〕，悉地力，種穀疏〔三一〕，故託農皇於地。天地人之道備〔三二〕，而三五之運興矣。〔三三〕」

〔一〕潛夫論五德志篇：「世傳三皇、五帝，多以爲伏羲、神農爲二皇；其一，或曰燧人，或曰祝融，或曰女媧，其是與非，未可知也。」

〔二〕禮記曲禮疏、路史後紀二載鄭玄注中候敕省圖引運斗樞：「伏犧、神農、女媧爲三皇。」鄭玄注明堂位引春秋緯說同，正義引作春秋運斗樞差德命敍。御覽七六引春秋運斗樞作：「虙犧，女媧，神農，是謂三皇也。」呂氏春秋用衆篇高誘注：「三皇：伏羲，神農，女媧也。」蓋亦本春秋緯爲說。

〔三〕詩大雅文王：「思皇多士。」毛傳：「皇，天也。」

〔四〕論語陽貨篇：「子曰：『天何言哉！四時行焉，百物生焉。天何言哉！』」

〔五〕尚書武成：「垂拱而天下治。」蔡沈集傳曰：「垂衣拱手而天下自治。」

〔六〕御覽七七引「設」作「謹」，拔萃引「民」作「明」，俱不可據。晉書刑法志：「三皇設言而民不違，五帝畫象而民知禁。」正與此同。淮南子氾論篇：「神農無制令而民從。」高誘注：「無制令，結繩以治也。」義與此可互參。

〔七〕玄泊，謂玄冥寂泊。陸機七徵：「玄虚子耽性冲素，雍容玄泊。」

〔八〕公羊傳成公八年，何休注：「德合玄者稱皇。孔子曰：『皇象玄，逍遥術，無文字，德明謚。』」疏以爲春秋説文。

〔九〕「含弘」，御覽引作「合元」，與所引運斗樞合。

〔一〇〕御覽引無「開陰陽」三字，明以三字爲句也。

〔一一〕「布剛正」，鄭本「剛」作「綱」，御覽作「綱」，俱未可據。「正」原作「上」，今從吴本、拔萃本改正。陳立白虎通疏證一號篇引此句作「布紀綱上」，劉師培則以爲「『剛』下疑脱『柔』字」，俱有未當，蓋未董其是非，從而句讀不明耳。

〔一二〕鄭本、御覽「含」作「合」。尚書洪範：「五皇極，皇建其有極。」漢書五行志上：「次五曰建用皇極。」應劭注曰：「皇，大；極，中也。」

〔一三〕後漢書侯霸傳：「韓歆指天畫地，言甚剛切。」史記魏其武安侯列傳：「不仰視天而俯畫地。」集解：「張晏曰：『視天，占三光也；畫地，知分野所在也。』」指天與視天義同。

〔一四〕御覽七六引春秋運斗樞：「皇者，合元履中，開陰布綱，指天畫地，神化潛通。」

〔一五〕御覽七六引應劭漢官儀：「皇者，大也，言其煌煌盛美。」蔡邕獨斷上：「皇者，煌也，盛德煌煌，無所不照。」類聚一一、文選西京賦注引尚書刑德放：「皇者，煌煌也。」初學記九、御覽七六、西京賦注引春秋元命包：「皇者，煌煌也。」

初學記九、御覽七六引書帝命驗及尚書緯：「皇者，煌煌也。」白虎通號篇：「號之爲皇者，煌煌人莫違也。」文選東都賦注引春秋元命包：「伏羲，女媧，神農爲三皇。」高誘吕氏春秋用衆、孝行二篇注並云：「三皇：伏羲，神農，女媧也。」水經渭水注：「庖羲之後，有帝女媧焉，與神農爲三皇矣。」是並以女媧爲三皇者。

〔一六〕郎本校云：「或無『説』字。」

〔一七〕白虎通號篇：「三皇者，何謂也？謂伏羲，神農，燧人；或曰：伏羲，神農，祝融也。禮曰：『伏羲，神農，祝融，三皇也。』」所引之禮，卽號謚記，亦漢人引經與經説不分之證。

〔一八〕器案：以上下文例之，「記」疑當作「説」。

〔一九〕「燧人」，拾補以爲當作「遂人」。案：禮記曲禮疏引宋均注援神契引甄耀度，亦謂燧人、伏羲、神農爲三皇。

〔二〇〕御覽七八、路史後紀一注引禮含文嘉，無「變也」二字。

〔二一〕「戲」，御覽作「犧」，路史注作「羲」。又路史注無「法也」二字。

〔二二〕類聚一一、御覽七八、路史後紀一注引禮含文嘉：「伏羲德洽上下，天應以鳥獸文章，地應以龜書，伏羲乃則象作易。」易繫辭下釋文：「『犧』，孟、京作『戲』，云：『伏，服也；戲，化也。』」

〔二三〕「燧」，拾補校作「遂」，云：「『燧』非，上亦當改。」何本、汪本、鄭本「始」譌「取」。

〔二四〕鄭本删「復」字，類聚一一、初學記九、御覽七八引含文嘉無「復」字，路史後紀五注引含文嘉作「有」。拾補載臧鏞堂、顧明説：「舊本『復』、『腹』二字，必本來止一『復』字，古與『腹』通用，吕覽季冬紀可證。後人記『腹』字於旁，遂誤并寫入，當删『腹』留『復』。」盧文弨曰：「『腹』字易曉，故不從其説；然此亦學者所當知也，仍著之。」

〔二五〕「遂人」，初學記、御覽作「燧人」，類聚、路史注作「遂人」。案：禮緯説三皇名，俱以同音字爲訓，如伏者別也，（説文：「㚇，迫也，讀若易虙羲氏。」蓋古無輕脣音也。此以別訓伏，正是一例。）變也；戲者，獻也，法也；神者，信也；農者，濃也。準此，則禮含文嘉此文正自作燧人，故以遂天之意釋之。盧氏謂當作「遂人」，蓋未觀其會通，今所不從。白虎通號篇：「謂之燧人何？鑽木燧取火，教民熟食，養人利性，避臭去毒，謂之燧人也。」蓋亦用禮緯說。

〔二六〕「德濃厚若神」，路史後紀三注引含文嘉作「德信濃厚若神」，御覽七八引含文嘉作「其德濃厚若神」。白虎通號篇：「謂之神農何？古之人民，皆食禽獸肉；至於神農，人民衆多，禽獸不足，於是神農因天之時，分地之利，製耒耜，教民農作，神而化之，使民宜之，故謂之神農也。」

〔二七〕類聚一一、初學記九引尚書大傳，「紀」下有「官」字，此引無「官」字，與下文例同。

〔二八〕拾補曰：「御覽無『太』字，是。」器案：御覽七七引本書，又七八引尚書大傳，俱無「太」字。

〔二九〕宋本御覽卷七七引「因」作「固」，未可據。

〔三〇〕「以地紀」三字，原無，今據盧文弨説校補。拾補云：「『以地紀』，本無此三字，今大傳略説有，與上下文一例，玆補入。」

〔三一〕「種榖疏」，吴本作「種□疏」，彙函本、拔萃本作「種百疏」，御覽引作「植穀」，無「疏」字。案：干禄字書：「榖、穀俗字。」今所見唐寫本諸書，「穀」多作「榖」，與此正同。拾補校作「榖」，云：「卽穀字，但禾居左居中小異耳。各本上從殸，下從木，如論衡偶會篇、高誘注呂氏春秋季秋紀，齊民要術引海内經，皆同，乃後來轉寫之誤，字書唯篇海獨從禾，今并上正之。」朱筠曰：「案説文解字：『榖，續也，百穀之總名，從禾㱿聲。』榖卽穀字。疏通蔬，假借字也。」

〔三二〕原無「之」字，今據御覽七七引補，與下文一例。

〔三三〕尚書大傳略説下：「遂人爲遂皇，伏羲爲戲皇，神農爲農皇也。遂人以火紀，火，大陽也，陽尊，故託遂皇于天；伏羲以人事紀，故託戲皇于人。蓋王非人不固，人非天不成也。神農以地紀，悉地力，種穀蔬，故託農皇于地。天地人之道，而三五之運興矣。」

謹案〔一〕：易稱〔二〕：「古者，伏羲氏之王天下也，仰則觀象於天，俯則觀法於地，始作八卦，以通神明之德，以類萬物之情，結繩爲網罟，以田以漁〔三〕。伏羲氏没，神農氏作，斲木爲耜，揉木爲耒，耒耜之利，以教天下，日中爲市，致天下之民。通其變，使民不倦，神而化之，使民宜之。〔四〕」唯獨敍二皇〔五〕，不及遂人；遂人功重於祝融、女媧，文明大見〔六〕，大傳之義，斯近之矣。

〔一〕鍾本案語低一格，以下所有案語並同。器案：案猶考也，荀子不苟篇：「國亂而治之者，非案亂而治之之謂也。」楊倞注：「案，據也。」漢書賈誼傳：「臣謹稽之天地，驗之往古，按之當今之務。」師古曰：「稽，考也。」案、按古通。

〔二〕引易，見繫辭下。

〔三〕胡本、鍾本「田」作「佃」，與繫辭同，古通。御覽七八引春秋内事：「伏犧氏以木德王天下。天下之人，未有室宅，未有水火之和；於是乃仰觀天文，俯察地理，始畫八卦，定天地之位，分陰陽之數，推列三光，建分八節，以爻應氣，凡二十四氣，消息禍福，以制吉凶。」

〔四〕繫辭「通其變」上有「神農氏没，黄帝、堯、舜氏作」云云，此蓋傳鈔者誤省。漢書百官公卿表注，應劭曰：「慮羲氏始作八卦，神農氏爲耒耜，黄帝氏作衣服，神而化之，使民宜之。」又武紀注，應劭曰：「黄帝、堯、舜，祖述伏羲、神農，結網耒耜，以日中爲市，交易之業，因其所利，變而通之，使民知之，不苦倦也。」所述黄帝、堯、舜事，亦本繫辭爲說，俱出應氏一人之手，不應有所違悟，明此本有，而爲傳鈔者誤省之也。

〔五〕淮南子原道篇：「泰古二皇。」高誘注：「二皇，伏羲、神農也。」御覽七七引許注：「庖犧、神農。」又繆稱篇：「昔二皇，鳳至於庭。」文選長笛賦注引高誘注曰：「二皇，伏羲、神農也。」潛夫論五德志篇說同。獨斷上：「古天子庖犧氏、神農氏稱皇。」則以伏羲、神農爲二皇，蓋漢儒舊說。郎本作「二王」，非。

〔六〕「大見」，原作「文見」，朱筠曰：「恐誤。」按何本、鄭本、拾補引一本作「大見」，今據改正。易乾卦文言：「見龍在田，天下文明。」正義：「陽氣在田，始生萬物，故天下有文章而光明也。」

五帝〔一〕

易傳、禮記、春秋國語、太史公記〔二〕：黄帝、顓頊、帝嚳、帝堯、帝舜是五帝也〔三〕。

〔一〕史記五帝本紀第一，小題下正義云：「案太史公依世本、大戴禮，以黄帝、顓頊、帝嚳、唐堯、虞舜爲五帝，譙周、應劭、宋均皆同。」

〔二〕太史公記，即後人改題之史記，先漢人俱稱爲太史公記，或太史公書，或太史公傳，或太史公。褚少孫補龜策傳：「竊好太史公傳。」揚子法言君子篇：「淮南説之用，不如太史公之用也。太史公，聖人將有取焉。」漢書藝文志：「太史公百三十篇，馮商所續太史公七篇。」漢書楊惲傳：「惲始讀外祖太史公記。」又宣元六王傳：「東平王宇上疏求諸子及太史公書，……大將軍王鳳言……太史公書有戰國縱横權譎之謀。」又敍傳上：「自東平思王以叔父求太史公、諸子書。」後漢書竇融傳：「乃賜融以外屬圖及太史公五宗、外戚世家、魏其侯列傳。」又范升傳：「時難者以太史公多引左氏，升上太史公違戾五經，謬孔子言，及左氏春秋不可録者三十一事。」又陳元傳：「博士范升等所議奏左氏春秋不可立，及太史公違戾，凡四十五事。」又楊終傳：「後受詔刪太史公書爲十餘萬言。」按史記太史公自序：「凡百三十篇，五十二萬六千五百字，爲太史公書。」索隱：「案桓譚云：『遷所著書成，以示東方朔，朔皆署曰太史公。』則謂太史公是朔稱也；亦恐其説未盡，蓋遷自尊其父著述，稱之曰公。或云：『遷外孫楊惲所稱。』事或當爾也。」是是書題署爲太史公，有出自司馬遷、東方朔及楊惲三説，總之，初不名爲史記也。應氏稱爲太史公記，亦從其朔也。後漢書班彪傳乃謂：「司馬遷著史記。」此范蔚宗之言，非班氏父子之文也。三國志魏書王肅傳：「帝又問：『司馬遷以受刑之故，内懷隱切，著史記，非貶孝武。』」是史記爲太史公書專名，始於魏世也。清人乃謂：「史記之名，當起叔皮父子，觀漢五行志及後書班彪傳可見。」（梁玉繩史記志疑。梁氏之誤，齊召南考證、錢大昕三史拾遺、沈欽韓漢書疏證、洪頤煊讀書叢録已質言之也。）或又謂：「蓋晉後著録，改從今名。」（王先謙漢書補注）皆無稽之言，不足致詰也。

〔三〕白虎通號篇：「五帝者，何謂也？禮曰：『黄帝、顓頊、帝嚳、帝堯、帝舜也。』易曰：『黄帝、堯、舜氏作。』書曰：『帝堯、帝舜。』（堯典）」史記五帝本紀：「予觀春秋國語，其發明五帝德、帝繫姓章矣。」（大戴禮記有是二篇。）器案：世本及高誘吕氏春秋用衆、先己、執一、孝行各篇注，並以黄帝、顓頊、帝嚳、堯、舜爲五帝。魯語上：「黄帝能成命百物，以明民共財，顓頊能修之，帝嚳能序三辰以固民，堯能單均刑法以儀民，舜勤民事而野死，……故有虞氏禘黄帝而祖顓頊，郊堯而宗舜。」韋昭注：「此上四者，謂祭天以配食也。祭昊天於圜丘曰禘，祭五帝於明堂曰祖，宗祭上帝於南郊曰郊。有虞氏出自黄帝、顓頊之後，故禘黄帝而祖顓頊；舜受禪於堯，故郊堯。禮祭法：『有虞氏郊嚳而宗堯。』與此異者，舜在時則宗堯，舜崩而子孫宗舜，故郊堯耳。」此即司馬遷、應劭稱國語言五帝所本，故韋昭舉「祭五帝」以實之也。

謹按：易〔一〕、尚書大傳，天立五帝以爲相，四時施生，法度明察，春夏慶賞，秋冬刑罰〔二〕。帝者任德設刑〔三〕，以則象之，言其能行天道〔四〕，舉錯審諦〔五〕。黄帝始制冠冕，垂衣裳，上棟下宇，以避風雨〔六〕，禮文法度，興事創業。黄者，光也〔七〕，厚也，中和之色，德施四季〔八〕，與地同功，故先黄以別之也〔九〕。顓者，專也；項者，信也〔一〇〕，言其承文，易之以質〔一一〕，使天下蒙化〔一二〕，皆貴貞慤也〔一三〕。嚳者，考也，成也，言其考明法度，醇美嚳然，若酒之芬香也〔一四〕。堯者，高也，饒也〔一五〕，言其隆興煥炳，最高明也〔一六〕。舜者，推也〔一七〕，循也〔一八〕，言其推行道德，循堯緒也〔一九〕。

〔一〕此本易繫辭下言所謂聖人制器尚象之事爲言。

〔二〕王闓運尚書大傳補注六略説下據白虎通引佚文云：「天立五帝以爲相，四時施生，法度明察，春夏慶賞，秋冬刑罰。」今白虎通無文，蓋即風俗通之誤。

〔三〕鍾本「刑」誤「形」。

〔四〕御覽七七引「天道」作「大道」，不可據。

〔五〕御覽引「錯」作「措」，古通。又引「諦」下有「也」字，是，當據補。御覽七六引應劭漢官儀：「帝者，德象天地，言其能行天道，舉措審諦，父天母地，爲天下主。」文選西京賦注、初學記九、御覽七六引春秋元命包：「帝者，諦也。」後漢書李雲傳：「露布上書移副三府，引孔子曰：『帝者，諦也。』」注引春秋運斗樞曰：「五帝修名立功，修德成化，統調陰陽，招類使神，故稱帝。帝之言諦也。」鄭玄注：「審諦於物色也。」禮記玉藻正義、明堂位正義引孝經援神契：「帝者，諦也。」尚書堯典正義：「言帝者，天之一名，所以名帝。帝者，諦也，言天蕩然無心，忘於物我，言公平通遠，舉事審諦，故謂之帝也。」

〔六〕繫辭「避」作「待」。

〔七〕釋名釋采帛：「黄，晃也，猶晃晃象日光也。」説文黄部：「黄，地之色也，從田，從炗，炗亦聲，炗，古文光。」黄從光得聲，故二字古多通用。左傳襄公二十年：「陳侯之弟黄出奔楚。」公羊、穀梁並作「光」。文選東京賦注引瑞應圖：「騰黄，神馬，一名吉光。」漢書天文志：「黄道，一曰光道。」水經濟水二注：「齊人言廣音與光同。」

〔八〕「施」字各本俱脱，御覽引有，拾補據補，是，今從之。白虎通疏證號篇引作「德與四季同功，故先王以別之也」，嚮壁虚造，大抵葫蘆漢書之流亞耳。

〔九〕郎本「以」作「而」。史記封禪書：「或曰，黄帝得土德，黄龍地螾見。」集解：「應劭曰：『螾，丘蚓也。黄帝土德，故地見其神。蚓大五六圍，長十餘丈。』」白虎通號篇：「黄者，中和之色，（又見五行篇。）自然之性，萬世不易；黄帝始作制度，得其中和，萬世常存，故稱黄帝也。」又謚篇：「黄帝先黄後帝者何？古者質，生死同稱，各持行，合而言之，美者在上。黄帝始制法度，得道之中，萬世不易，後世雖聖，莫能與同也。後世德與天同，亦得稱帝，不能制作，故不得復稱黄帝。」春秋繁露三代改制質文篇：「黄帝之先謚，（凌曙曰：「黄，謚也，在帝上，故曰先謚。」）四帝之後謚，何也？曰：帝號必存，五帝代首天之色，號至五而反；周人之王軒轅，直首天黄號，故曰黄帝。云帝號尊而謚卑，故四帝後謚也。」

〔一〇〕御覽引有「愬也」二字。

〔一一〕「文易」二字原倒植，拾補據御覽引乙正，是，今從之。

〔一二〕拾補云：「御覽『蒙』作『遵』。」

〔一三〕白虎通號篇：「謂之顓頊何？顓者，專也；頊者，正也；能專正天人之道，故謂之顓頊也。」通典一〇四引五經通義：「顓頊者，顓猶專，頊猶愉，幼少而王，以致太平，常自愉，嗛約自小之意，故兩字爲謚。」

〔一四〕白虎通號篇：「謂之帝嚳何？嚳者，極也，言其能施行，窮極道德也。」陳立疏證曰：「說文學部：『嚳，急告之甚也，從告，學省聲。』釋玄應說嚳與酷音義皆同。案急告者，嚳之本訓，引申爲窮極之義。史記三代年表、管子侈靡篇作帝佶，集韻：『佶通作嚳。』史記注引世紀作帝夋，山海經大荒經作『帝俊生后稷』，注：『帝俊卽嚳。』案俊爲才德極出之名，故嚳亦訓極。言道德窮極，禮祭法：『帝嚳能序星辰以固民。』是其事也。」

〔一五〕御覽引脱「饒也」二字。

〔一六〕白虎通號篇：「謂之堯者何？堯猶嶢嶢也，至高之貌，清妙高遠，優游博衍，衆聖之主，百王之長也。」疏證曰：「廣雅釋言云：『堯，嶢也。』廣雅釋詁及方言云：『嶢，高也。』風俗通引書傳此文云云，說文垚部：『堯，高也，從垚在兀上，高遠也。古文作㚧。』案說文：『垚，土高貌。』又云：『兀，高而上平也。』高之上又增以高，是至高之貌也。漢書揚雄傳注：『堯，墝墝至高之貌。』說文：『嶢，焦嶢，山高貌也。』以嶢訓堯，以高訓嶢，皆疊韻訓也。」

〔一七〕御覽引「推」作「准」，拾補曰：「『推』乃『准』之誤，准音近舜。」孫志祖讀書脞錄四曰：「案准舜音雖相近，然『推行道德』，文義較明，若作准行，頗覺不古。白虎通號篇：『舜猶僢也，言能推信堯道而行之。』可證推字之義。且廣雅釋詁三：『䑞，推也。』䑞，古舜字，益可信是推非准矣。」案孫說是，五帝之名，應氏雖多以聲近之字相訓，然有二訓以上時，其字亦有不以聲近者爲准，如黄者厚也、項者信也、嚳者成也之類，蓋所以補聲訓字之不足也。此文既以聲近字之循訓舜，故以推行之義足循，而必欲改推爲准，或且據此以改白虎通及廣雅之文則鑿矣。

〔一八〕意林「循」譌「修」。

〔一九〕舊本「推行道德」誤植在「舜者」上，拾補依御覽乙正，今從之。意林作「舜者，推也，修也，言推修堯之緒」，雖有譌脱，其文序固未顛倒也。王念孫廣雅疏證、陳壽祺尚書大傳定本引此文已移正。白虎通號篇：「謂之舜者何？舜猶僢僢也，言能推信堯道而行之。」陳立疏證引此文亦移正。劉師培白虎通論補釋曰：「『推』乃『准』字之訛，風俗通同。蓋彼文所引書傳，凡帝王之名，均以聲近之字相訓，故知彼推字當作准；知彼文推當作准，則此文亦然。廣韻訓舜爲推，亦准字之訛。」案劉説失之鑿，前已舉正矣。

三王〔一〕

禮號謚記説〔二〕：「夏禹、殷湯、周武王，是三王也。」尚書説：「文王作罰，刑茲無赦。〔三〕」詩説：「有命自天，命此文王。〔四〕」「文王受命，有此武功。〔五〕」「儀刑文王，萬國作孚。〔六〕」春秋説：「王者孰謂？謂文王也。〔七〕」

〔一〕漢書揚雄傳注：「應劭曰：『三王：夏，殷，周。』」又百官公卿表上注：「張晏曰：『五帝自以德不及三皇，故自去其皇號；三王又以德不及五帝，自損稱王。』」

〔二〕意林無「記」字，未可據。

〔三〕尚書康誥文。

〔四〕詩大雅文王有聲文。

〔五〕詩大雅靈臺文。

〔六〕詩大雅文王，「國」作「邦」，此漢人避漢高帝劉邦諱改。

〔七〕鍾本「謂」字不重，非。此公羊傳隱公元年文，疏引春秋元命包：「王者孰謂？文王也。疑（擬）三代，謂疑（擬）文王。」白虎通號篇：「三王者，何謂也？夏、殷、周也。故禮士冠經曰：『周弁，殷冔，夏收，三王共皮弁也。』」陳立疏證曰：「案三王之名，定于後世。周人尊文王爲受命祖，故孝經聖治云：『昔者，周公郊祀后稷以配天，宗祀文王于明堂，以配上帝。』文王親迎于渭，即以親迎爲天子之禮；文王造舟爲梁，即以造舟爲天子之制：是周人之尊文王，在武王之上，何得援論語服事之説，以相難也？詩文王序云：『文王受命作周也。』漢志引劉歆作三統歷，考上世帝王，以爲文王受命九年而崩。易乾鑿度云：『入戊午蔀二十九年伐崇，作靈臺，改正朔，布王號于天下，受籙應河圖。』詩疏引我應説，文王之戒武王曰：『我終之後，恒稱太子，河、洛復告，尊朕稱王。』又引元命苞曰：『西伯既得丹書，于是稱王，改正朔。』詩棫樸云：『左右趣之。』箋云：『左右之諸臣，皆趣疾于事，謂相助積薪，唯天子祭天始燔柴。』繁露亦引此詩，以説郊祭。據諸經緯之文，則文王在時，固已稱王。孟子告子下：『三王之罪人也。』趙注亦以禹、湯、文王當之也。」

謹案：易稱：「湯、武革命。〔一〕」尚書：「武王戎車三百兩，虎賁八百人〔二〕，擒紂於牧之野。〔三〕」「惟十有三祀，王訪于箕子。〔四〕」詩云：「亮彼武王，襲伐大商。〔五〕」「勝殷遏劉，耆定武功。〔六〕」由是言之：武王審矣。論語：「文王率殷之叛國，〔七〕」「以服事殷。〔八〕」時尚臣屬，何緣便得列三王哉〔九〕？經美文王，三分天下有其二〔一〇〕，王業始兆於此耳。俗儒〔一一〕新生〔一二〕，不能採綜，多共辨論〔一三〕，至於訟閲；大王、王季，皆見追號，豈可復謂已王乎？禹者，輔也，輔續舜後，庶績洪茂。自堯以上王者〔一四〕，子孫據國而起，功德浸盛，故造美論〔一五〕。舜、禹本以白衣砥行顯名〔一六〕，升爲天子，雖復更制〔一七〕，不如〔一八〕名著，故因名焉。經曰：「有鰥在下曰虞舜」〔一九〕，「僉曰伯禹」〔二〇〕，「禹平水土」〔二一〕，是也。湯者，攘也，昌也，言其攘除不軌，改亳爲商，成就王道，天下熾盛〔二二〕。文、武皆以其所長。夫擅國之謂王，能制割之謂王，制殺生之威之謂王〔二三〕，王者，往也，爲天下所歸往也〔二四〕。

〔一〕周易革卦文。

〔二〕拾補引孫志祖曰：「案書序：『虎賁三百人。』孟子言三千人，本書卷二引書亦同，此云八百，譌。」器案御覽二四一引漢官儀：「虎賁中郎將，古官也。書稱：『武王伐紂，戎車三百兩，虎賁三百人，擒紂於牧之野。』言其猛怒如虎之奔赴。平帝元始元年，更名虎賁郎。古有勇者孟賁，故改奔爲賁。」後漢書順紀注引漢官儀曰：「書稱『虎賁三百人』，言其猛怒如虎之奔赴也。」本書正失篇又引作「虎賁三千人」。按墨子明鬼篇下云：「武王以擇車百兩，虎賁之卒四百人，先庶國節窺戎，與殷人戰於牧之野。」綜上所述，則武王所率虎賁之士，有三百人、四百人、八百人、三千人四說，疑莫能明也。孫星衍尚書今古文注疏書序第三十下曰：「『三百人』，當是『三千』之誤也。司馬法云：『革車一乘，士十人，徒二十人。』樂記云：『虎賁之士說劍。』則虎賁即士也；一乘十人，三百乘則三千人矣。」

〔三〕「擒」，拔萃本作「禽」，古通。書序：「武王戎車三百兩，虎賁三百人，與受戰於牧野，作牧誓。」段玉裁撰異曰：「孟子盡心篇：『武王之伐殷也，革車三百兩，虎賁三千人。』史記周本紀：『遂率戎車三百兩，虎賁三千人，甲士四萬五千人，以東伐紂。』呂氏春秋簡選、貴因二篇皆云：『武王簡車三百，虎賁三千，以要甲子之事，而紂爲禽。』韓非子（初見秦篇）、戰國策（魏策、趙策，又見史記蘇秦傳）皆云：『武王將素甲三千領，戰一日，破紂之國。』江氏叔澐曰：『三百人當爲三千人，司馬法曰：革車一乘，士十人，徒二十人。樂記曰：虎賁之士說劍。然則虎賁，士也，一乘十人，三百兩則三千人矣。』玉裁謂江說近是。此時周禮未備，不必泥於周禮『虎士八百人』之數。虎賁，言其勇也，蓋周以此勇士滅殷，後因之設虎賁氏。風俗通義皇霸篇：『尚書，武王戎車三百兩，虎賁八百人，擒紂於牧之野。』與今本異。孔晁注逸周書（克殷解）所言士卒虎賁之數亦未審。」器案：翟灝四書考異亦主三千人之說，梁玉繩史記志疑又從書序說，莫衷一是，蓋亦難言之類，故應劭亦持兩端之論也。

〔四〕尚書洪範文。

〔五〕毛詩大明作「涼彼武王，肆伐大商」，釋文引韓詩「涼」作「亮」，與此合，仲遠用魯詩也。「肆」之與「襲」，亦毛、魯之異。

〔六〕周頌武文。

〔七〕「文王率殷之叛國」，論語無文，而見於左傳，襄公四年傳云：「文王率殷之叛國以事殷。」應氏此書，同時引及二家之說者，率併爲一文，而總出書名於前，疑「論語」上本有「左傳」二字，而傳鈔者奪之也。後漢書西羌傳：「及文王爲西伯，西有昆夷之患，北有獫狁之難，遂攘戎、狄而戍之，莫不賓服，乃率西戎征殷之叛國以事殷紂。」李賢注亦據左傳爲說，亦可證也。

〔八〕論語泰伯篇：『三分天下有其二，以服事殷。』

〔九〕案辨文王不受命改元稱王始於此文，其後，孔穎達尚書泰誓正義、周易正義卷一論卦辭爻辭誰作，及張守節史記周本紀正義俱本之。

〔一〇〕詳前注八。

〔一一〕後漢書杜林傳注引風俗通：「若能納而不能出，能言而不能行，講誦而已，無能往來，此俗儒也。」荀子儒效篇：「億然若終身之虜，而不敢有他志，是俗儒者也。」

〔一二〕漢書張禹傳：「新學小生，亂道誤人。」新生，猶言新學小生也。

〔一三〕何本、郎本、鍾本「共」作「其」，未可據。

〔一四〕原衍「也」字，御覽引無，今據刪。

〔一五〕御覽引「美論」作「美謚」。

〔一六〕白衣，謂非貴顯。史記儒林傳：「公孫弘以春秋白衣爲天子三公。」

〔一七〕御覽引「更制」作「制謚」。

〔一八〕御覽引「不如」作「不知」。

〔一九〕書堯典文。

〔二〇〕書堯典文。

〔二一〕書呂刑文，又堯典：「女平水土。」

〔二二〕御覽「熾盛」作「熾昌」。

〔二三〕拾補曰：「『能制割』，當作『能專利害』，此三句本范睢語，見秦策。」

〔二四〕御覽引無「爲」字。穀梁傳莊公三年：「其曰王者，民之所歸往也。」韓詩外傳五：「王者，往也，天下往之謂王。」說文：「王，天下所歸往也。」白虎通號篇：「王者，往也，天下所歸往也。」春秋繁露滅國篇：「王者，民之所往。」又深察名號篇：「王者，往也。」御覽七六引易乾鑿度：「王者，天下所歸往。」類聚一一引春秋考耀文：「王者，往也，神所輸向，人所樂歸。」類聚一一、御覽七六引春秋文耀鈎：「王者，往也，神所向往，人所樂歸。」文選西京賦注、初學記九、御覽七六引春秋元命包：「王者，往也，神之所輸向，人所樂歸也。」呂氏春秋下賢篇：「王也者，天下之往也。」意林、史記秦本紀正義、長短經通變篇、御覽四〇三引桓譚新論：「王者，往也，言其惠澤優游，天下歸往也。」

五伯〔一〕

春秋說，齊桓、晉文、秦繆、宋襄、楚莊是五伯也〔二〕。

〔一〕胡本、鍾本「五伯」作「五霸」，下同。

〔二〕白虎通號篇：「或曰：五霸，謂齊桓公、晉文公、秦穆公、宋襄公、楚莊王也。」趙岐孟子告子下注、高誘呂氏春秋當務篇注同，俱用春秋說也。案舊說五伯，凡有五種，除上列者外，其以爲昆吾、大彭、豕韋、齊桓、晉文者，則白虎通號篇、詩譜疏引服虔左傳注、高誘呂氏春秋先己篇注、杜預左傳成公二年注是也；其以爲齊桓、晉文、楚莊、吳闔廬、越勾踐者，則荀子王霸篇，呂氏春秋當染篇是也；其以爲齊桓、晉文、秦穆、楚莊、吳闔廬者，則白虎通號篇是也；其以爲齊桓、宋襄、晉文、秦穆、吳夫差者，則顏師古漢書諸侯王表注（顧炎武日知録襲之）是也。要之，皆未明晰伯、霸之分，致言有異同耳。伯於此具有二義，一爲五等爵之伯，一爲諸侯長之伯，古人以後者別於前者，讀伯如霸，後遂與霸混耳。孟子離婁音義引丁公著曰：「霸者，長也，言爲諸侯之長。」即其一證。禮記王制：「二百一十國以爲州，州有伯。」左傳哀公十三年：「晉人曰：『於姬我爲伯。』……子服景伯對使者曰：『王合諸侯，則伯帥侯牧以見於王，伯合諸侯，則侯帥子男以見於伯。』」註：「伯，諸侯長。」鄭語：「其後八姓，於周未有侯伯。……昆吾爲夏伯矣，大彭、豕韋爲商伯矣。」韋昭注：「侯伯，諸侯之伯。」左傳成公二年注：「五伯：夏伯昆吾，商伯大彭、豕韋，周伯齊桓、晉文。」考左傳莊公二十七年：「王使召伯廖賜齊侯（桓公）命。」注：「賜命爲侯伯。」又僖公二十八年：「王命尹氏及王子虎、內史叔興父命晉侯（文公）爲侯伯。」尚書有文侯之命。齊策上：「王斗曰：『昔先君桓公，……九合諸侯，一匡天下，天子授籍，立爲太伯。』」蓋齊桓授籍，晉文策命，此以霸而爲伯也，故春秋家有齊桓、晉文爲二伯之說，此卽齊桓、晉文之與夏昆吾、商大彭、豕韋所以稱爲五伯也。至於不言夏、商之伯，而以齊桓、晉文爲春秋五霸稱首者，此則孟子所謂「以力假仁者」之霸君耳。應氏此文，通言齊桓、晉文、秦穆、宋襄、楚莊，則合當正名爲五霸，始不失其本柢耳。

謹案：春秋左氏傳〔一〕，夏后太康，娛於耽樂，不循民事〔二〕，諸侯僭差；於是昆吾氏乃爲盟主，誅不從命，以尊王室。及殷之衰也，大彭氏、豕韋氏復續其緒〔三〕，所謂王道廢而霸業興者也〔四〕。齊桓九合一匡〔五〕，率成王室〔六〕，責彊楚之罪，復菁茅之貢〔七〕；晉文爲踐土之會〔八〕，修朝聘之禮〔九〕，納襄尅帶〔一〇〕，翼戴天子〔一一〕。孔子稱「民到于今受其賜〔一二〕」。又曰：「齊桓正而不譎，晉文譎而不正。〔一三〕」至於三國，既無歎譽一言；而繆公受鄭甘言，置戍而去〔一四〕，違黃髮之計〔一五〕，而遇殽之敗〔一六〕，殺賢臣百里奚〔一七〕，以子車氏爲殉，詩黃鳥之所爲作〔一八〕，故謚曰繆〔一九〕；襄公不度德量力〔二〇〕，慕名而不綜實，六鷁五石〔二一〕，先著其異〔二二〕，覆軍殘身，終爲僇笑；莊王僭號，自下摩上〔二三〕，觀兵京師，問鼎輕重〔二四〕，恃强肆忿，幾亡宋國，易子析骸，厥禍亦巨〔二五〕：皆無興微繼絕〔二六〕、尊事王家之功〔二七〕。世之紀事者，不詳察其本末，至書於竹帛，同之伯功〔二八〕，或〔二九〕誤後生，豈不暗乎！伯者，長也，白也〔三〇〕，言其咸建五長，功實明白也〔三一〕。或曰：霸者，把也，駁也，言把持天子政令，糾率同盟也〔三二〕。桓公問管仲：「吾何君也？」對曰：「狄困於衛，復兵不救，須滅乃往存之，仁不純，爲霸君也。〔三三〕」蓋三統者，天地人之始，道之大綱也〔三四〕；五行者，品物之宗也〔三五〕；道以三興，德以五成。故三皇五帝、三王五伯。至道不遠，三五復反〔三六〕；譬若循連鐶〔三七〕，順鼎耳〔三八〕，窮則反本，終則復始也〔三九〕。

〔一〕案「傳」當作「説」，此左氏先師説五霸文也。國語鄭語：「昆吾爲夏伯矣，大彭、豕韋爲商伯矣。」左氏先師以春秋外傳明伯始于夏、商，爲春秋以前之三伯，而孔子又有歎轝桓、文之言，故通三代之霸君而爲五伯也。

〔二〕拾補校「循」作「修」，二字古書多混。

〔三〕漢書韋賢傳應劭注曰：「國語曰：『大彭、豕韋爲商伯。』」

〔四〕白虎通號篇：「昔三王之道衰，而五霸存其政，帥諸侯，朝天子，正天下之化，興復中國，攘除夷、狄，故謂之霸也。」左傳成公二年正義、論語憲問篇疏引鄭玄論語注云：「天子衰，諸侯興，故曰霸。霸，把也；言把持王者之政教；故其字或作伯，或作霸也。」按程本、鄭本、拔萃本「霸業」作「伯業」。

〔五〕論語憲問篇：「桓公九合諸侯，不以兵車。」管子小匡篇：「兵車之會六，乘車之會三。」史記齊世家、封禪書並云：「兵車之會三，乘車之會六。」與管子互異。論語義疏、經典釋文、論語正義引鄭玄云：「莊十三年會柯，十四年會鄄，十五年又會鄄，十六年會幽，二十七年又會幽，僖元年會檉，二年會貫，五年會首戴，七年會甯母。」則舉其數以實之。而自隋劉炫以至清代諸儒，數九合者，異説紛紜，莫衷一是。唯朱熹集註曰：「九，春秋傳作糾，督也。」説最弘通。考管子小匡篇、晏子春秋問下篇、荀子王霸篇、韓非子十過篇、呂氏春秋勿躬篇、大戴禮記保傅篇、淮南子氾論篇、新序雜事篇、說苑尊賢篇、論衡書虛篇，皆以「九合諸侯」與「一匡天下」對言。案說文鳥部：「鳩，鶻鵃也，從鳥九聲。」段玉裁注曰：「經傳多叚鳩爲逑爲勼，辵部曰：『逑，斂聚也。』勹部曰：『勼，聚也。』」器案莊子天下篇：「而九雜天下之川。」釋文：「『九』，本亦作『鳩』，聚也。」桓公九合諸侯，蓋九叚爲鳩，其義爲聚，猶云桓公聚合諸侯云爾。憲問篇又曰：「管子相桓公，霸諸侯，一匡天下。」集解引馬融曰：「匡，正也；天子微弱，桓公帥諸侯以尊周室，一正天下。」漢書郊祀志注：「一匡天下，謂定襄王爲天子之位也。」

〔六〕率成，猶言遵率輔成。左傳宣公十二年：「昔平王命我先君文侯曰：『與鄭夾輔周室，毋廢王命。』今鄭不率。」杜預注：「率，遵也。」

〔七〕「菁茅」，原作「青茅」，程本、鄭本作「包茅」，郎本校云：「俗本作『包茅』，今從宋本。」拾補校作「菁茅」，云：「『青』譌。」器案：盧校是，今從之。書禹貢：「荊州包匭菁茅。」管子封禪篇：「江、淮之間，一茅而三脊，名曰菁茅。」韓非子外儲說左上：「仲父曰：『必不得已，楚之菁茅不貢於天子三年矣，君不如舉兵爲天子伐楚。』」俱作「菁茅」，可證。左傳僖公四年：「管仲對曰：『爾貢包茅不入，王祭不共，無以縮酒，寡人是徵。』」史記齊世家集解引賈逵云：「包茅，菁茅匭之也，以供祭祀。」

〔八〕左傳僖公二十八年：「夏四月，戊辰，晉侯、宋公、齊國歸父、崔夭、秦小子憖次于城濮，……楚師敗績，……晉師三日館穀，及癸酉而還。甲午，至于衡雍，作王宮於踐土。……五月丙午，晉侯及鄭伯盟于衡雍。癸亥，王子虎盟諸侯于王庭。……君子謂是盟也信；謂晉於是役也，能以德攻。」史記晉世家集解引服虔曰：「王庭，踐土也。」

〔九〕左傳昭公三年，子太叔曰：「文、襄之霸也，令諸侯三歲而聘，五歲而朝。」是其事也。

〔一〇〕何本、郎本、程本、鍾本、鄭本「尅」誤「冠」。朱筠曰：『案帶卽左氏母弟之寵子帶也。僖公二十五年：『晉侯辭秦師而下，三月，至于陽樊，右師圍溫，左師逆王。四月，王入于王城；取太叔于溫，殺之于隰城。』即是事也。」劉師培曰：『納襄尅帶』，似指討子帶言，『冠』爲誤字。」

〔一一〕左傳昭公九年：「翼戴天子，而加之以共。」杜預注：「翼，佐也，謂輔翼而推戴之也。」

〔一二〕論語憲問篇文。

〔一三〕論語憲問篇文，應氏引此文上下倒植，翟灝四書考異、俞樾古書疑義舉例俱以爲上下兩句易置之例。集解引鄭玄曰：「譎，詐也，謂召於天子，而使諸侯朝之。仲尼曰：『以臣召君，不可以訓，故書曰天王狩于河陽。』是譎而不正也。」又引馬融曰：「伐楚以公義，責包茅之貢不入，問昭王南征不還，是正而不譎也。」

〔一四〕「戍」原作「戎」，拾補校作「戍」，今據改正。左傳僖公三十年：「九月甲午，晉侯、秦伯圍鄭，以其無禮於晉，且貳於楚也。晉軍函陵，秦軍氾南。佚之狐言於鄭伯曰：『國危矣，若使燭之武見秦君，師必退。』公從之。辭曰：『臣之壯也，猶不如人；今老矣，無能爲也已！』公曰：『吾不能早用子，今急而求子，是寡人之過也；然鄭亡，子亦有不利焉。』許之，夜縋而出，見秦伯曰：『秦、晉圍鄭，鄭既知亡矣。若亡鄭而有益於君，敢以煩執事；越國以鄙遠，君知其難也，焉用亡鄭以陪鄰？鄰之厚，君之薄也。若舍鄭以爲東道主，行李之往來，共其乏困，君亦無所害。且君嘗爲晉君賜矣，許君焦、瑕，朝濟而夕設版焉：君之所知也。夫晉何厭之有，既東封鄭，又欲肆其西封；不闕秦，焉取之？闕秦以利晉，惟君圖之。』秦伯說，與鄭人盟，使杞子、逢孫、楊孫戍之，乃還。」史記十二諸侯年表：「秦穆公三十年，圍鄭，有奇言，卽去。」奇言，甘言，俱謂燭之武說秦君也。

〔一五〕尚書秦誓：「雖則云然，尚猶詢茲黃髮，則罔所愆。」書序曰：「秦穆公伐鄭，晉襄公帥師敗諸崤，還歸，作秦誓。」爾雅釋詁上：「黃髮，齯齒，鮐背，耇，老壽也。」郭璞注：「黃髮，髮落更生黃者。」疏引舍人曰：「黃髮，老人髮白復黃也。」

禮記曲禮：「故君子式黄髮。」正義：「黄髮，太老人也，人初老，則髮白，太老，則髮黄。」漢書息夫躬傳：「昔秦繆公不從百里奚、蹇叔之言，以敗其師，悔過自責，疾詿誤之臣，思黄髮之言，名垂於後世。」又李尋傳：「尋説王根曰：『昔秦穆公説諓諓之言，任仡仡之勇，身受大辱，社稷幾亡，悔過自責，思惟黄髮，任用百里奚，卒伯西域，德列王道。』」秦繆違黄髮之計而敗師，思黄髮之言而稱霸，綜觀前後，義實相成，時因應氏此文而稾及之。

〔一六〕春秋僖三十三年。

〔一七〕殺百里奚云云，與蒙毅語合，見下注引史記蒙恬傳，謝肇淛文海披沙以爲「紕繆失實」者，失之目治。

〔一八〕左傳文公五年：「秦伯任好卒，以子車氏之三子奄息、仲行、鍼虎爲殉，皆秦之良也，國人哀之，爲之賦黄鳥。」詩秦風黄鳥序：「黄鳥，哀三良也，國人刺穆公以人從死，而作是詩也。」史記秦本紀：「三十九年，繆公卒，葬雍，從死者百七十七人，秦之良臣子輿氏三人，名曰奄息、仲行、鍼虎，亦在從死之中，秦人哀之，爲作歌黄鳥之詩。」正義引應劭云：「秦穆公與羣臣飲，酒酣，公曰：『生共此樂，死共此哀。』於是奄息、仲行、鍼虎許諾；及公薨，皆從死，黄鳥詩所爲作也。」（漢書匡衡傳注引應劭同）蓋用魯詩説。毛詩三稱子車，孔疏引左傳作子輿，與史記同，輿、車字異義同。案黄鳥之什，左傳言賦詩，應劭言作詩，其義一也。詩緑衣序云「作是序」，載馳序云「賦是詩」，知作詩與賦詩義固同也。

〔一九〕周書謚法篇：「名與實爽曰謬。」通作繆，蔡邕獨斷：「名實相反爲繆。」史記蒙恬傳：「蒙毅曰：『秦穆公殺三良而死罪百里奚，而非其罪，故立號曰繆。』」論衡福虚篇：「且近難以秦穆公、晉文公，曰：夫謚者，行之迹也，迹生時行以爲死謚。穆者，誤亂之名；文者，德惠之表。」皮日休皮子文藪秦穆謚繆論云：「晉惠公之在位，作宗廟之蠹蠍，爲社稷之稂莠，一立十五年，其爲害也大矣。今之學者，以秦穆爲繆，尚疑其謚，得斯人也，可以謚繆爲定。」據此諸説，則繆爲繆戾之繆，舊有是說；而吳曾辨誤録下尚謂「後世稱穆而不稱繆」，謝肇淛文海披沙猶舉以與魯繆、關壯繆相比，是知一十而不知二五也。錢大昕十駕齋養新録四曰：「古書昭穆之穆，與謚法之繆，二字相亂。禮記大傳：『序以昭繆。』注：『繆讀爲穆，聲之誤也。』坊記：『陽侯殺繆侯而竊其夫人。』釋文：『繆音穆。』公羊傳：『葬宋繆公。』釋文：『繆音穆，凡此後倣此。』史記蒙恬傳：『昔者，秦穆公殺三良而死罪百里奚，而非其罪也，故立號曰繆。』然則秦繆公之謚，當讀如繆，所謂名與實爽曰繆也。蒙恬（案當作蒙毅）秦人，其言必有自矣。」

〔二〇〕左傳隱公十一年：「不度德，不量力。」

〔二一〕「鶂」，何本作「鷁」。六鶂五石，見春秋僖公十六年，公羊、穀梁作「鶂」，左傳作「鷁」，釋文：「『鷁』本或作『鶂』。」說文鳥部引春秋傳亦作「鶂」。

〔二二〕公羊傳僖公十六年：「五石六鷁，何以書？記異也。」漢書五行志下之上：「釐公（即僖公）十六年正月，六鶂退蜚過宋都。左氏傳曰：『風也。』劉歆以爲風發於它所，至宋而高，鶂高蜚而逢之，則退，經以見者爲文，故記退蜚，傳以實應著言風，常風之罰也；象宋襄公區霿自用，不容臣下，逆司馬子魚之諫，而與彊楚爭盟，後六年，爲楚所執，應六鶂之數也。」又下之下云：「釐公十六年正月戊申朔，隕石于宋五。是月，六鶂退蜚過宋都。董仲舒、劉向以爲象宋襄公欲行伯道，將自敗之戒也。……天戒若曰，德薄國小，勿恃炕陽，欲長諸侯，與彊大爭，必受其害。」公羊解詁云：「石者，陰德之專者也；鷁者，鳥中之耿介者：皆有似宋襄公之行。襄公欲行霸事，不納公子目夷之謀，事事耿介自用，卒以五年見執，六年終敗，如五石六鷁之數。」是三傳先師咸以五石六鷁爲宋襄圖霸取敗之異也。易林蹇之蠱、困之坤並云：「六鷁退飛，爲襄敗祥。」後漢書襄楷傳：「春秋五石隕宋，其後襄公爲楚所執。」三國志魏書管輅傳注引輅別傳：「宋襄失德，六鶂並退。」俱本春秋先師說也。

〔二三〕漢書賈鄒枚路傳贊：「賈山自下劘上。」孟康曰：「劘謂剴切之也。」蘇林曰：「劘音摩，厲也。」器案：漢書敍傳述賈鄒枚路傳第二十作「自下摩上」，摩謂切劘也，續漢書五行志一亦作「自下摩上」。

〔二四〕左傳宣公三年：「楚子伐陸渾之戎，遂至于雒，觀兵於周疆。定王使王孫滿勞楚子，楚子問鼎之大小輕重焉。」史記楚世家集解引服虔曰：「陸渾在洛西南。觀兵，陳兵於周也。」國語周語上：「先王耀德不觀兵。」韋昭注：「觀，示也。」

〔二五〕左傳宣公十五年：「敝邑易子而食，析骸以爨。」杜注：「爨，炊也。」又公羊傳、吕氏春秋行論篇、韓詩外傳一皆有此説。

〔二六〕論語堯曰篇：「興滅國，繼絶世。」皇侃義疏曰：「若有國爲前人非理而滅之者，新王當更爲興起之也。若賢人之世被絶不祀者，當爲立後係之，使得仍享祀也。」

〔二七〕朱藏元本、仿元本、吴本、胡本、郎本、程本、鍾本、汪本、拔萃本「王家」作「王室」。文選魏都賦注、西征賦注引漢官儀：「帝室，猶古言王室。」

〔二八〕伯功，即方伯之職，亦即下文所謂五長是也。伯霸之分，此文至爲明晰。

〔二九〕或，惑通。

〔三〇〕意林作「伯者，白也，長也」。

〔三一〕句末原無「也」字，天中記三〇引有，今據補。尚書益稷：「外薄四海，咸建五長。」孔傳：「言至海諸侯五國，立賢者一人爲方伯，謂之五長，以相統治，以奬王室。」白虎通爵篇：「伯者，白也。（據盧校）」禮記王制正義、公羊傳隱公元年疏引春秋元命苞：「伯者，伯之爲言白也，明白於德也。」獨斷上：「伯者，白也，明白於德。」禮記曲禮下：「五官之長曰伯。」

〔三二〕拾補曰：「意林作『言其把持天下之政』，元刻『子』亦作『下』。案左傳正義載康成説云『言把持王者之政教』，則作『天子』是。」器案：今所據大德本及朱藏元本作「子」不作「下」，與盧所見元本異。白虎通號篇：「霸猶迫也，把也，迫脅諸侯，把持王政。」玄應一切經音義二引國語賈逵注：「霸猶把也，言把持諸侯之權也。」廣韻四十禡：「霸，把也，把持諸侯之權。」唐寫本唐韻四十禡：「國語云：『霸，把持諸侯之權。』」羣經音辨三人部：「伯，把持諸侯也。」所言卽國語賈逵注文。禮記祭義疏引中候注：「霸，把也，把天子之事也。」詩譜序及甫田序疏引同。左傳成公二年疏：「鄭云：『霸，把，言把持王者之政教。』」又十八年疏：「霸者，把也，把持王政。」論語憲問篇疏引鄭注：「天子衰，諸侯興，故曰霸。霸者，把也，言把持王者之政教，故其字作伯，或作霸也。」類聚五一引環濟要略：「伯，把也，持政事也。」又釋名釋親屬：「伯，把也，把持家政也。」義亦可互參。漢書王莽傳下：「伯者，繼空續乏，以成歷數，故其道駁。」荀子王霸篇：「粹而王，駁而霸。」語又見淮南子繆稱篇、韓詩外傳五。應氏「糾率同盟」之言，卽「駁正」之義也。

〔三三〕御覽五三六、初學記一三引尚書中候：「惟歲二月，侯在東館歎曰：『於戲仲父，寡人聞古霸王封泰山，刻石紀號，立顯象；今寡人名爲何君？』管子曰：『衞困於狄，案兵，須滅乃存之，仁不純，爲霸君。』」詩定之方中疏引樂緯稽耀嘉亦有「狄人與衞戰，桓公不救，於其敗也，然後救之」之言。管子所譏「仁不純」者，卽舛駁之意也。

〔三四〕漢書成紀：「綏和元年詔：『蓋聞王者必存二王之後，所以通三統也。』」師古曰：「天地人是爲三統，二王之後並己爲三。」又律歷志上：「三統者，天施地化，人事之紀也。」李奇曰：「統，緒也。」又劉向傳：「王者必通三統。」應劭曰：「二王之後與己爲三統也。」孟康曰：「天地人之始也。」張晏曰：「一曰天統，謂周十一月建子爲正，天始施之端也；二曰地統，謂殷以十二月建丑爲正，地始化之端也；三曰人統，謂夏以十三月建寅爲正，人始成之端也。」師古曰：

「諸家之說，皆不備也，言王者象天地人之三統，故存三代也。」後漢書陳寵傳：「寵奏曰：『夫冬至之節，陽氣始萌，故十一月有蘭射干芸荔之應，時令曰：諸生蕩，安形體。天以爲正，周以爲春；十二月，陽氣上通，雉雊雞乳，地以爲正，殷以爲春；十三月，（李賢曰：「今正月也。」）陽氣已至，天地已交，萬物皆出，蟄蟲始振，人以爲正，夏以爲春。三微成著，以通三統，周以天元，殷以地元，夏以人元。』」李賢曰：「統者，統一歲之事；王者三正遞用，周環無窮，故曰通三統。」

〔三五〕白虎通五行篇：「五行者，何謂也？謂金、木、水、火、土也。」

〔三六〕後漢書郎顗傳注引春秋合誠圖：「至道不遠，三五而反。」宋均注：「三，三正也；五，五行也。三正五行，王者改代之際會也，能於此際自新如初，則通無窮也。」

〔三七〕鐶同環。

〔三八〕說文鼎部：「鼎，三足兩耳，和五味之寶器也。」

〔三九〕公羊傳隱公元年疏引尚書大傳略說：「物有三變，故正色有三，天有三生三死，故土有三王，王特一生死，是故周人以日至爲正，殷人以日至三十日爲正，夏以日至六十日爲正；是故三統三正，若循連環，周則復始，窮則反本。」御覽七六引逸周書：「三王之統若循環，周則復始，窮則反本。」春秋繁露三代改制質文篇：「故同時稱帝者五，稱王者三，所以昭五端，通三統也。」禮記表記疏引元命包：「三王有失，故立三教以相變，夏人之立教以忠，其失野，故救野莫若敬；殷人之立教以敬，其失鬼，故救鬼莫若文；周人之立教以文，其失蕩，故救蕩莫若忠。如此循環，周則復始，窮則相承者也。」史記高祖本紀：「太史公曰：『夏之政忠，忠之敝，小人以野，故殷人承之以敬；敬之敝，小人以鬼，故周人承之以文；文之敝，小人以僿，故救僿莫若以忠。三王之道若循環，終而復始。』」秦、漢間人，囿於所習，相率爲此歷史循環之論，則以時代與階級局限爲之也。

六國〔一〕

楚之先，出自帝顓頊〔二〕。其裔孫曰陸終，娶于鬼方氏，是謂女潰〔三〕，蓋孕而三年不育，啓其左脅，三人出焉，啓其右脅，三人又出焉〔四〕；其六曰季連〔五〕，是爲芊〔六〕。其後有鬻熊子，爲文王師〔七〕。成王舉文、武勲勞〔八〕，而封熊繹於楚，食子男之采，其十世稱王。懷王信任〔九〕佞臣上官、子蘭〔一〇〕，斥遠忠臣；屈原作離騷之賦，自投汨羅〔一一〕。王〔一二〕因爲張儀〔一三〕所欺，客死於秦。到王負芻〔一四〕，遂爲秦所滅。百姓哀之，爲之語曰：「楚雖三户，亡秦必楚。」〔一五〕自顓頊至負芻六十四世，凡千六百一十六載。

〔一〕燕策一：「蘇代見燕王噲曰：『凡天下戰國七，燕處弱焉。』」文選東京賦：「七雄並争。」薛綜注：「七雄，韓、魏、趙、燕、齊、楚、秦也。」蓋世言戰國，大抵以七爲具，此述當時各國興廢，而不及秦，蓋應氏別有新秦一篇，故此不復及之也。

〔二〕史記楚世家作「楚之先祖，出自帝顓頊」，有「祖」字。器案秦本紀：「秦之先，帝顓頊之苗裔。」越世家：「其先，禹之苗裔。」趙世家：「趙之先，與秦共祖。」「先」下皆無「祖」字；應氏此文，卽本史記，亦無「祖」字，今本史記有「祖」字，疑出後人妄增。

〔三〕「潰」原作「漬」，今據拾補校改。拾補云：「『漬』譌，古今人表、水經注皆作『潰』，大戴禮作『隤』，世本作『嬇』。」翟云升校正古今人表引一本作「女漬」，與此誤同。

〔四〕拾補曰：「『又』疑衍。」器案楚世家正義：「陸終娶鬼方氏之妹，謂之女嬇，産六子，孕而不毓，三年，啓其右脅，六人出焉。」説與此異。

〔五〕楚世家：「一曰昆吾，二曰參胡，三曰彭祖，四曰會人，五曰曹姓，六曰季連。」

〔六〕拾補曰：「『是』與『氏』同。」器案：「是」之作「氏」，説詳王氏經傳釋詞九，三國志吴書是儀傳：「本姓氏，孔融嘲云：『氏字民無上。』因改爲是。」即其比也。

〔七〕漢書藝文志諸子略道家：「鬻子二十二篇。」本注：「名熊，爲周師，自文王以下問焉，周封爲楚祖。」文心雕龍諸子篇：「至鬻熊知道，而文王諮詢，餘事遺文，録爲鬻子。子自肇始，莫先於兹。」

〔八〕楚世家「勲勞」之下有「之後嗣」三字，義較明晰。名賢氏族言行類稿一引熊克家譜：「鬻熊爲文王師，著書一卷，號鬻熊子。成王時，舉文、武勤勞之後嗣，而以子男之田，封鬻熊曾孫繹於楚，是爲楚子熊繹也。」

〔九〕「懷王」下原無「信任」二字，拾補曰：「『懷王』下當有『信任』二字。」今據補。

〔一〇〕「蕳」原作「簡」，吴本、程本、汪本作「蘭」，鍾本作「蕳」，今據改。拾補曰：「『簡』譌，案蘭與椒，明見離騷，不合有異名，今從程本。」徐友蘭拾補識語曰：「案『簡』當爲『蕳』，漢人書艸竹通用，蕳即蘭别字，毛公詩傳：『蕳，蘭也。』二見，以今字釋古字也。」器案：從間從闌之字古多混，墨子備穴篇：「堞高六尺，部廣四尺，皆爲弩簡格。」舊注：「簡同闌。」韓非子難三篇：「吾聞龐⿰米間氏之子不孝。」論衡非韓篇作「龍撊是」，孔叢子公儀篇作「龍欄氏」。史記高紀：「則使龍且、周蘭往擊之。」集解：「徐廣曰：『蘭一作簡。』」後漢書袁術傳：「奔其部曲陳簡、雷薄於灊山。」三國志魏書袁術傳作「陳蘭」，俱其證。

〔一一〕程本「羅」作「灑」，涉上文「汨」字偏旁而誤增。水經湘水注：「汨水又西爲屈潭，即汨羅淵也，屈原懷沙自沉於此，故淵潭以屈爲名。蓋賈誼、史遷皆嘗經此，弭檝江波，投弔書於淵。淵北有屈原廟。」

〔一二〕「王」原作「水」，程本作「王」，今從之。拾補曰：「『王』屬下句，是。」

〔一三〕漢書武紀注，應劭曰：「張儀爲秦昭王相，爲衡說以抑諸侯。」

〔一四〕郎本、程本、鄭本「到」作「至」。

〔一五〕史記項羽本紀：「夫秦滅六國，楚最無罪。自懷王入秦不反，楚人憐之至今，故楚南公曰：『楚雖三户，亡秦必楚也。』」集解：「瓚曰：『楚人怨秦，雖三户猶足以亡秦也。』」索隱：「臣瓚與蘇林解同。」張耒宛丘題跋一以此爲楚甘公說楚語，蓋甘、南音近之誤。器案：三户或舉地名以實之，失之鑿矣。三户自以人言，蓋言怨毒之於人深耳。北齊書文宣紀：「天保七年詔曰：『三户之民，空張郡目。』」亦囿於舊說耳。

燕召公奭，與周同姓〔一〕；武王滅紂，封召公於燕〔二〕；成王時，入據三公，出爲二伯，自陝以西，召公主之〔三〕；當農桑之時，重爲所煩勞〔四〕不舍鄉亭〔五〕，止于棠樹之下〔六〕，聽訟決獄，百姓各得其所。壽百九十餘乃卒〔七〕。後人思其德美〔八〕，愛其樹而不敢伐，詩甘棠之所作也〔九〕。九世稱侯，八世稱公，十世稱王。到王喜，爲秦所滅。燕外迫蠻、貊〔一〇〕，內窄齊、晉〔一一〕，崎嶇彊國之間，最爲弱小，幾滅者數矣；然社稷血食〔一二〕者八九百載，於姬姓獨後亡：非盛德之遺烈，豈其然乎！

〔一〕梁玉繩史記志疑曰：「穀梁莊三十年傳云：『燕，周之分子也。』白虎通王者不臣章：『召公，文王子。』論衡氣壽篇：『召公，周公之兄。』書、詩疏及詩、禮（樂記）釋文引皇甫謐曰：『文王庶子。』書君奭疏及史記集解引譙周曰：『周之支族。』皇甫之說本白虎通、論衡，然不可信。孔穎達、陸德明並言左傳富辰數文昭十六國無燕，則召公必非文王子，斥士安爲謬。蓋既爲周同姓，稱分子也，稱支族也可。』左暄三餘偶筆一曰：「穀梁傳曰：『燕，周之分子也。』分子者，猶曲禮之言支子，大傳之言別子也。逸周書作雒解：『三叔及殷、東徐、奄及熊、盈以略，周公、召公，内弭父兄，外撫諸侯。』祭公解：『王曰，我亦維有若文祖、周公，暨列祖召公。』此召公爲文王子之確證。白虎通曰：『子得爲父臣者，不遺善之義也。詩云：文、武受命，召公維翰。召公，文王子也。』則召公爲文王子，漢人已明言之；皇甫謐帝王世紀以爲文王庶子，蓋本穀梁氏『燕，周之分子』，故云然，非無據也。司馬遷云：『召公與周同姓。』按史記於畢公亦云『與周同姓』，亦可謂畢公非文王子哉？』器案：梁、左說是，漢書古今人表亦云『周同姓』。分子卽別子，古別字作𠔁，形與分近而致誤。

〔二〕史記燕世家作「北燕」，正義引應劭曰：「南燕，姞姓之國，黃帝之後也。」

〔三〕公羊傳隱公五年：「自陝而東者，周公主之；自陝而西者，召公主之。」何休注：「陝者，蓋今弘農陝縣是也。」白虎通封諸侯篇：「王者所以有二伯者，分職而後授政，欲其亟成也。王制曰：『八伯各以其屬，屬於天子之老二人，分天下以爲左右，曰二伯。』詩云：『蔽芾甘棠，勿翦勿伐，召伯所茇。』春秋公羊傳曰：『自陝以東，周公主之；自陝以西，召公主之。』不分南北何？東方被聖人化日少，西方被聖人化日久，故分東西，意聖人主其難，賢者主其易，乃俱致太平也；又欲令同有陰陽寒暑之節，共法度也。所以分陝者，是國中也，若言面八百四十國也。」又巡狩篇：「三歲一閏，天道小備；五歲再閏，天道大備。故五年一巡守；三年二伯出述職黜陟；一年物有終始，歲有所成，方伯行國；時有所生，諸侯行邑。傳曰：『周公入爲三公，出作二伯，中分天下，出黜陟。』詩曰：『周公東征，四國是皇。』言東征述職，周公黜陟而天下皆正也。又曰：『蔽芾甘棠，勿翦勿伐，召伯所茇。』言召公述職，親說舍於野樹之下也。」凌曙公羊問答曰：「郡國志：『陝縣有陝陌，二伯所分。』括地志：『陝原，在陝州陝縣西南二十五里，分陝從原爲界。』集古録：『陝州石柱，相傳以爲周、召分陝所立，以別地里。』御覽引十道志云：『陝州陝郡，禹貢豫州之域，周爲二伯分陝之地，卽古虢國。』」器案水經河水注四：「河南，卽陝城也，昔周、召分伯，以此城爲東西之別。」

〔四〕拾補曰：「『所』字衍。」器案詩甘棠鄭箋：「召伯聽男女之訟，不重煩勞百姓，止舍小棠之下而聽斷焉。」重猶難也，見漢書元紀注，蜀石經「重」上無「不」字，是，此亦云「重爲煩勞」，皆可證今本鄭箋之誤。

〔五〕續漢書百官志五：「列侯所食縣爲侯國。」本注：「承秦爵二十等爲徹侯，……功大者食縣，小者食鄉亭。」御覽一九四引風俗通：「謹案春秋國語：『畺有寓望。』謂今亭也，民所安定也。亭有樓。從高省，丁聲也。漢家因秦，大率十里一亭。亭，留也，今語有亭待，蓋行旅宿食之所館也。亭亦平也，訟諍，吏留辨處，勿失其正也。」

〔六〕拾補曰：「文選爲宋公脩楚元王墓教注作『止甘棠之下』。」器案集注本引與今本同。初學記一七、御覽四〇二引樂緯聲動儀：「召公，賢者也，明不能與聖人分職，常戰慄恐懼，故舍於樹下而聽斷焉，勞身苦體，然後乃與聖人齊，是故周南無美，而召南有之也。」今案此説召公舍止樹下聽斷之故，亦漢師遺説也。

〔七〕論衡氣壽篇：「邵公，周公之兄也，至康王之時，尚爲太保，出入百有餘歲矣。」又曰：「傳稱邵公百八十。」趙岐孟子盡心篇上注：「壽若召公。」竹書紀年：「周康王二十四年，召康公薨。」全祖望經史問答曰：「康王卽位之後，召公不見，則已薨矣。周初諸老，無及昭王之世者，若百八十，則及膠舟之變矣，當是傳聞之誤。」

〔八〕文選王元長永明九年策秀才文集注引無「美」字。

〔九〕此魯詩説也，韓詩外傳一、説苑貴德篇説此義略同。燕世家：「召公巡行鄉邑，有棠樹，決獄政事其下，自侯伯至庶人，各得其所，無失職者。召公卒而民人思召公之政，懷棠樹不敢伐，哥詠之，作甘棠之詩。」又商君傳集解引新序：「昔周、召施善政，及其死也，後世思之，『蔽芾甘棠』之詩是也。嘗舍于樹下，後世思其德，不忍伐其樹，況害其身乎？」漢書王吉傳：「昔召公述職，當民事時，舍于棠下而聽斷焉。是時，人皆得其所。後世思其仁恩，至乎不伐甘棠——甘棠之詩是也。」

〔一〇〕燕世家「外」作「北」，王念孫據此校改。

〔一一〕笮迫同義，漢書王莽傳下：「迫笮青、徐盜賊。」說文竹部：「笮，迫也。」

〔一二〕燕世家：「太史公曰：『召公奭可謂仁矣！甘棠且思之，況其人乎！燕北迫蠻、貉，內措齊、晉，崎嶇彊國之間，最爲弱小，幾滅者數矣；然社稷血食者八九百歲，於姬姓獨後亡，豈非召公之烈耶！』」應氏此文本之。漢書高紀下：「使其社稷不得血食。」師古曰：「祭者尚血腥，故曰血食也。」

韓之先，與周同姓。武子事晉獻公，封於韓原，因以爲姓。韓厥因卜者之繇，陳成季之功〔一〕，紹趙氏之孤，建程嬰之義，爲晉名卿，寔天所相〔二〕。其四代，始與趙、魏俱得列爲諸侯矣〔三〕。五世稱王，到王安，爲秦所滅。

〔一〕左傳成公八年：「韓厥言於晉侯曰：『成季之勳，宣孟之忠，而無後，爲善者其懼矣。三代之令王，皆數百年保天之祿；夫豈無辟王，賴前哲以免也。周書曰：不敢侮鰥寡。所以明德也。』乃立武而反其田焉。」杜注：「成季，趙衰。」案趙世家：「晉襄公之六年，而趙衰卒，謚爲成季。」則成乃謚也。

〔二〕史記韓世家：「晉景公十七年病，卜，大業之不遂者爲祟。韓厥稱趙成季之功，今後無祀，以感景公。景公問曰：『尚有世乎？』厥於是言趙武，而復與故趙氏田邑，續趙氏祀。」案此事又見說苑復恩篇、新序節士篇、論衡吉驗篇，而左傳成公八年疏云：「於時，晉君明臣强，無容有岸賈輒廁其間，得如此專恣。」史通申左篇、容齋隨筆十、困學紀聞一一、趙翼廿二史箚記、梁玉繩史記志疑皆謂程嬰、杵臼事不可信。

〔三〕史記韓世家：「太史公曰：『韓厥之感晉景，紹趙氏之孤子武，以成程嬰、公孫杵臼之義，此天下之陰德也。韓氏之功，於晉未覩其大者，然與趙、魏終爲諸侯十餘世，宜乎哉！』」

魏之先，畢公高之後也。畢公與周同姓，武王滅紂，封高於畢，因以爲姓。其裔孫曰畢萬，事晉獻公；獻公伐魏，滅之，以封萬。卜偃曰：『畢萬之後必大。萬，盈數；魏，大名也。天子曰兆民，諸侯曰萬民；今名之大〔一〕，以從盈數〔二〕，以是有衆，不亦宜乎〔三〕！』其六世稱侯，侯之孫稱王，到王假，爲秦所滅。

〔一〕左傳閔公元年同，史記晉世家、魏世家「名」並作「命」，名、命古通。

〔二〕魏世家「盈」作「滿」，避漢惠帝劉盈諱改。史記索隱述贊云：「畢公之苗，因國爲姓，大名始賞，盈數自正。」劉子新論鄙名章：「昔畢萬以盈大會福。」

〔三〕此二句，左傳、史記俱作「其必有衆」。

趙之先，與秦同祖〔一〕。其裔孫曰造父，幸於周穆王〔二〕，爲御驊騮、騄耳之乘，西謁西王母〔三〕，東滅徐偃王，日馳千里〔四〕；帝念其功，賜以趙城，因以爲姓。子叔帶始去周事晉〔五〕。其後，簡子地過於諸侯，權重於晉君。簡子疾，五日，不知人；大夫皆懼，呼醫扁鵲視之。出，董安于問扁鵲〔六〕，曰：「血脉治也，勿怪。昔秦穆公嘗如此，七日而寤〔七〕，寤之日，告公孫支與子輿〔八〕曰：『我之帝所，甚樂。吾所以久者，適有學也〔九〕。帝告我：晉國且大亂，五世不安〔一〇〕，其後將霸，未老而死，霸者之子，且令國男女無別。〔一一〕』公孫支書而藏之，秦策於是出〔一二〕。夫獻公之亂，文公之霸，而襄公之敗秦師於殽〔一三〕，而歸縱淫，此子之所聞。今主君〔一四〕之病與之同，不出三日，病必閒〔一五〕，有言也。」居二日半，簡子寤，語大夫曰：「我之帝所樂〔一六〕，與百神遊於鈞天廣樂于九奏萬舞〔一七〕，不類三代之樂，其聲動心。有一熊欲援我，帝令我射之〔一八〕，中，熊死。有羆來，我又射之，中，羆死。帝甚嘉之，賜我二笥，皆有副〔一九〕。吾見兒在帝側，屬我翟犬〔二〇〕，曰：『及汝子之壯也，以賜之。』帝告我：『晉國且衰，七世而亡〔二一〕，嬴姓將大，敗周人於范魁之西，亦不能有也。〔二二〕』」董安于受言而藏之〔二三〕，以扁鵲之言告簡子〔二四〕，賜扁鵲田四萬畝。他日，簡子出，有人當道〔二五〕，辟之不去〔二六〕，從者將刃之〔二七〕，當道者曰：「吾欲有謁於主君。〔二八〕」從者以聞，簡子召之曰：「譆，吾有所見子晰也！〔二九〕」當道者曰：「屏左右，願有以謁。」簡子屏人。當道者曰：「主君之病〔三〇〕，臣在帝側。」簡子曰：「然。子之見我何爲？」當道者曰：「帝令主君射熊羆，皆死。」簡子曰：「是且何也？」當道者曰：「晉國且大難，主君首之，帝令主滅二卿，夫熊羆皆其祖也。」簡子曰：「帝賜我二笥皆有副，何也？」當道者曰：「主君之子，將剋二國於翟，皆子姓也。〔三一〕」簡子曰：「吾見兒在帝側，屬我一翟犬〔三二〕，曰：『及汝子之長以賜之。』夫兒何說以賜翟犬？〔三三〕」當道者曰：「兒，主君之子也，翟犬，代之先也，主君之子，其必有代〔三四〕。及主君之後嗣，且有革政〔三五〕而胡服，并二國於翟。」簡子問其姓而延之以官，當道者曰：「臣野人，致帝命耳。」遂不見。無幾，范、中行作亂，簡子滅之，此熊之效應也。簡子卒，無卹立，是爲襄子。智伯攻襄子，襄子奔保晉陽〔三六〕，原過從，後，至王澤〔三七〕，見三人，自帶以上不可見〔三八〕，與原過竹二節〔三九〕，莫通，曰〔四〇〕：「爲我以是遺趙無卹。」原過既至，以告。襄子〔四一〕齋三日，親自剖竹，有朱書曰：「無卹，余霍太山陽侯天使〔四二〕，三月丙戌，余將使汝滅智氏〔四三〕，亦立我百邑〔四四〕，余將使賜若林胡之地；至于後世，且有伉王，赤黑，龍面鳥屬〔四五〕，鬢眉髭髯，大膺大匈，脩下而馮上〔四六〕，左任介乘〔四七〕，奄有河宗〔四八〕，至于休溷、諸貉〔四九〕，南伐晉別〔五〇〕，北滅黑姑。〔五一〕」襄子再拜，受三神之令。三國攻晉陽，歲餘，乃以汾水灌其城〔五二〕，城不沒者三板。城中懸釜而炊，易子而食。張孟談乃夜出見韓、魏，韓、魏反與合謀而滅智氏〔五三〕，共分其地。於是趙北有代，南并知山〔五四〕，遂祀三神於百邑，使原過主霍太山〔五五〕。至武靈王，竟胡服騎射，辟地千里。到王遷〔五六〕，信秦反間之言，殺其良將李牧，而任趙括〔五七〕，遂爲所滅。此童謡曰：「趙爲號，秦爲笑，以爲不信，視地上生毛。〔五八〕」

〔一〕史記陸賈列傳：「秦任刑法不變，卒滅趙氏。」集解：「駰案：趙氏，秦姓也。」索隱：「案韋昭云：『秦，伯益後，與趙同出蜚廉，至造父，有功於繆王，封之趙城，由此一姓趙氏。』」漢書陸賈傳鄭氏注：「秦之先造父，封於趙城，其後以爲姓。」器案：由於秦、趙同祖，故後世或稱秦爲趙，如文選曹子建求自試表：「絶纓盜馬之臣赦，楚、趙以濟其難。」李善注引吕氏春秋愛士篇秦穆公失右服事説盗馬；御覽八〇六引河圖天靈，稱祖龍爲趙王政：此秦而謂之趙者。或稱趙爲秦，如文選王元長永明九年策秀才文：「訪游禽於絶澗，作霸秦基。」李善注引韓非子内儲説上董閼于爲趙上地守事，云：「趙與秦共祖，雖趙亦號曰秦。」此趙而謂之秦者。文選左太沖魏都賦：「億若大帝之所興作，二嬴之所曾聆。」李善注：「史記曰：『趙氏之先，與秦同祖。』然則秦、趙同姓，故曰二嬴也。」此則秦、趙又皆稱爲嬴矣。

〔二〕「幸」字原無，史記趙世家作「造父幸於周穆王」，日本翻刻鍾本，於「於」字上傍添「幸」字，是，今據訂補。

〔三〕趙世家：「繆王使造父御，西巡狩，見西王母，樂之忘歸。」竹書紀年：「周繆王十七年，西征，見西王母。」穆天子傳三：「穆王觴西王母于瑶池之上。西征，至于崑崙之丘，見西王母。」

〔四〕此據趙世家爲説，秦本紀同，潛夫論志氏姓篇亦據史記爲説。案竹書紀年：「周穆王十三年秋，徐戎侵洛。冬十月，造父御王入于宗周。十四年，王帥楚子伐徐戎，克之。」博物志七引徐偃王志曰：「徐君宫人，娠而生卵，以爲不祥，棄之水濱。獨孤母有犬名鵠蒼，獵於水濱，得所棄卵，啣以東歸。獨孤母以爲異，覆煖之，遂沸成兒，生時正偃，故以爲名。徐君宫中聞之，乃更録取。長而仁智，襲君徐國。後鵠蒼臨死，生角而九尾，實黄龍也；偃王又葬之徐界中，今見有狗壟。偃王既主其國，仁義著聞，欲舟行上國，乃通溝陳、蔡之間，得朱弓矢，以己得天瑞，遂因名爲弓，自稱徐偃王，江、淮諸侯皆伏從——伏從者三十六國。周王聞之，遣使乘驛，一日至楚，使伐之。偃王仁不忍闘害其民，爲楚所敗，逃去彭城武原縣東山下，百姓隨之者以萬數，後遂名其山爲徐山。山上立石室，有神靈，民人祈禱，今皆見存。」後漢書東夷傳：「後徐夷僭號，乃率九夷以伐京周，西至河上。穆王畏其方熾，乃分東方諸侯，命徐偃王主之。偃王處潢池東，地方五百里，行仁義，陸地而朝者三十有六國。穆王後得驥騄之乘，乃使造父御以告楚，令伐徐，一日而至；於是楚文王大舉兵而滅之。偃王仁而無權，不忍闘其人，故致於敗，乃北走彭城武原縣東山下，百姓隨之者以萬數，因名其山爲徐山。」傳説相同。但韓非子五蠹篇、淮南子説山篇、説苑指武篇、楚辭七諫皆以爲伐徐者楚文王，而淮南子人間篇又以爲楚莊王，蓋所聞異辭也。

〔五〕「去」原作「生」，拾補據史記校改，今從之。案趙世家自造父已下六世至奄父，奄父生叔帶；是叔帶去造父已七世矣。「子」字疑，或「叔帶」上爲「奄父子」或「奄父生」三字。

〔六〕史記扁鵲傳文。日本古鈔本、三條本及趙世家、論衡紀妖篇俱重「扁鵲」二字，當據補。

〔七〕「七日而寤」，史記封禪書、漢書郊祀志上作「五日不寤」。

〔八〕公孫支，字子桑。子輿卽子車。莊子大宗師有「子輿與子桑友」之説。

〔九〕「也」，程本、鄭本作「者」，未可據，史記、論衡俱作「也」。

〔一〇〕梁玉繩曰：「『五世』當是『三世』，蓋晉獻公、惠公、懷公也。」

〔一一〕趙世家作「霸者之子且令而國男女無別」，扁鵲傳同。器案：男女無別，卽下文所謂「襄公從淫」是也。

〔一二〕此用扁鵲傳文，趙世家作「秦讖於是出矣」。封禪書：「秦繆公立，病卧五日不寤，寤乃言：『夢見上帝，上帝命繆公平晉亂。』史書而記藏之府。」漢書郊祀志同。文選西京賦：「昔者，大帝悦秦繆公而覲之，饗以鈞天廣樂，帝有醉焉，乃爲金策，錫用此土，而翦諸鶉首。」李善注：「虞喜志林曰：『嘐曰：天帝醉，秦暴金誤隕石墜。』謂秦繆公夢天帝奏鈞天廣樂，已有此嘐。』列仙傳讚：『秦繆公受金策，祚世之業。』」御覽十三、八七二、九二二引尚書中候：「維天降紀，秦伯出狩，至于咸陽；天震大雷，有火流下，化爲白雀，銜籙丹書，集于公車，曰：『秦伯霸也。』」言穆公之霸，與此言秦策事同。習學記言謂：「此醫師之語，不足信也。」

〔一三〕「而襄公之敗秦師於殽」，拾補云：「『之』字衍。」器案：史記、論衡俱無「之」字。

〔一四〕器案：通鑑一注：「春秋以來，大夫之家臣謂大夫曰主。」尋左傳宣公二年：「鉏麑曰：『不忘恭敬，民之主也。』」謂趙盾也。昭公五年：「晏子謂子罕：『能用善人，民之主也。』」皆謂大夫曰主。其後，諸侯之大夫有化家爲國者，亦相沿稱主或主君，蓋所以別於周室封建之諸侯耳。左傳昭公二十九年，齊侯使高張唁公稱主君，杜預注云：「比公於大夫。」史記魯世家：「齊景公使人賜昭公書，自謂主君。」集解引服虔曰：「大夫稱主，比公於大夫，故稱主君。」戰國策魏策：「魏嬰觴諸侯於范臺，……魯君曰：『……主君之尊，儀狄之酒也；主君之味，易牙之調也。』」史記甘茂傳：「樂羊拔中山，魏文示之謗書。樂羊曰：『此非臣之功也，主君之力也。』」呂氏春秋愛士篇：「趙簡子有兩白騾，而甚愛之。陽城胥渠處廣門之官，夜款門而謁曰：『主君之臣胥渠有疾。』」治要及册府元龜七三二引高誘注俱云：「大夫稱主君。」晉語載欒氏之臣辛俞曰：「三世仕家，君之；再世以下，主之。」然則魏、趙、韓三家蓋以大夫而爲諸侯，故稱主君。左傳載齊侯唁魯昭公之辭，子家子以爲「齊卑君矣」即指斥魯君爲主君耳。在等級制度嚴明時代，此種稱謂，極有分寸，故當時愼之如此。

〔一五〕「病必間」下，拾補據史記補「間必」二字。器案：論衡亦有「間必」二字。又案論語子罕篇：「病間。」注：「少差曰間。」禮記文王世子篇：「旬有二日乃間。」注：「間猶瘳也。」疏云：「病重時，病常在身，無少間空隙；病今既損，其間有空隙，故云間。」

〔一六〕史記、論衡「樂」上有「甚」字。

〔一七〕拾補曰：「『于』字衍。」器案列子周穆王篇：「清都紫微，鈞天廣樂，帝之所居。」説與此異。

〔一八〕「帝令我射之」，原無「帝令我」三字，拾補據史記校補。器案：論衡紀妖、奇怪二篇亦有此三字，與下文當道者説合，今據補。

〔一九〕謂筒中之策，皆有副貳之本也。漢書高惠高后文功臣表：「減諸宗廟，副在有司。」師古曰：「副，貳也。其列侯功籍，已減於宗廟，副貳之本，又在有司。」

〔二〇〕拾補據史記校作「帝屬我翟犬」。器案論衡紀妖篇同。

〔二一〕「七」原作「十」，拾補據史記校改作「七」。器案正義云：「謂晉定公、出公、哀公、幽公、烈公、孝公、静公爲七世。」今據改正。論衡紀妖篇亦誤爲「十世」。

〔二二〕趙世家此下尚有「今余思虞舜之勳，適余將以其胄女孟姚配而七世之孫」二十一字，論衡紀妖篇亦有，扁鵲傳無文，此從扁鵲傳也。

〔二三〕「而」下，史記、論衡紀妖篇並有「書」字。

〔二四〕史記、論衡紀妖篇並重「簡子」二字。

〔二五〕「人」字，論衡奇怪篇作「鬼」，下同。

〔二六〕器案左傳成公二年：「辟女子。」杜注：「使辟君也。」又五年：「伯宗辟重，曰辟傳。」孟子離婁下：「行辟人可也。」趙注：「辟除人，使卑辟尊也。」呂氏春秋舉難篇：「辟任車。」義並同。周禮大司寇：「使其屬趩。」鄭注：「故書趩作避。杜子春云：『避當爲辟。』玄謂：『趩，止行也。』」又鄉士：「大祭祀、大喪紀、大軍旅、大賓客，則各掌其鄉之禁令，帥其屬夾道而蹕。三公若有邦事，則爲前驅而辟；其喪紀亦如之。」據此諸義，則辟讀爲蹕或趩，謂已來者揮之去，將來者止之行也。

〔二七〕原作「從者將刃」，拾補據史記校作「從者怒，將刃之」。案論衡紀妖篇作「從者將拘之」，今參校補「之」字。

〔二八〕「欲有」，原作「有欲」，拾補校作「欲有」。器按史記、論衡紀妖篇正作「欲有」，今據乙正。

〔二九〕陳仁錫史銓曰：「晰，明也，謂夢中明見子耳。」顧炎武、徐孚遠、錢大昕、俞正燮說同，索隱謂「其名曰子晰」者，非是。論衡「晰」作「遊」，亦形近之誤。

〔三〇〕論衡「曰」下有「日者」二字，史記日本古鈔本、三條本「日者」二字在「病」字下，當據補。

〔三一〕正義謂：「代及智氏也。」器案：據下文，則謂范氏、中行氏也。

〔三二〕「屬」上，史記、論衡紀妖篇有「帝」字，當據補。「我」字，元本殘缺，今據朱藏元本及餘本補。

〔三三〕「說」字，論衡紀妖篇同，史記作「謂」。

〔三四〕「其」字，史記、論衡紀妖篇作「且」。

〔三五〕左傳襄公十四年：「失則革之。」杜注：「革，更也。」

〔三六〕「奔」下原有「之」字，拾補以爲衍文，今據删。

〔三七〕水經汾水注：「澮水又西，至王澤，注于汾水。晉智伯瑤攻趙襄子，襄子奔保晉陽。原過後至，遇三人于此澤，自帶以下不見，持竹節與原過曰：『爲我遺無卹。』原過受之于是澤，所謂王澤也。」案：王澤在今山西新絳縣西南七里。

〔三八〕「自帶以上不可見」，史記、論衡紀妖篇俱作「自帶以上可見，自帶以下不可見」，水經注作「自帶以下不見」，此疑當從水經注改「上」爲「下」，或從史記、論衡訂補耳。

〔三九〕「原」何本誤「言」，又「二」作「三」。朱筠曰：「案節有二，以蔽上下，中藏朱書，不必三也，當從大德本作『二』。」

〔四〇〕原無「曰」字，史記、論衡紀妖篇俱有，今據補。

〔四一〕史記、論衡紀妖篇俱重「襄子」二字。

〔四二〕「天使」，原作「大吏」，今據史記校改。史記並重「山」字。水經汾水注：「原過水西皁上有原過祠。懷道協靈，受書天使。」天使爲春秋、戰國時習言之神道，左傳宣公三年：「燕姞夢天使與己蘭。」又成公五年：「嬰夢天使謂己。」皆其證。論衡作「天子」非是。水經汾水注云：「汾水又南與彘水合。水出東北太岳山，禹貢所謂岳陽也，即霍太山矣。」太平寰宇記四三：「霍山一名太岳，在縣（霍邑）東三十里，禹貢曰：『壺口、雷首，至于太岳。』鄭康成注：『今河東彘縣有霍太山，周禮職方氏冀州鎮曰霍山是也。』」

〔四三〕「滅」上原有「及」字，拾補校「及」作「反」。拾補識語云：「案此字當去，史記亦作『反』，皆因下『反滅』衍也。」案論衡正無「及」字，今據刪。

〔四四〕「百邑」原作「三百邑」，史記、論衡俱作「百邑」，下文亦作「百邑」，水經汾水注：「觀阜，故百邑也。」作「百邑」是，今據刪正。

〔四五〕「屬」，當從史記作「囑」。

〔四六〕「脩下而馮上」，史記無「上」字，李笠曰：「『馮』下，當依風俗通補『上』字，上句『大膺大胷』對擧，下句『左袵介乘』亦對擧，此句亦當以『脩下』與『馮上』對也。上文『龍面而鳥噣』，與此句同一例。文選吴都賦：『洲渚馮隆。』劉注：『馮隆，高貌。』蓋謂伉王下體長而上體高耳。」

〔四七〕「任」，史記作「袵」。方苞曰：「介，甲也。此指武靈王變服習騎射事。左袵，變服也；介乘，謂甲而乘馬習騎射。」

〔四八〕「河宗」，原作「河室」，今據史記校改。正義云：「穆天子傳云：『河宗之子孫則（當作「鄘」）栢絮。』按在龍門河之上流，嵐、勝二州之地也。」器案：穆天子傳見卷一。尚書堯典：「禋于六宗。」賈逵曰：「六宗，謂日宗、月宗、星宗、岱宗、海宗、河宗也。」

〔四九〕「狢」，史記作「貉」，正義曰：「音陌，自河宗、休溷、諸貉，乃戎、狄之地也。」

〔五〇〕正義曰：「趙南伐晉之別邑，謂韓、魏之邑也。」

〔五一〕正義曰：「亦戎國。」

〔五二〕「以」，史記作「引」。

〔五三〕御覽八九六、事類賦八引汲冢瑣語：「智伯既敗，將出走，夢火見於西方，乃出奔秦；又夢火見於南方，遂奔楚也。」則智伯又未身死也，姑存之以待質疑。

〔五四〕「知山」，史記作「知氏」。

〔五五〕正義曰：「括地志云：『三神祠，今名原過祠，今在霍山側也。』」水經汾水注：「彘水又西流逕觀阜北，故百邑也。原過之從襄子也，受竹書于王澤，以告襄子：『襄子齋三日，三月丙戌，余將使汝反滅智氏，汝亦立我于百邑也。』襄子拜受三神之命，遂滅智氏，祠三神于百邑，使原過主之。世謂其處爲觀阜也。」案太平寰宇記四三：「觀堆祠在霍邑縣東南三十里，堆高三丈，周廻十里，俗謂其處爲觀阜。」觀阜，今名觀堆峯，在山西霍縣霍山北。

〔五六〕「王遷」，史記作「幽繆王遷」，集解曰：「徐廣曰：『又云滑王。』世本云：『孝成王丹生悼襄王偃，偃生今王遷。』年表及史考，趙遷皆無謚。」器案太史公曰：「吾聞馮王孫曰：『趙王遷，其母倡也。』」馮唐傳亦作「趙王遷」，應氏此文，卽本龍門，則史記原作「王遷」，可知。淮南子泰族篇亦云：「趙王遷流于房陵。」而「幽繆王」，趙策作「幽王」，列女傳趙悼倡后傳作「幽閔」，此皆索隱所謂「人臣竊追謚之」者也，不足據。史通疑古篇作「趙王嘉遷於房陵」，大誤。

〔五七〕拾補曰：「錢云：『括與牧不同時，此應氏誤。』」拾補識語曰：「『括』當爲『忽』。」札迻曰：「案代李牧者，史記趙世家作『趙忽』，李牧傳及戰國策趙策又作『趙葱』，疑應氏本作『葱』，或作『緫』，『緫』俗書作『揔』，與『括』形近，因誤而爲『括』，此傳寫之失，非仲遠之誤也。」

〔五八〕史記「上」作「之」。其文云：「王遷六年，大飢，民謡言曰：『趙爲號，秦爲笑，以爲不信，視地之生毛！』」案公羊傳宣公十二年：「錫之不毛之地。」何注：「墝埆不生五穀曰不毛。」文選七命注：「凡地之所生謂之毛。」此蓋謂趙受天災，顆粒不收，而秦人幸災樂禍也。下二句謂，如謂言之不信，試看地上之出産如何也。

陳完字敬仲，陳厲公之子也〔一〕。初，懿氏卜妻之〔二〕，其繇〔三〕曰：「是謂『鳳凰于飛，和鳴鏘鏘〔四〕。有嬀之後〔五〕，將育于姜〔六〕。五世其昌，並于正卿；八世之後，莫之與京〔七〕。』」周史有以周易筮之〔八〕，遇觀之否〔九〕，曰：「是謂『觀國之光，利用賓于王。〔一〇〕』此其代陳有國乎！不在此，其在異國〔一一〕；非此其身，在其子孫〔一二〕：光遠而自他有耀者也〔一三〕。」厲公爲蔡所滅殺〔一四〕，國内亂；完奔于齊，齊侯以爲卿，辭曰：「羈旅之臣〔一五〕，幸若獲宥，及於寬政，赦其不閑教訓，而免諸罪戾，弛於負檐〔一六〕，君之惠也，所獲多矣；敢辱高位，以速官謗。詩云：『翹翹車乘，招我以弓；豈不欲往，畏我友朋。〔一七〕』」使爲工正〔一八〕。飲桓公酒，樂〔一九〕，曰：「以火。〔二〇〕」辭曰：「臣卜其晝，未卜其夜，不敢。〔二一〕」君子曰〔二二〕：「酒以成禮，弗繼以淫〔二三〕，義也。以君成禮，弗納於淫，仁也。」桓公嘉之，愛敬日新，位比高、國〔二四〕，始食田采，姓田氏焉〔二五〕。六世田成殺簡公〔二六〕。其三世曰和，遷康公於海上，食一城以祠太公以下〔二七〕。後魏文侯乃使使言周天子及諸侯，列言於周室〔二八〕。其孫曰威王〔二九〕。到王建用后勝之計〔三〇〕，又賓客多受秦金，勸王朝秦，不脩戰備〔三一〕，秦兵平步入臨菑〔三二〕，民無敢格者，遷王建於共。國人歌之曰：「松耶栢耶，亡建共者客耶！〔三三〕」疾建用客之不詳也〔三四〕。

〔一〕史記陳杞世家、田敬仲世家俱謂厲公名佗，左傳則謂厲公名躍，集解、索隱引譙周所謂「世家與傳違」也。

〔二〕二世家俱謂齊懿仲。漢書文紀注引應劭曰：「卜，以荆灼龜。」

〔三〕漢書文紀：「占曰：『大横庚庚云云。』」李奇曰：「占謂其繇也。」師古曰：「繇音丈救反，本作籀，籀，書也，謂讀卜辭。」

〔四〕左傳莊公二十二年杜注：「雄曰鳳，雌曰皇，雌雄俱飛，相和而鳴鏘鏘然也，猶敬仲夫妻有聲譽。」

〔五〕杜注曰：「嬀，陳姓。」御覽一六八引潁容曰：「舜居西城，本曰嬀汭。」漢書地理志：「漢中郡：西城。」應劭曰：「世本：『嬀虚，在西城北，舜之居。』」

〔六〕杜注：「姜，齊姓。」左傳隱公八年：「不爲夫婦，何以能育。」

〔七〕陳世家集解引服虔曰：「言完後五世，與卿並列。」左傳疏云：「與卿並，爲上大夫也。」又集解引賈逵曰：「京，大也。」正義謂五世爲陳無宇，八世爲田常。

〔八〕田世家太史公曰：「蓋孔子晚而喜易，易之爲術，幽明遠矣，非通人達才，孰能注意焉。故周太史之卦田敬仲完，占至十世之後，及完奔齊，懿仲卜之亦云。」則謂懿氏卜妻，亦以易占之耳。

〔九〕史記陳世家集解引賈逵曰：「坤下巽上，觀；坤下乾上，否；觀爻在六四，變而之否。」論衡卜筮篇：「卜曰逢，筮曰遇。」

〔一〇〕史記陳世家集解：「杜預曰：『此周易觀卦六四爻辭也。易之爲書，六爻皆有變象，又有互體，聖人隨其義而論之。』易正義云：『居觀在近，而得其位，明習國之禮儀，故宜利賓于王庭，爲王賓也。』否卦義曰：『否，閉之也，非是人道交通之時，不利君子爲正也。上下不交，而天下無國也。言利賓于王庭，值無國之世，故刺君子爲不正，必代君有國。』」

〔一一〕史記陳世家正義：「六四爻變，内卦爲本國，外卦爲異國。」

〔一二〕史記陳世家正義：「内卦爲身，外卦爲子孫，在外，故知在子孫也。」

〔一三〕漢書叙傳幽通賦注引應劭曰：「陳完少時，其父厲公使周史卜得居有齊國之卦也。」

〔一四〕拾補曰：「『滅』衍。」

〔一五〕史記陳世家集解：「賈逵曰：『覊，寄；旅，客也。』」

〔一六〕朱藏元本、仿元本、吴本、胡本、郎本、程本、鍾本、汪本「檐」作「擔」。

〔一七〕左傳莊公二十二年，杜注云：「逸詩也。翹翹，遠貌也。古者，聘士以弓。言雖貪顯命，懼爲朋友所譏責也。」器案：詩王風漢廣疏：「莊二十二年左傳引逸詩曰：『翹翹車乘。』卽云『招我以弓』，明其遠，故服虔云：『翹翹，遠貌。』」據此，則杜預用服注也。左傳昭公二十年：「齊侯田于沛，招虞人以弓，不進，曰：『先君之田，旃以招大夫，弓以招士，皮冠以招虞人。臣不見皮冠，故不進。』」則是以弓招而不往，亦據虞人言之，孟子所謂「以大夫之招招虞人，虞人死不敢往」者是也。

〔一八〕左傳莊公二十二年，杜注：「掌百工之官。」

〔一九〕左傳莊公二十二年，杜注：「齊桓賢之，故就其家會。據主人之辭，故言飲桓公酒。」器案：此如秦公子鍼九獻饗晉侯之類。

〔二〇〕左傳莊公二十二年作「公曰：『以火繼之。』」

〔二一〕左傳疏引服虔曰：「臣將享君，必卜之，示戒慎也。」又曰：「『未卜其夜』者，詩云：『厭厭夜飲，在宗載考。』鄭玄云：

『考，成也。夜飲之禮，在宗室同姓則成，於庶姓讓之則止。』引此敬仲之事云：『此之謂不成。』是言敬仲非齊同姓，故不敢也。」器案：晏子春秋雜篇「晏子飲景公酒，日暮，公呼具火，晏子辭曰：『嬰已卜其日，未卜其夜。』」條（又見說苑反質篇）言「晏子飲景公酒，令酒必新，家老曰：『財不足云云。』」此卽將享君必卜之類也。

〔二二〕史記十二諸侯年表：「是以孔子明王道，干七十餘君，莫能用，故西觀周室，論史記舊聞，興於魯而次春秋，……以制義法。……七十子之徒，口受其傳指，爲有所刺譏褒諱挹損之文辭，不可以書見也。魯君子左丘明懼弟子人人異端，各安其意，失其真，故因孔子史記，具論其語，成左氏春秋。」據此，則春秋內傳、外傳中之「君子曰」，皆左氏之辭也。隋書魏澹傳載魏史義例：「案丘明亞聖之才，發揚聖旨，言『君子曰』者，無非甚泰，其間尋常，直書而已。」此說得其本柢。韓非子外儲說左上載宋襄與楚戰，有「君子曰」，文雖有譌舛，要之，必左氏傳舊有此文，因而致誤耳。或以爲劉歆僞竄，誣矣。

〔二三〕御覽八四三引左傳注：「夜飲（今誤『淫』）爲淫樂也。」

〔二四〕左傳僖公十二年：「王以上卿之禮饗管仲，管仲辭曰：『臣賤有司也，有天子之二守國、高在。』」杜注：「國子、高子，天子所命爲齊守臣，皆上卿也。」

〔二五〕史記田敬仲完世家集解引應劭曰：「始食采地於田，由是改姓田氏。」索隱引應劭曰：「始食采於田。」此文「始食田采」，亦謂始食采於田耳。

〔二六〕史記鄒陽傳集解引應劭曰：「田常事齊簡公，簡公説之，而殺簡公。」田常殺簡公，見左傳哀公十四年。簡公名壬。

〔二七〕史記齊世家：「（康公）十九年，田常曾孫田和始爲諸侯，遷康公海濱。」史記田敬仲完世家：「宣公卒，子康公貸立。貸立十四年，淫於酒婦人，不聽政，太公乃遷康公於海上，食一城以奉其先祀。」云「十四年」者，蓋謂貸之不聽政自十四年起，至十九年，田和乃遷之也。十二諸侯年表亦在十九年。

〔二八〕史記田敬仲完世家：「三年，太公與魏文侯會濁澤，求爲諸侯。魏文侯乃使使言周天子及諸侯，請立齊相田和爲諸侯。周天子許之。」劉師培曰：「『言』疑『名』譌。」

〔二九〕器案：此下疑脱説威王業績之文。史記田敬仲完世家云：「於是齊最彊於諸侯，自稱爲王，以令天下。」此文當據史記訂補，否則「其孫曰威王」云云，便無着落也。

〔三〇〕史記田敬仲完世家：「四十四年，秦兵擊齊，齊王聽相后勝計，不戰，以兵降秦。」

〔三一〕戰國策齊策下：「后勝相齊，多受秦間金玉，使賓客入秦，皆爲變辭（變齊所命辭），勸王朝秦，不脩攻戰之備。」史記田敬仲完世家：「后勝相齊，多受秦間金，多使賓客入秦，秦又多予金，客皆爲反間，勸王去從朝秦，不脩攻戰之備。」器案：此卽李斯傳所謂「陰遣謀士，齎持金玉，以遊説諸侯」之事也。

〔三二〕史記田敬仲完世家「平步」二字作「卒」字。

〔三三〕「亡」，齊策、史記田敬仲完世家並作「往」。齊策曰：「處之共、松栢之間，餓而死。」漢書地理志，河内有共縣，續漢書地理志同。器案：松栢，疑卽荀子彊國篇所謂松栢之塞。

〔三四〕史記田敬仲完世家索隱：「謂不詳審用客，不知其善否也。」綱目集覽二：「正誤曰：『齊人疾王建聽信姦人賓客，不與諸侯合從，以亡其國。』」器按淮南子泰族篇：「齊王建有三過人之巧，而身虜於秦者，不知賢也。」

謹案：戰國策、太史公記〔一〕：秦孝公據殽、函之固〔二〕，擁雍州之地〔三〕，君臣戮力〔四〕，以窺周室，有席卷〔五〕天下、囊括八荒之意〔六〕。當是之時，商君佐之〔七〕，内立法度〔八〕，務耕織，脩守戰之備〔九〕，外恃〔一〇〕猛將鋭卒，因間〔一一〕伺隙，略定西河之城〔一二〕，南并漢中〔一三〕，西定巴、蜀〔一四〕，東割膏腴之壤〔一五〕，收要害之郡〔一六〕，諸侯恐懼，會盟而謀〔一七〕，不愛尊爵重寶〔一八〕，以致天下之士。當此之時，齊有孟嘗〔一九〕，趙有平原〔二〇〕，楚有春申〔二一〕，魏有信陵〔二二〕。夫四豪者〔二三〕，皆明智〔二四〕而忠信，寬厚愛人〔二五〕；兼韓、魏、燕、趙、宋、衞、中山之衆〔二六〕，其後復有甯越〔二七〕、蘇秦〔二八〕、杜赫〔二九〕之屬爲之謀，陳軫〔三〇〕、召滑〔三一〕、樂毅〔三二〕之徒通其意，吴起〔三三〕、孫臏〔三四〕、廉頗〔三五〕之屬制其兵〔三六〕；嘗以十倍之地，百萬之軍〔三七〕攻秦〔三八〕。秦人開關延敵，六國之師，遁逃而不敢進〔三九〕，秦無一矢遺鏃之費〔四〇〕，而關東已困〔四一〕。於是從散約敗〔四二〕，爭割地而賂秦；秦有餘力，而制其弊。及至始皇〔四三〕，承六世之遺烈〔四四〕，抗長策而御宇内〔四五〕，吞二周而叱諸侯〔四六〕，履至尊而制六合〔四七〕，兼帝皇而威四海〔四八〕。于時議者，恨楚之疏遠屈原，魏不用公子無忌，故國削以至於亡。秦因愚弱之極運〔四九〕，震電之蕭條，混一海内，爲漢驅除〔五〇〕。蓋乘天之所壞，誰能枝之〔五一〕，雖阿衡宰政〔五二〕，賁、育馭戎〔五三〕，何益於事。且有彊兵〔五四〕良謀，雜襲繼踵，每輒挫衂，亦足以祛蔽啓蒙矣〔五五〕。始皇自以關中〔五六〕之固，金城千里〔五七〕，子孫帝王萬世之業也〔五八〕，遂恣睢舊習，矯任其私知〔五九〕，坑儒燔書〔六〇〕，以愚其黔首〔六一〕，窮奢肆欲，力役無饜，毒流諸夏，亂延蠻、貊；由是二世絶祀，以成大漢之資〔六二〕。高祖〔六三〕踐祚〔六四〕，四海乂安〔六五〕。世宗〔六六〕攘夷辟〔六七〕境，崇演禮學，制度文章，冠於百王矣〔六八〕。

〔一〕史記秦始皇本紀引賈生言，又見陳涉世家，漢書陳勝項籍傳贊因之。漢書注、文選過秦論注引應劭曰：「賈生書有過秦二篇，言秦之過，此第一篇也，司馬遷取以爲贊，班固因之。」案賈子新書過秦論分上中下三篇。又案：應氏此書，凡一時同引數書，往往並列所舉之書名於文前，後即不復分別冠以某書之名，如本篇五帝條引易、尚書大傳，正失篇封泰山禪梁父條引尚書、禮，及此文引戰國策、太史公記是也。此與史記始皇本紀贊著「賈誼、司馬遷曰云云」，周禮鐘師疏引五經異義「謹案古山海經、鄒子書云云」，史記甘茂列傳索隱：「案山海經（海内經）、啟筮云云」，南齊書孔稚圭傳稚圭上新建律注表：「又聞老子、仲尼曰云云」，俱爲古書特有之例，桂馥書史記秦始皇本紀贊後謂此當作「司馬遷曰賈誼曰」，通覽未周，妄欲持論，不足致詰也。

〔二〕戰國策秦策下：「蘇秦説秦王曰：『大王之國，東有肴、函之固。』」高誘注：「肴在澠池西，函關，舊在弘農城北門外。」

〔三〕水經渭水注引應劭曰：「積高曰雍。」

〔四〕史、漢、新書、文選「戮力」俱作「固守」。

〔五〕通鑑四九注：「席卷者，言其勢便易也。」

〔六〕史記、新書、文選作「有席卷天下，包舉宇内，囊括四海之意，并吞八荒之心」，漢書作「有席卷天下、包舉宇内、囊括四海、并吞八荒之心」。史記集解引張晏曰：「括，結囊也，言其能包含天下。」漢書顔注曰：「八方荒忽極遠之地也。」案八荒猶言四荒，漢書文紀：「四荒之外。」注：「師古曰：『戎、狄荒服，故曰四荒，言其荒忽，去來無常也。』爾雅曰：『孤竹、北户、西王母、日下，謂之四荒。』」

〔七〕漢書叙傳：「商鞅挾三術以鑽孝公。」注引應劭曰：「王霸、富國、强兵爲三術也。」史記商君列傳贊集解引新序論：「秦孝公保崤、函之固，以廣雍州之地，東并河南，北收上郡，國富兵强，長雄諸侯，周室歸籍，四方來賀，爲戰國霸

君，秦遂以强，六世而并諸侯，亦皆商君之謀也。」（善謀篇）

〔八〕漢書武紀注：「應劭曰：『衞公孫鞅爲秦孝公相，封於商，號商君。』李奇曰：『商鞅爲法，賞不失卑，刑不諱尊，然深刻無恩德。』」後魏書刑罰志言商君以法經六篇入秦。

〔九〕荀子議兵篇：「秦之衞鞅，世之所謂善用兵者也。」史記商君列傳：「太史公曰：『余嘗讀商君開塞、耕戰書，與其人行事相類。』」索隱：「按商君書，開謂刑嚴峻則政化開，塞謂布恩賞則政化塞，其意本於嚴刑少恩。又爲田開阡陌，及言斬敵首賜爵，是耕戰書也。」正義：「商君書有農戰篇，有開塞篇，五卷三十六篇（漢書藝文志法家著録二十九篇）。開謂峻法嚴刑，政化開行也；塞謂布恩，則政化杜塞也；耕謂開阡陌封疆，則農爲耕也；戰謂斬敵首，等級賜爵，則士卒勇於公戰也。」案漢書藝文志兵權謀家有公孫鞅二十七篇，則商君固知兵者也。文選「備」作「具」。

〔一〇〕胡本脱「恃」字。

〔一一〕大德本「間」作「問」，係壞文，各本俱作「間」。

〔一二〕「外恃」三句，史記、漢書、新書、文選俱作「外連衡而鬬諸侯，於是秦人拱手而取西河之外」。戰國策齊策下：「蘇子説齊閔王曰：『衞鞅謀於秦王，魏王大恐。當是時，秦垂拱受西河之外。』」史記樗里子傳：「魏亡西河之外。」正義：「謂同、華等州。」漢官儀：「凡郡名或以川源，西河、河東是也。」尚書禹貢正義：「龍門之河，在冀州西界，故謂之西河。」

〔一三〕「并」，始皇本紀作「兼」，陳涉世家、漢書、新書、文選並作「取」。

〔一四〕「定」，史記、漢書、新書、文選作「擧」。

〔一五〕器案史記李斯傳載斯諫逐客書曰：「孝公用商鞅之法，移風易俗，民以殷盛，國以富彊，百姓樂用，諸侯親服，獲楚、魏之師，舉地千里，至今治彊。惠王用張儀之計，拔三川之地，西并巴、蜀，北收上郡，南取漢中，包九夷，制鄢、郢，東據成皋之險，割膏腴之壤，遂散六國之從，使之西面事秦。」則此爲張儀相秦事，此文未明晰。鹽鐵論非鞅篇：「大夫曰：『昔商君相秦也，內立法度，嚴刑罰，飭政教，姦僞無所容。外設百倍之利，收山澤之稅，國富民强，器械完飾，蓄積有餘。是以征敵伐國，攘地斥境，不賦百姓而師以贍。故利用不竭而民不知，地盡西河而民不苦。』」亦不言商君相秦時有經營漢中、巴、蜀、上郡之事。

〔一六〕「收」上新書有「北」字，是。此舉四方言之，「北」字不可奪。李斯諫逐客書、新序善謀篇亦作「北收上郡」。文選蜀都賦：「內函要害於膏腴。」劉淵林注：「要害，地險隘也；膏腴，土地肥沃也。」資治通鑑釋文二九：「在我爲要，在彼爲害，故曰要害。」

〔一七〕「謀」下，史記、漢書、新書、文選俱有「弱秦」二字。

〔一八〕史記、漢書、新書、文選作「不愛珍器重寶肥饒（史記秦始皇本紀「饒」作「美」）之地」。

〔一九〕孟嘗君，史記有傳。

〔二〇〕平原君，史記有傳。

〔二一〕春申君，史記有傳。漢書陳勝傳注引應劭曰：「楚相黃歇。」

〔二二〕信陵君，史記有傳。

〔二三〕「豪」，史記、新書、文選作「君」，漢書作「賢」。

〔二四〕郎本「智」作「志」，未可據。

〔二五〕「愛」上，史記、漢書、新書、文選有「而」字，當據補。

〔二六〕史記秦始皇本紀「燕」下有「齊、楚」二字。王念孫曰：「有是也，下文兩言『九國之師』，又云『陳涉之位，不齒於齊、楚、燕、趙、韓、魏、宋、衛、中山之君』，是其證；今本漢書及史記陳涉世家、賈子、文選脱『齊、楚』二字。」器案：風俗通此文亦脱，當據王説補。

〔二七〕甯越，趙中牟人，見呂氏春秋博志篇及不廣篇高誘注。

〔二八〕蘇秦，史記有傳。漢書武紀注：「應劭曰：『蘇秦爲關東從長。』」

〔二九〕杜赫，周人，見戰國策周策、楚策，及呂氏春秋諭大篇高誘注。

〔三〇〕索隱：「陳軫，夏人，亦仕秦。」

〔三一〕「召滑」，史記秦始皇本紀作「昭滑」，韓非子内儲説下、史記陳涉世家作「邵滑」，正義作「昭滑」，索隱云：「楚人。」楚策作「卓滑」，一聲之轉。案昭爲楚公族之一，作「昭」是。

〔三二〕樂毅，史記有傳。

〔三三〕韓非子五蠹篇：「藏孫、吴之書者家有之。」漢書藝文志兵權謀家有吴起四十八篇，本注：「有别傳。」案史記有吴起傳，太史公曰：「吴起兵法，世多有。」

〔三四〕史記孫子傳：「孫武既死，後百餘歲有孫臏。臏生阿、鄄之間，臏亦孫武之後世子孫也。」阿、鄄皆齊邑，見史記司馬穰苴傳。漢書藝文志兵權謀家：「齊孫子八十九篇。」本注：「圖四卷。」師古曰：「孫臏。」呂氏春秋不二篇：「孫臏貴勢。」高誘注：「孫臏，楚人，爲齊臣，作謀八十九篇，權之勢也。」王符潛夫論賢難篇：「孫臏修能於楚。」則又以孫臏爲楚人楚臣，當别有所本。

〔三五〕廉頗，史記有傳。

〔三六〕以上取校史記、漢書、新書、文選，頗有省減，未輒以意訂補。

〔三七〕「軍」，漢書同，始皇本紀、新書、文選作「衆」，陳涉世家作「師」。

〔三八〕史記秦始皇本紀、文選作「叩關而攻秦」，史記陳涉世家、漢書、新書作「仰關而攻秦」。

〔三九〕「六國」，史、漢、新書、文選俱作「九國」。案師言九國，並宋、衞、中山言之，應氏此文，自說六國，故逕改之耳。又「遁逃」，陳涉世家、文選同，新書作「逡遁」，秦始皇本紀作「逡巡遁逃」。

〔四〇〕「一矢」，史、漢、新書、文選俱作「亡矢」。文選注：「李巡爾雅注曰：『鏃，以金爲箭鏑也。』」

〔四一〕史記陳陟世家、漢書「關東」作「天下」，秦始皇本紀、新書、文選「天下」下有「諸侯」二字。

〔四二〕「敗」，史記陳涉世家、漢書同，秦始皇本紀、新書、文選作「解」。

〔四三〕史記秦始皇本紀：「制曰：『朕爲始皇帝，後世皆以世數計，二世三世，至于萬世，傳之無窮。』」

〔四四〕「承」，史記秦始皇本紀作「續」，史記陳涉世家、新書、漢書、文選俱作「奮」。師古曰：「孝公、惠文王、武王、昭襄王、孝文王、莊襄王，凡六君也。烈，業也。」

〔四五〕漢書注：「師古曰：『以乘馬爲喻也，策所以撾馬也。』」漢書武紀宇内注：「師古曰：『天地四方爲宇。』」

〔四六〕「叱」，史、漢、新書、文選俱作「亡」，此疑形近而誤。史記周本紀集解引應劭曰：「周孝王封伯翳之後爲侯伯，與周別，五百載至昭王時，西周君臣自歸受罪，獻其邑三十六城合也。」索隱曰：「考王封其弟于河南爲桓公，卒，子威公立，卒，子惠公立，長子曰西周公，又封少子於鞏，仍襲父號，曰東周惠公，於是有東西二周也。按系本：『西周桓公名揭，居河南；東周惠公名班，居洛陽。』是也。」

〔四七〕儀禮喪服傳：「天子至尊也。」呂氏春秋審分篇高誘注：「六合，四方上下也。」

〔四八〕漢書、新書、文選俱作「執敲扑以鞭笞天下，威震四海」。獨斷上：「皇帝、皇王、后帝，皆君也。上古天子庖犧氏、神農氏稱皇，堯、舜稱帝，夏、殷、周稱王，秦承周末，爲漢驅除，自以德兼三皇，功包五帝，故并以爲號。」類聚十一引漢雜事：「古者，天子稱皇，其次稱王；秦承百王之末，爲漢驅除，自以德兼三皇、五帝，故并爲號。」漢書百官公卿表上：「秦兼天下，建皇帝之號。」張晏曰：「五帝自以德不及三皇，故自去其皇號；三王又以德不及五帝，自損稱王；秦自以德褒二行，故兼稱之。」

〔四九〕文選宦者傳論注引此句，顧氏以爲佚文，失之目治。

〔五〇〕史記秦漢之際月表：「秦既稱帝，患兵革不休，以有諸侯也，於是無尺土之封，墮壞名城，銷鋒鏑，鉏豪桀，維萬世之安。然王跡之興，起於閭巷，合從討伐，軼於三代；鄉秦之禁，適足以資賢者，爲驅除難耳。」漢書梅福傳：「至秦則不然，張誹謗之罔，以爲漢驅除。」類聚六引劉騊駼郡太守箴：「有嬴驅除。」初學記九引帝王世紀、及上引獨斷、漢雜事，俱有「爲漢驅除」語。

〔五一〕「枝」，朱藏元本、仿元本、吴本、胡本、郎本、程本、汪本、鍾本作「支」，支、枝古通，詩文王：「本支百世。」左傳莊公六年作「枝」，春秋繁露王道篇引公羊傳「支解」作「枝解」，左傳公孫枝，史記李斯傳作「公孫支」，即其比。國語周語下：「周詩有之：『天之所支，不可壞也；其所壞，亦不可支也。』」注：「支，柱也。」左傳定公元年：「汝叔寬曰：『天之所壞，不可支也。』」後漢書郭泰傳：「天之所廢，不可支也。」焦氏易林一：「天之所壞，不可强支。」

〔五二〕漢書平紀宰衡注：「應劭曰：『周公爲太宰，伊尹爲阿衡，采伊、周之尊也。』」

〔五三〕賁、育，孟賁、夏育，漢書淮南厲王傳注：「應劭曰：『衛孟賁。』」

〔五四〕鍾本「兵」作「民」，不可據。

〔五五〕易序卦傳：「蒙者，蒙也，物之穉也。」

〔五六〕史記高紀索隱引韋昭曰：「函谷、武關也。」又引三輔舊事曰：「西以散關爲限，東以函谷爲界，二關之中，謂之關中。」

〔五七〕史記留侯世家：「留侯曰：『夫關中，左殽、函，右隴、蜀，所謂金城千里，天府之國也。』」鹽鐵論險固篇：「秦左殽、函，右隴阺，前蜀、漢，後山、河，四塞以爲固，金城千里也。」

〔五八〕鍾本無「帝王」二字。史記高紀索隱、漢書高紀注引應劭曰：「始皇欲以一至萬示不相襲，始者一，故至子稱二世。」

〔五九〕吴本、汪本「知」作「智」。

〔六〇〕史記秦始皇本紀：「三十四年，……丞相李斯曰：『……臣請史官非秦記，皆燒之；非博士官所職，天下敢有藏詩、書、百家語者，悉詣守尉雜燒之；有敢偶語詩、書者，棄市；以古非今者族；吏見知不舉者，與同罪；令下三十日不燒，黥爲城旦。所不去者，醫藥、卜筮、種樹之書。若欲有學法令，以吏爲師。』制曰：『可。』……三十五年，……始皇聞亡，乃大怒曰：『……諸生在咸陽者，吾使人廉問，或爲訞言以亂黔首。』於是使御史悉案問諸生，諸生傳相告引，乃自除犯禁者四百六十餘人，皆阬之咸陽，使天下知之以懲後。」又儒林列傳：「及秦之季世，焚詩、書，阬術士。」正義：「顔云：『今新豐縣温湯之處號愍儒鄉。温湯西南三里有馬谷，谷之西岸有阬，古相傳以爲阬儒處也。衛宏詔定古文尚書序云：秦既焚書，恐天下不從所改更法，而諸生到者拜爲郎，前後七百人。乃密種瓜于驪山陵谷中温處，瓜實成，詔博士諸生説之，人言不同。乃令就視，爲伏機；諸生賢儒皆至焉，方相難不決，因發機，從上填之以土，皆壓，終乃無聲也。』」案正義所引師古注，見漢書儒林傳。師古所引衛宏説，又見御覽九七八引古文奇字。太平寰宇記二七雍州昭應縣：「坑儒谷，在縣東南五里。始皇以驪山温處令人冬月種瓜，招天下儒者議之，説各不同，因發機陷之』，唐玄宗改爲旌儒鄉，立旌儒廟。」蓋自李隆基就坑儒谷改鄉立廟，爲之鳴冤叫屈，於是賈至有旌儒廟碑（文苑英華二四七、唐文粹二二、全唐文三六八），歐陽棐有旌儒廟碑陰（集古録目），章碣有焚書坑詩（唐摭言十），許渾有旌儒廟詩（丁卯集上），夏竦有焚書坑銘（文恭集二五），王安石有愍儒坑詩（臨川文集三二），朱熹有記旌儒廟碑陰語（晦庵先生朱文公文集七一），吴萊有秦坑銘（淵穎吴先生集七），皆詆譏始皇之焚書坑儒。一犬吠影，百犬吠聲，始皇此一果斷行爲，遂爲千古積毁。案後漢書申屠蟠傳載：「蟠獨歎曰：『昔戰國之世，處士横議，列國之王，至爲擁篲先驅，卒有坑儒焚書之禍。』」揭櫫此舉，實源於處士之横議，頗得始皇所洞察「諸生爲訞言以亂黔首」之深旨。

〔六一〕史記秦始皇本紀：「二十六年，……秦初并天下，……更名民曰黔首。」集解：「應劭曰：『黔，亦黎黑也。』」

〔六二〕朱國禎湧幢小品二國號云：「國號加大字，始於胡元，我朝因之，蓋返左袵之舊，自合如此，且以别於小明王也。其言大漢、大唐、大宋者，乃臣子及外夷尊稱之詞。近見新安刻曆祚考一書，於漢、唐、宋及司馬晉，皆加大字，失其初矣。」器案：詩大明：「涼彼武王，肆伐大商。」國語吴語：「越曾足以爲大虞乎？」對前朝俱加大字。史記陳涉世家：「陳涉乃立爲王，號爲張楚。」索隱：「案李奇云：『欲張大楚國，故稱張楚也。』」漢書陳勝傳：「勝乃立爲王，號爲張楚。」注：「劉德曰：『若云張大楚國也。』」又張耳傳：「今已張大楚王陳。」師古曰：「言張建大楚之國，而王於陳也。」劉奉世曰：「案陳勝立爲王，號張楚耳。云張大楚者，斥其號也。」據此，則陳涉建國之號，自稱若此，廣雅釋詁：「張，大也。」則當時稱爲張楚或大楚，其實一也。故淮南子兵略篇卽謂「戍卒陳勝，興於大澤，……稱爲大楚」也。漢書溝洫志：「大漢方制萬里。」又司馬遷傳：「接其後事，訖於大漢。」又楊雄傳上：「以函夏之大漢兮，彼曾何足與比功。」又解嘲：「今大漢左東海，右渠搜。」則自秦、漢之際以還，國號加大，已約定俗成矣。

〔六三〕漢書景紀注引應劭曰：「始取天下者爲祖，高祖是也。」

〔六四〕拾補云：「『祚』當作『阼』，下並同。」

〔六五〕漢書五行志注引應劭曰：「艾，治也。」乂、艾通。

〔六六〕漢書宣紀：「尊孝武廟爲世宗廟。」

〔六七〕「辟」字原無，拾補云：「疑脱一『辟』字。」今據補。

〔六八〕漢書叙傳下：「冠德於百王。」師古曰：「德爲百王之上也。」

風俗通義正失第二〔一〕

孔子曰：「衆善焉，必察之；衆惡焉，必察之。〔二〕」孟軻云：「堯、舜不勝其美，桀、紂不勝其惡。」傳言失指，圖景失形。〔三〕衆口鑠金〔四〕，積毁消骨〔五〕，久矣其患之也。是故樂正后夔有一足之論〔六〕，晉師己亥渡河，有三豕之文〔七〕，非夫大聖至明，孰能原析之乎？論語：「名不正則言不順。〔八〕」易稱：「失之毫氂，差以千里。〔九〕」故糾其謬曰正失也。

〔一〕蘇頌曰：「正失第二，子抄云：『第六。』」

〔二〕論語衞靈公章：「子曰：『衆惡之，必察焉；衆好之，必察焉。』」潛夫論潛歎篇、傳葛洪涉史隨筆、司馬光論選舉狀、又議貢舉狀、王安石答段縫書、王若虚滹南辨惑引此俱先好後惡，應氏引此語句又別，羅隱兩同書真僞章又引作「衆善者，必察焉；衆惡者，必察焉」，引「好」作「善」，與應氏同，而俱與今本論語異。王注云：「或阿黨比周，或其人特立不羣，故好惡不可不察也。」豈所見本亦先好後惡耶？

〔三〕史通疑古、惑經二篇並引孟子曰：「堯、舜不勝其美，桀、紂不勝其惡。」本篇下文孝文帝條引此二句，「美」作「善」。顔氏家訓書證篇：「孟子曰：『圖景失形。』」僞孟子外書性善辨：「孟子曰：『性善也，堯、舜不勝其美；習不善也，桀、紂不勝其惡。』」又孝經篇：「傳言失指，圖景失形。言治者而覈實。」列子楊朱篇：「天下之美，歸之舜、禹、周、孔；天下之惡，歸之桀、紂。」論衡變虚篇：「世間聖人莫不堯、舜，惡人莫不桀、紂。」尸子處道篇：「桀、紂之有天下也，四海之內皆亂，而關龍逄、王子比干不與焉，而謂之皆亂，其亂者衆也。堯、舜之有天下也，四海之內皆治，而丹朱、商均不與焉，而謂之皆治，其治者衆也。」（長短經勢運篇引愼子同。）

〔四〕詳佚文。

〔五〕史記張儀列傳：「衆口鑠金，積毁消骨。」鄒陽列傳同。又漢書中山靖王傳、鄒陽傳亦有此語。

〔六〕詳後文。

〔七〕呂氏春秋察傳篇：「子夏之晉，過衞，有讀史記者，曰『晉師三豕涉河』。子夏曰：『非也，是己亥也。夫己與三相近，豕與亥相似。』至於晉而問之，則曰『晉師己亥涉河』也。」又見家語七十二弟子解。案說文己古文作𢀳，與三相似，亥古文作𠀅，云：「古文亥爲豕，與豕同。」又案：古書篇章，有先挈舉其事於前，而後申述之者，此於韓非子一書中，尤爲習見不尠。今風俗通義此篇，於篇序中列舉「夔一足」及「三豕渡河」事，前者篇內有文，後者無之，豈今本佚其文耶？

〔八〕見子路篇。

〔九〕易緯通卦驗：「故正其本而萬物理，失之豪釐，差以千里。」易緯坤靈圖：「正其本，萬物理，差之豪釐，謬以千里，故君子必謹其始。」文選竟陵王行狀注引易緯乾鑿度：「正其本而萬物理，失之豪釐，差之千里。」後漢書王充王符仲長統傳論注引易緯：「差以毫釐，失之千里。」則此爲易緯之文。而大戴禮記禮察篇：「易曰：『君子愼始，差若豪釐，謬之千里。』」（小戴記經解篇同）賈子新書胎教篇：「易曰：『正其本，萬物理，失之豪釐，差之千里。』故君子愼始。」（大戴禮記保傅篇同）史記太史公自序：「故易曰：『失之豪釐，差以千里。』」（漢書司馬遷傳同）漢書東方朔傳：「易曰：『正其本，萬事理，失之豪釐，差之千里。』」（杜欽傳引易曰：「正其本，萬物理。」後漢書范升傳亦引易此文。）說苑建本篇：「易曰：『建其本而萬物理，失之豪釐，差以千里。』故君子貴建本而立始。」皆直稱易曰，與應氏同。考緯候起於哀、平，兩戴所記爲古記之文。賈誼、東方朔、司馬遷時，緯候未出，何緣見之。小戴記經解孔疏以爲易繫辭文，今易繫辭實無此文。太史公自序集解云：「今易無此語，緯有之。」漢書司馬遷傳注，師古曰：「今之易經及象、繫辭並無此語，所稱易緯者則有之焉，斯蓋易家之別説者也。」蓋古人引經説，皆直稱本經，此所引乃古易傳文也。章太炎菿漢昌言四疑此爲商瞿易傳文，蓋是也。列女傳貞順召南申女傳：「傳曰：『正其本則萬物理，失之豪釐，差之千里。』」所稱之傳，是易傳也。抑嘗進而論之，如史記封禪書引詩云：「紂在位，文王受命，政不及泰山。」又河渠書引夏書曰：「禹抑洪水，十三年過家不入門，陸行乘車，水行載舟，泥行蹈毳，山行卽橋，以別九州，隨山浚川，任土作貢，通九道，陂九澤，度九山。」説文欙下亦引虞書曰：「予乘四載：水行乘舟，陸行乘車，山行乘欙，澤行乘輴。」又逑下引虞書：「怨匹曰逑。」旻下引虞書：「仁閔覆下（從段注本），則稱旻天。」相下引易曰：「地可觀者，莫可觀於木。」凡此，皆于易、詩、書無文，亦當作如是觀耳。後儒不知古人引經説，有直稱本經之例，而輒疑其應如何如何，真癡人説夢也。於此有一適例，宋書禮志：「明帝即位，有改正朔之義。侍中高堂隆議曰：『書曰：「若稽古帝舜曰重華，建皇授政改朔。」』」御覽八一引尚書中候攷河命：「曰若稽古帝舜曰重華，欽翼皇象。」文選永明十一年策秀才文注引尚書中候：「建皇授政改朔。」則高堂隆正以尚書緯爲書經也。夫漢、晉人何以謂經緯爲經説也？此自有故。禮記檀弓下正義：「易説者，鄭引云易緯也。凡鄭云説者，皆緯候也。時禁緯候，故轉緯爲説也。故鄭志：『張逸問：禮注曰書説，書説何書也？答曰：尚書緯也。當爲注時，時在文網中，嫌引祕書，故諸所牽圖讖，皆謂之説云。』」明夫此，益知强詞奪理之徒之爲好事也。

樂正后夔一足

俗說：夔一足而用精專，故能調暢於音樂〔一〕。

〔一〕漢書東方朔傳：「子夏爲太常。」注引應劭曰：「『子夏』當爲『夔』，夔知樂，故可以爲太常。」

謹按：呂氏春秋〔一〕：「魯哀公問於孔子：『樂正夔一足，信乎？』孔子曰：『昔者，舜以夔爲樂正〔二〕，始治六律，和均五聲〔三〕，以通八風，而天下服〔四〕。重黎〔五〕又薦能爲音者，舜曰：夫樂天地之精，得失之節，故唯聖人爲能和樂之本。夔能和之〔六〕，以平天下〔七〕，若夔者〔八〕，一而〔九〕足矣〔一〇〕。故曰夔一足，非一足行。』」〔一一〕

〔一〕察傳篇文。

〔二〕呂氏春秋高誘注曰：「樂官之正也。」器案：書堯典：「帝曰：『夔，命汝典樂。』」尚書大傳：「樂正定樂名。」儀禮通解續二六引鄭康成注曰：「樂正，樂官之長，周禮曰大司樂。」左傳昭公二十八年：「樂正后夔取之。」杜注：「夔，舜典樂之君長。」荀子成相篇：「夔爲樂正鳥獸服。」韓非子外儲説左下：「使（夔）爲樂正。」説苑君道篇：「夔爲樂正。」皆言夔爲樂正，而史記五帝本紀云：「以夔爲典樂」，蓋誤讀尚書歟！

〔三〕今本呂氏春秋無「均」字，文選長笛賦注、天中記六引有，與此合，當據補正。

〔四〕高誘注曰：「六律，六氣之律，陽爲律，陰爲呂，合十二也。五聲，五行之聲，宮、商、角、徵、羽也。八風，八卦之風也。通和陰陽，故天下大服也。」

〔五〕史記太史公自序：「昔在顓頊，命南正重以司天，北正黎以司地，唐、虞之際，紹重、黎之後，使復典之，至于夏、商，故重黎氏世序天地。其在周，程伯休甫，其後也。」索隱：「案重司天，而黎司地，是代序天地也。據左氏，重是少昊之子，黎乃顓頊之胤，二氏二正，所出各別，而史遷意欲合二氏爲一，故總云『在周，程伯休甫其後』，非也。」案楚世家亦云：「帝顓頊高陽者，黄帝之孫，昌意之子也。高陽生稱，稱生卷章，卷章生重黎。」晉書宣紀亦謂「其先出自高陽之子重黎，爲夏官祝融。」俱以重黎爲一人，此蓋本之呂氏春秋，察傳篇云：「昔者，舜欲以樂傳教於天下，乃令重黎舉夔於草莽之中而進之，舜以爲樂正。」高誘無注。楚世家索隱：「劉氏云：『少昊氏之後曰重，顓頊氏之後曰重黎，對彼重則單稱黎，若自言當家則稱重黎，故楚及司馬氏皆重黎之後，非關少昊之重。』」

〔六〕高誘注曰：「和，調也。」案禮記仲尼燕居篇有夔達於樂之説。

〔七〕原脱「以」字，拾補據呂氏補，今從之。

〔八〕「者」字原無，拾補據呂氏補，今從之。

〔九〕「而」字原無，拾補據呂氏補，今從之。

〔一〇〕後漢書曹褒傳：「昔堯作大章，一夔足矣。」

〔一一〕拾補曰：「『行』，呂氏、韓非子皆作『也』。」器案：此事又見韓非子外儲説左下、論衡書虚篇、孔叢子論書篇。考山海經大荒東經：「東海中有流波山，入海七千里，其上有獸，狀似牛，蒼身而無角，一足，出入水則必風雨，其光如日月，其聲如雷，其名夔。」莊子秋水篇：「夔語蚿：『吾以一足趻踔而行，子無知矣；今子使萬足，獨奈何。』」又御覽八九九、困學紀聞十、席上腐談上引莊子：「聲氏之牛夜亡而遇夔，止而問焉：『我有四足，動而不善；子一足而超踊，何以然？』夔曰：『以吾一足王於子矣。』」國語魯語下韋昭注：「或云夔一足。」説文：「夔，神魖也，如龍一足。从夊，象有角手人面之形。」此其所以附會樂正后夔而爲一足之神魖也。

丁氏家穿井得一人

俗說：丁氏家穿井，得一人於井中也。

謹按：呂氏春秋〔一〕：「宋丁氏無井，常一人溉汲於外，及自穿井〔二〕，喜而告人〔三〕：『吾穿井得一人。』傳之，聞於宋君，公問其故，對曰：『得一人之使〔四〕，非得一人於井中也。』」〔五〕

〔一〕察傳篇文。

〔二〕今本呂氏作「及其家穿井」，御覽一八九引作「及自穿井」，與應氏所見本合。

〔三〕「人」原作「之」，拾補校作「人」，案呂氏春秋作「告人」，今從之。

〔四〕黃氏日鈔曰：「免一人外汲，如得一人之使。」器案漢書食貨志言「一月得四十五日」，彼言得日，此言得人，用法相同。

〔五〕器案：此事又見論衡書虛篇。淮南子覽冥篇：「寄汲不若鑿井。」徐岳術數記遺：「此乃傳之失實，猶公獲夔一足，丁氏穿井而獲一人也。」類聚九引范雲悲故井詩：「已獲丁氏利，方見管公繅。」俱本此爲說。

封泰山禪梁父〔一〕

俗說：岱宗上有金篋玉策，能知人年壽脩短。武帝〔二〕探策得十八〔三〕，因到〔四〕讀曰八十，其後果用者長〔五〕。武帝出璽印石〔六〕，裁〔七〕有兆朕，奉車子侯〔八〕卽没其印，乃止。武帝畏惡，亦殺去之〔九〕。封禪書說：「黄帝升封泰山，於是有龍垂鬍〔一〇〕髯下迎黄帝〔一一〕；黄帝上騎，羣臣後宫從〔一二〕者七十餘人〔一三〕，小臣獨不得上，乃悉持龍髯，拔墮黄帝之弓。小臣〔一四〕百姓仰望黄帝，不能復〔一五〕，乃抱其弓而號，故世因曰烏號弓〔一六〕。孝武皇帝時，齊人公孫卿〔一七〕言：『漢之聖者，在高祖之孫；今歷正值黄帝之日，聖主亦當上封，則能神仙矣。』〔一八〕」

〔一〕史記封禪書正義：「此泰山上，築土爲壇以祭天，報天之功，故曰封。泰山下小山上，除地報地之功，故曰禪——言禪者，神之也。」

〔二〕漢書武紀注：「應劭曰：『禮謚法：威強叡德曰武。』」

〔三〕世説新語言語篇：「晉武帝始登阼，探策得一；王者世數，繫此多少。帝既不悦，羣臣失色，莫有能言者，侍中裴楷進曰：『臣聞天得一以清，地得一以寧，侯王得一以爲天下貞。』帝説，羣臣歎服。」（又見晉書裴楷傳）晉書載記慕容儁傳：「初，石虎使人探策於華山，得玉版，文云：『歲在申酉，不絶如綫，歲在壬子，真人乃見。』」（又見十六國春秋二七）此俱探策之事也。

〔四〕「到」字原脱，今據拾補訂補。拾補曰：「脱，初學記有，意林作『倒』。」案初學記見卷十三。

〔五〕白帖二、一一、御覽三九、緯略六、岱史遺蹟紀、廣博物志五、天中記八引俱作「因倒讀曰八十，其後果壽八十」，又御覽五三六引「者」作「考」，「讀」上亦有「倒」字。器案：「讀」上有「倒」字是，觀下文亦作「倒讀」可知。唯作「壽八十」，與臣瓚「壽七十一」之說不合，未可從。王世貞宛委餘編四曰：「風俗通云：『漢武帝登太山探策，即祚之年得十八，因倒讀之爲八十，後壽至八十。』非也，帝壽自七十耳。攷帝以元封元年封泰山，五年增封，以至後二年，恰十八年，神蓋喻之矣。」

〔六〕御覽六八二引應劭漢官儀：「孔子稱：『封泰山，禪梁父，可得而數七十有二。』傳曰：『封者，以金泥銀繩，印之以璽。』璽，施也，信也，古者尊卑共之。月令曰：『固封璽。』春秋傳：『襄公在楚，季武子從公冶問璽書，追而與之』是也。秦、漢以來，尊者以爲名，乃使避。」

〔七〕拾補曰：「史記封禪書索隱引『裁』作『財』。」

〔八〕續漢書百官志二：「奉車都尉，比二千石。」本注曰：「無員，掌御乘輿車。」史記封禪書正義：「霍嬗子侯，去病子也。」漢書郊祀志上注引服虔說同。案霍光傳：「去病子嬗，字子侯。」漢又有宋子侯，即作董嬌嬈詩者，然則子侯之字，在漢亦常見者，猶子公、子卿之比也。洞仙傳有車子侯傳，即誤讀史、漢此文而杜撰者，道書之不可信類如此。

〔九〕拾補云：「似當作『故殺之』。」器案：封禪書索隱：「新論曰：『武帝出璽印石，財有朕兆，子侯則沒印，帝畏惡，故殺之。』風俗通亦云然。顧胤按武帝集，帝與子侯家語云：『道士皆言子侯得仙，不足悲。』此說是也。」

〔一〇〕拾補校「鬍」作「胡」，云：「『鬍』俗。」

〔一一〕漢書禮樂志注：「應劭曰：『訾黃，一名乘黃，龍翼而馬身，黃帝乘之而仙。』」史記曆書：「黃帝合而不死。」集解：「應劭曰：『言黃帝造曆得仙。』孟康曰：『黃帝作曆，曆終始無窮已，故曰不死。』」此亦應劭言黃帝得仙之事，孟康解說，深得理中。

〔一二〕史記封禪書、漢書郊祀志上、論衡道虛篇「從」下有「上」字，當據補。

〔一三〕三輔黄圖：「鼎湖宫在藍田。昔黄帝採首山銅以鑄鼎，鼎成，有龍下迎，帝仙去，小臣攀龍髯而上者七十二人。漢武帝於此建宫。」水經河水注四：「魏土地記曰：『弘農湖縣有軒轅黄帝登仙處。黄帝採首山之銅，鑄鼎于荆山之下，有龍垂胡于鼎，黄帝登龍，從登者七十人，遂升于天，故名其地爲鼎湖。荆山在馮翊，首山在蒲坂，與湖縣相連。』晉書地道記、太康記並言：『胡縣也，漢武帝作湖，俗云黄帝自此乘龍上天也。』」雲笈七籤軒轅本紀亦言從上者七十二人。

〔一四〕史、漢及論衡俱無此「小臣」二字。

〔一五〕史、漢、論衡「不能復」作「既上天」。漢書王莽傳：「天鳳六年下書，引紫圖曰：『太一、黄帝皆僊上天。』」

〔一六〕以上又見史記封禪書、漢書郊祀志上及論衡道虛篇。

〔一七〕公孫卿仕太中大夫，見漢書律歷志。

〔一八〕史記封禪書：「齊人公孫卿曰：『今年得寶鼎。』其冬辛巳朔旦冬至，與黄帝時等。卿有札書曰：『黄帝得寶鼎宛朐，問於鬼臾區，鬼臾區對曰：黄帝得寶鼎神策，是歲己酉朔旦冬至，得天之紀，終而復始。於是黄帝迎日推策，後率二十歲，復朔旦冬至，凡二十推，三百八十年，黄帝僊登于天。』卿因所忠欲奏之。所忠視其書不經，疑其妄書，謝曰：『寶鼎事已決矣，尚何以爲？』卿因嬖人奏之。上大説，乃召問卿，對曰：『受此書申公，申公已死。』上曰：『申公何人也？』卿曰：『申公齊人，與安期生通，受黄帝言，無書，獨有此鼎。書曰：漢興，復當黄帝之時，曰：漢之聖者，在高祖之孫且曾孫也。寶鼎出，而與神通封禪。封禪七十二王，唯黄帝得上泰山封。申公曰：漢主亦當上封，上封則能僊登天矣。』」又見漢書郊祀志上。

謹按：尚書、禮：天子巡守〔一〕，歲二月，至于岱宗〔二〕。孔子稱：「封泰山，禪梁父，可得而數者〔三〕七十有二。」蓋王者受命易姓，改制應天，天〔四〕下太平，功成封禪，以告平也〔五〕。所以必於岱宗者，宗者〔六〕，長也〔七〕，萬物之宗〔八〕，陰陽交代〔九〕，雲〔一〇〕觸石而出〔一一〕，膚寸而合，不崇朝徧雨天下〔一二〕，唯泰山乎〔一三〕。封者，立石高一丈二赤〔一四〕，刻〔一五〕之曰：「事天以禮，立身以義，事父〔一六〕以孝，成民〔一七〕以仁，四守〔一八〕之內，莫不爲〔一九〕郡縣〔二〇〕，四夷〔二一〕八蠻，咸來貢職〔二二〕，與天無極〔二三〕，人民〔二四〕蕃息，天祿永得。〔二五〕」祭上玄尊而俎生魚〔二六〕。壇廣十二丈，高三尺，階三等，必於其上，示增高也。刻石紀號〔二七〕，著己績也〔二八〕。或曰：金泥銀繩，印之以璽〔二九〕。下禪梁父，禮祠地主，去事之殺，示增廣也〔三〇〕。禪謂壇墠，當有所與也〔三一〕。三皇禪於繹繹，明己功成而去，德者居之，繹繹者，無所指斥也〔三二〕。五帝禪於亭亭〔三三〕，德不及於皇，亭亭名山，其身禪予聖人〔三四〕。三王禪於梁父〔三五〕，梁者，信也，信父者子〔三六〕，言父子相信與也〔三七〕。孝武皇帝〔三八〕封廣丈二尺，高九尺，其下有玉牒書祕書〔三九〕，江、淮間一茅三脊爲神藉〔四〇〕，五色土益雜封，縱遠方奇獸飛禽及白雉，加祠〔四一〕，兕牛犀象之屬〔四二〕。其贊〔四三〕享曰：「天增授皇帝泰元神筴，周而復始，皇帝敬拜泰壹。〔四四〕」其夜有光如流星，晝有白雲起封中〔四五〕。於是作明堂汶上〔四六〕，令諸侯各治邸〔四七〕，車駕前後五至祠〔四八〕，以元鼎六年告封〔四九〕，改爲元封〔五〇〕，武帝已年四〔五一〕十七矣，何緣反更得十八也〔五二〕？就若所云，明神禍福，必有徵應，權時〔五三〕倒讀，焉能誕招期乎〔五四〕？奉車子侯，驂乘弄臣〔五五〕，不預封事，何因操印没石？乃正暴病而死〔五六〕，悼惕〔五七〕無已〔五八〕。又言武帝與仙人對博，碁没石中，馬蹄迹處，于今尚存〔五九〕，虚妄若此，非一事也。予以空僞〔六〇〕，承乏〔六一〕東嶽，忝素〔六二〕六載〔六三〕，數聘〔六四〕祈祠〔六五〕，咨問長老賢通〔六六〕上泰山者云，謂璽處尅石，文昧難知也，殊無有金篋玉牒探籌之事。春秋以爲「傳聞不如親見」〔六七〕，親見之人〔六八〕，斯爲審矣。傳曰：「五帝聖焉死，三王仁焉死，五伯智焉死。〔六九〕」其隕落崩薨之日，不能咸至百年。詩云：「三后在天。〔七〇〕」論語曰：「古皆没。〔七一〕」太史記：「黄帝葬於橋山。〔七二〕」騎龍升天，豈不怪乎？烏號弓者，柘桑之林〔七三〕，枝條暢茂，烏登其上，下垂〔七四〕著地，烏適飛去，從後〔七五〕撥殺；取以爲弓，因名〔七六〕烏號耳〔七七〕。

〔一〕郎本、程本、鍾本「守」作「狩」。

〔二〕引書見堯典，釋文云：「『守』或作『狩』。」禮記祭義有「天子巡守」文。器案：連舉二書名或二作者名於前，繼引其文，卽不復分別言之，此爲漢人著書通例，説詳皇霸篇六國條。

〔三〕胡本、郎本、鍾本無「者」字。御覽六八二引應劭漢官儀：「孔子稱：『封泰山，禪梁父，可得而數七十有二。』」續漢書祭祀志補注、困學紀聞十引莊子：「易姓而王，封於泰山，禪梁父者，七十有二代，其有形兆垠堮，勒石凡千八百餘處。」史記封禪書正義、通典禮十四引韓詩外傳：「孔子升泰山觀易姓而王，可得而數者七十餘人，不得而數者萬數也。」史記孝武本紀正義、御覽五三六引河圖真紀鉤：「王者封太山，禪梁父，易姓奉度，繼興崇功者，七十二君。」白虎通封禪篇：「孔子曰：『升泰山觀易姓之王，可得而數者，七十餘君。』」初學記九、御覽五三六引桓譚新論：「太山之上，有石刻凡千八百餘處，而可識知者，七十有二。」淮南繆稱篇：「泰山之上，有七十壇焉。」高注：「封乎泰山，蓋七十二君也。」則言七十，蓋舉成數。又齊俗篇曰：「古之王封於泰山、禪於梁父，七十餘聖。」司馬相如封禪文：「繢昭夏，崇號謚，略可道者，七十有二君。」說文解字敘：「封於泰山者，七十有二代。」論衡書虛篇：「太山之上，封可見者，七十有二。」又道虛篇：「泰山之上者七十有二君。」史記封禪書：「管仲曰：『古者，封泰山，禪梁父者，七十二家，而夷吾所記者，十有二焉。』」漢書郊祀志同，（又見管子封禪篇）是古自有封泰山者七十二君之說，梁玉繩史記志疑以爲七十二代之說不可據，是固不知三皇之事，固若存若亡也，失之拘矣。

〔四〕「天」字原脱，今補。白虎通封禪篇：「王者易姓而起，必升封泰山何？報告之義也。始受命之日，改制應天，天下太平，功成封禪，以告太平也。」此文本之，正有「天」字。

〔五〕史記封禪書正義、書鈔九一、御覽五三六引五經通義：「易姓而王，致太平，必封泰山，禪梁父，荷天命以爲王，使理羣生，告太平於天，報羣神之功。」論衡道虛篇：「泰山之上七十有二君，皆勞情苦思，憂念王事，然後功成事立，致治太平，太平則天下和安，乃升太山而封焉。」

〔六〕「者」字原脱，據拾補校補。

〔七〕「也」字原脱，據拾補校補。

〔八〕「宗」，拾補校作「長」，劉師培曰：「書鈔九十一作『爲物之始』。」案：御覽五三六引作「始」。

〔九〕何本「代」誤「伐」。

〔一〇〕「雲」字原脱，拾補據山澤篇補，今從之。

〔一一〕文選蜀都賦注引春秋元命包：「山有含精藏雲，故觸石而出也。」

〔一二〕「徧雨」，何本、胡本、鍾本誤作「而徧」。詩衛風河廣：「誰謂宋遠，曾不崇朝。」鄭箋：「崇，終也；行不終朝，亦喻近。」

〔一三〕白虎通封禪篇：「所以必於泰山何？萬物之始，交代之處也。」白帖五、初學記五、御覽三九引五經通義：「泰山，一名岱宗，言王者受命易姓，報功告成，必於岱宗也。東方萬物始交代之處，宗，長也，言爲羣嶽之長。」書鈔九〇、御覽五三六引五經通義：「所以止封岱、太山者，五嶽之長，羣神之主，故獨封於泰山，告太平於天，報羣神之功。禪梁父者，太山之支屬，能配泰山之德也。」案「觸石」以下，又見山澤篇。

〔一四〕「赤」，郎本、程本、意林、史記封禪書正義、續漢書祭祀志上補注、御覽五三六引作「尺」，器案：尺、赤古通，古文苑宋玉釣賦：「以出三赤之魚，於數仞之水中。」王褒僮約：「三丈一樹，八赤爲行。」漢西嶽石闕銘：「高二丈二赤。」北齊平等寺碑：「銅像一軀，高二丈八赤。」水經泿水注：「廣州記稱：『吴平，滕脩爲刺史，脩鄉人語脩，蝦鬚長一赤，脩責以爲虚，其人乃至東海，取蝦鬚長四赤，速送示脩，脩始服謝。』」赤俱尺借字。又續漢志補注引「一丈」作「二丈」。

〔一五〕意林、續漢志補注「刻」作「刻」。拾補云：「『刻』同，此書多作『刻』。」器案：續漢書祭祀志上：「元封元年三月，上東上泰山，乃上石立之泰山顛。」補注即引風俗通此文爲説。

〔一六〕何本「父」作「親」，臆改。

〔一七〕「民」，通典五四禮十四引作「人」，避唐諱改；程本、鍾本、意林作「名」。

〔一八〕「守」，拾補云：「續漢書作『海』，意林作『方』。」

〔一九〕通典無「爲」字。

〔二〇〕拾補云：「續志同，意林作『莫不帥服』，與韻協，是也。」

〔二一〕通典「夷」作「屬」。

〔二二〕御覽五三六作「咸貢其職」。

〔二三〕「天」下原有「下」字，拾補云：「衍。」器案：盧說是也，漢書武紀注、續漢志注正無「下」字，今據刪正。通典無此句。

〔二四〕通典「民」作「庶」，避唐諱改。

〔二五〕禮記樂記：「大饗之禮，尚玄酒而俎腥魚。」荀子禮論：「大饗尚玄尊，俎生魚。」呂氏適音：「大饗之禮，上玄尊而俎生魚。」淮南詮言篇：「樽之尚玄酒，俎之先生魚。」應氏此文本之。

〔二七〕通典「紀」作「改」，注云：「文出晉太康郡國志。」此杜佑自言所本，不知應氏早已言之，舍風俗通而用晉太康郡國志，亦昧於探原矣。

〔二八〕意林「己」作「功」。白虎通封禪篇：「必於其上何？因高告高，順其類也。故升封者，增高也；下禪梁父之基，廣厚也；皆刻石紀號者，著己之功迹，以自効也。」

〔二九〕「印之以璽」，原作「印之璽」，拾補依白虎通改作「封之以印璽」。器按：御覽六八二引應劭漢官儀：「傳曰：『封者，以金泥銀繩，印之以璽。璽，施也，信也，古者尊卑共之。』月令曰：『固封璽。』春秋傳：『襄公在楚，武子使季冶問璽書而與之。』是也。秦、漢以來，尊者以爲名，乃始避。」白虎通封禪篇：「或曰：『封者，金泥銀繩，封之以印璽。』」書鈔九一、御覽五三六引五經通義：「或曰：封以黄金爲泥，以銀爲繩。經無明文，以義説之。」

〔三〇〕白虎通封禪篇：「天以高爲尊，地以厚爲德，故增泰山之高以報天，附梁甫之基以報地，明天之命，功成事就，有益於天地，若高者加高，厚者加厚矣。」器謹案：漢書武紀：「元封元年，夏四月癸卯，上還登封泰山。」應劭注曰：「封者，壇廣十二丈，高二丈，階三等，封於其上，示增高也。刻石，紀績也。立石三丈一尺，其辭曰：『事天以禮，立身以義，事親以孝，育民以仁，四守之内，莫不爲郡縣，四夷八蠻，咸來貢職，與天無極，人民蕃息，天禄永得。』尚玄酒而俎生魚。下禪梁父，祀地主，示增廣也。此古制也。武帝封廣丈二尺，高九尺，其下則有滕書祕語，在郊祀志。」（顧秋碧以此爲佚文，失之目曉。）應氏所引刻石文，於風俗通義，未著何代，於漢書集解，僅言古制，語焉不詳，滑滅實多，後儒臆逞，轉滋目眯。劉昭於續漢書祭祀志上：「武帝元封元年封禪，立石泰山顛。」注引風俗通曰：「石高二丈一尺，刻之曰：『事天以禮，立身以義，事父以孝，成民以仁，四海之内，莫不爲郡縣，四夷八蠻，咸來貢職，與天無極，人民蕃息，天禄永得。』」以爲漢武帝，而岱帖録承其説，（泰山石刻記引岱帖録：「武帝紀功德文：『事方（當作「天」）以禮，立身以義，事親以孝，育民以仁，四守之内，莫不爲郡□縣，四夷八蠻，咸來貢職，與天亡極，人民蕃息，天禄永得。』」）通典十四引始皇立石頌德文：「事天以禮，立身以義，事父以孝，成人以仁，四守之海，莫不郡縣，四屬八蠻，咸來貢職，人庶蕃息，天禄永得。」原注出晉太康郡國志。則以爲秦始皇，而通志承其説。通志禮略：「始皇立石頌德文曰：『事天以禮，立身以義，事父以孝，成人以仁，四守之内，莫不郡縣，四屬八蠻，咸來貢職，民庶蕃息，天禄永得。』」原注：「文出晉太康郡國志。」此則漁仲全襲君卿。史記秦始皇本紀正義引晉太康地記云：「爲壇於太山以祭天，示增高也；爲墠於梁父以祭地，示增廣也。祭尚玄酒而俎魚。墠皆廣長十二丈，壇高三尺，階三等，而樹石太山之上，高三丈一尺，廣三尺，秦之刻石云。」此文與風俗通相應，蓋以仲瑗此文未明言何代，撰太康郡國志者，習聞泰山始皇刻石之説，故扳引此文，而以爲秦之刻石云爾。尋岱史狩典紀載李斯篆刻石文：「事天以禮，立身以義，事父以孝，成人以仁，四海之内，莫不郡縣，四夷八（原誤「人」）蠻，咸來貢職，人庶蕃息，天禄永得。」下卽順接始皇刻石文「今（疑衍）皇帝臨位，作制明法，臣下修飭」，至「化及無窮，遵奉遺詔，永承重戒」，十二韻，係據宋劉跂拓本，（「跂」原誤「跋」，徐度却掃編亦作「跋」，它書皆作「劉跂字斯立」，今校改。）則以此爲李斯篆刻石文，而與始皇刻石文混爲一談，其故何也？考始皇本紀：「二世東行郡縣，李斯從，到碣石，並海南至會稽，而盡刻始皇所立刻石，石旁著大臣從者名，以章先帝成功盛德焉。皇帝曰：『金石刻盡始皇帝所爲也，今襲號而金石刻辭不稱始皇帝，其於久遠也，如後世爲之者，不稱成功盛德。』丞相臣斯、臣去疾，御史大夫臣德昧死言：『臣請具刻詔書刻石，因明白矣。臣昧死請。』制曰：『可。』」又漢書郊祀志：「二世元年，東巡碣石，並海南，歷泰山，至會稽，皆禮祠之，而刻勒始皇所立石，書旁以章始皇之功德。」師古曰：「今此諸山，皆有始皇所刻石及胡亥重刻，其文並具存焉。」金薤琳瑯跋秦嶧山刻石云：「此碑自『皇帝曰』以下，乃二世詔文，在始皇刻石之旁，予見泰山碑如此。」今案：由始皇本紀，則二世刻石旁之意，以原刻文但言皇帝，恐後世不知爲始皇，故以詔書明白之，如秦權文之比，蓋二世詔文，凡始皇所刻金石，一時俱刻之，惟泰山則並刻二世封禪文于始皇立石之上耳。其以爲始皇者，固不審此與始皇刻石文體既殊，（始皇刻石文三句一韻，與此不同。）屬辭又異也；其以爲武帝者，亦不知武帝封禪，徒上石立之泰山顛，無文字，卽今所傳没字碑。（日知録三一泰山立石條。宋于庭謂：「無字碑卽二世所刻，久而無字，非當時卽無字也。」見所作秦泰山刻石殘字考，此從顧説。）劉跂泰山秦篆譜序云：「四面周圍，悉有刻字，總二十二行，行十二字，（明李裕登泰山記亦云：「總二十二行，行各十二字。」文見岱史登覽志，或作「十三字」，誤。）字從西面起，以北東南爲次，西面六行，北面三行，東面六行，南面七行，其末有『制曰可』三字，復轉在西南稜上。」又云：「其十二行是始皇辭，其十行是二世辭。」（見宋文鑑九二、岱史遺蹟紀，又詳徐度却掃編下、趙彦衛雲麓漫鈔三）言之至爲明晰。今考始皇本紀箸録所刻石文，其「二十有六年」，應從容齋隨筆五載所見泰山祠石本作「廿有六年」、「親巡遠方黎民」，應依劉譜作「親⿰車巛遠黎」，凡十二韻，韻三句，句四字，總百四十四字，適爲十二行。又二世詔書自「皇帝曰」至「制曰可」，凡七十八字；又仲瑗所引刻石文，「莫不爲郡縣」句，依劉譜删「爲」字，「與天下無極」句，依漢書武紀注删「下」字，則句法一致，總四十二字，與二世詔書合計，得百二十字，以每行十二字計，適得十行，與斯立言「其十行是二世之辭」合，則此爲二世刻石文可知。斯立序又言：「乃爲此譜，大凡篆字二百二十有二，其可讀者百四十六（又見金石録劉斯立序），今亦作篆字書之，其毁缺及漫滅不可見者七十有六，以史記文足之，注其下。」此當爲始皇刻石及二世詔書於史記有徵者言，以此二文總數適得二百二十有二，以總二十二行，行十二字計，得二百六十有四，於此去二百二十有二，則得四十二，適爲二世刻石字數，以此益知此四十二字爲二世刻石無疑矣。以二世刻石係刻於始皇所立石上，又同是李斯作篆，此其所以被後人誤認爲始皇之辭也。又據斯立言：「字從西面起，以北東南爲次」，又言「所謂五十許字者，在南面稍平處，人常所爲搨，故士大夫多得見之」，而「制曰可」復在西南稜上。則二世詔書在南面占六行，始皇刻石文從西面起而北東，共占十二行，而東南兩面尚餘四行，即爲二世刻石文地位，其序列當復如此。疑斯立僅據史記收始皇刻石文及二世詔書入譜，以其譜取在是正文字，而斯立未及檢應氏書比校，故羨文牘字，概未鈎稽；而撰岱史者，以此傳自斯立，又以二世盡刻始皇刻石故，遂以此文冠於始皇刻石文之前，而不能辨，斯亦誤矣。

〔三二〕大戴禮記保傅篇注：「禪謂除地於梁甫之陰，爲墠以祭地也。變墠爲禪，神之也。」

〔三二〕白虎通封禪篇：「三皇禪於繹繹之山，明己成功而去，有德者居之，繹繹者，無窮之義也。」御覽五三六引禮記逸禮：「三皇禪云云，盛意也。」史、漢俱作云云，廣雅釋詁云：「云云，遠也。」是云云有遠盛二義，亦即白虎通無窮之謂也。則此之繹繹，或即云云也。

〔三三〕文選王融曲水詩敍注引逸禮：「三皇禪云云，五帝禪亭亭。」書鈔九一引禮統：「五帝禪亭亭。」史記封禪書：「黄帝封泰山，禪亭亭。」索隱：「應劭曰：『在鉅平北十餘里。』」漢書地理志上：「泰山郡鉅平有亭亭山祠。」續漢書郡國志三：「泰山郡鉅平，侯國，有亭禪山。」注：「即古所謂禪亭亭者也。」

〔三四〕白虎通封禪篇：「五帝禪於亭亭之山。亭亭者，制度審諟，道德著明也。」御覽五三六引禮記逸禮：「五帝禪云云，特立於身也。」

〔三五〕廣博物志九引此句至此斷句，不誤，今據正讀。

〔三六〕此句原作「者信父者子」，拾補補「梁」字，並以「信父者子」爲疑，今據白虎通封禪篇校補。

〔三七〕白虎通封禪篇：「三王禪於梁甫之山。梁者，信也；甫者，輔也；信輔天地之道而行之也。」（據陳立疏證本）御覽五三六引禮記逸禮：「三王禪梁甫，義連延不絕，父死子繼也。」

〔三八〕漢書惠紀注：「師古曰：『孝子善述父之志，故漢家之謚，自惠帝以下皆稱孝也。』」

〔三九〕拾補曰：「下『書』字衍，否則上『書』字句，下『祕書』當作『書祕』，別爲句。」器案：續漢書祭祀志上補注引此作「封廣丈二尺，高九尺，下有玉牒書也」，正是上「書」字斷句。尋史記封禪書：「封廣丈二尺，高九尺，其下則有玉牒書，書祕。」（漢書郊祀志同）正義引伍緝之從征記：「漢武封壇，廣丈三尺，高丈，下有玉録書，以金銀爲縷，封以璽。」（據會注考證本）後漢書張純傳：「中元元年，帝迺東巡岱宗，以純視御史大夫從，並上元封舊儀及刻石文。」注：「武帝元封元年封禪儀：『令侍中皮弁，搢紳射牛行事。封廣丈二，高九尺，有玉牒書，書祕，其事皆禁。』」諸書皆作「書祕」。王先謙曰：『恐所施非是，故祕其事。舊唐書禮儀志：『玄宗問玉牒之文，前代帝王，何故祕之？賀知章對曰：玉牒本是通於神明之意，前代帝王所求各異，或禱年算，或思神仙，其事微密，故莫知之。』」器案：宋會要輯稿二十一册禮二二之四：「宋真宗大中祥符元年四月二十三日，中舍夏侯晟上漢武帝封禪圖，繢金玉匱石𥗽距之狀，各有注釋。帝覽之，以所載與舊典小異，詔詳定所參校施行。」

〔四〇〕史記封禪書正義：「括地志云：『辰州盧溪縣西南三百五十里，有苞茅山。』武陵記云：『山際出苞茅，有刺而三脊，因名茅山。』是也。」（據會注考證本）案劉原父公是集有三脊茅記，昜大過：「初六，藉用白茅。」

〔四一〕漢志作「頗以加祠」，史記補武紀同，封禪書作「頗以加禮」。

〔四二〕史、漢有「不用皆至泰山然後去」九字，此文以「縱」字直貫諸禽獸，故省減下文也。張純傳注引封禪儀云：「禪肅然，天子親拜，衣上黃。江、淮間一茅三脊爲神藉，五色土雜封，縱遠方奇禽之屬也。」又略見通典五四禮十四。

〔四三〕「贊」字原無，拾補據封禪書補，今從之。

〔四四〕「壹」原誤作「靈」，今從拾補校改。案史、漢俱作「一」，王先謙曰：「案册府元龜三十六：『開元十三年封禪禮畢，中書令張説進稱賜皇帝太一神策，周而復始。』宋史志：『真宗封禪，攝中書令王旦跪稱曰：天賜皇帝太一神策，周而復始。』皆依倣漢世爲之，是泰元卽泰一也。」

〔四五〕史記封禪書作「其夜若有光，有白雲起封中」，漢志同。類聚三九引漢官儀：「元封封禪，書有白氣，夜有光下，天下闕石門。」

〔四六〕史記封禪書集解：「徐廣曰：『在元封二年秋。』」

〔四七〕史記封禪書：「又下詔曰：『古者，天子五載一巡狩，用事泰山，諸侯有朝宿地，其令諸侯各治邸泰山下。』」漢志同。此元封元年事，應氏引贊饗曰「天增授云云」，乃太初元年事，「其夜有光云云」，又是元封事，此文前後次序陵雜實甚，當依史、漢乙正之。

〔四八〕前後五次者，卽元封元年、二年、太初元年、四年及征和四年也。

〔四九〕漢書武紀注引應劭曰：「得寶鼎故因是改元。」

〔五〇〕漢書武紀注引應劭曰：「始封泰山，故改元。」

〔五一〕道藏本意林「四」誤「三」。

〔五二〕意林作「因何更得十八也」。

〔五三〕文選朱叔元爲幽州牧與彭寵書：「欲權時救急。」又見後漢書朱浮傳。

〔五四〕意林「就若」以下五句作「若言倒讀，神無福也」。

〔五五〕「弄臣」原作「上下臣」，拾補曰：「『上』疑衍。」札迻曰：「案盧校非也。『驂乘上下臣』，當作『驂乘弄臣』，此言奉車子侯年少，以恩澤侍左右如弄臣也。（弄臣見漢書申屠嘉傳及佞幸傳贊）弄俗書或作卡，（見後魏孝文帝弔比干文、營州刺史高貞碑）蓋舊本偶作俗體，展轉傳寫，又誤分爲二，遂不可通。」（北堂書鈔設官部引大戴禮記：「縱弄雜采。」今本保傅篇作「縱上下雜采」，與此可互證。）器案：孫校是也，今據改正。世説新語規箴篇：「王緒、王國寶相爲脣齒，並上下權要。」宋本以下諸本俱如此作，唐寫本作「並弄權要」，此尤爲「弄」誤爲「上下」二字之的證。龍龕手鑑二手部去聲：「拤、挵、拼，三，俗，盧貢反。」則弄之俗字且有作「拤」者也。漢書毌將隆傳：「奏請收還武庫兵器云：『今賢等便僻弄臣，私恩微妾。』又云：『民力分於弄臣，武兵設於微妾。』」蔡邕集薦太尉董卓可相國並自乞閒宂章：「威移羣下，福在弄臣。」隋書劉行本傳：「行本不從，正色而進曰：『至尊置臣於庶子之位者，欲令輔導殿下以正道，非爲殿下作弄臣也。』」武帝時又有弄兒，金日磾二子曾爲之，見漢書金日磾傳，蓋即弄臣之比，梁簡文帝樂府長安有狹邪行：「小息始得意，黄頭作弄臣。」是其證。

〔五六〕「正」原作「止」，今據孫詒讓説校改。札迻曰：「『止』當作『正』，言子侯自以暴病死，非武帝所殺也。」案封禪書：「奉車子侯，暴病一日死。」漢志同。梁書許懋傳：「子侯暴卒，厥足用傷。」

〔五七〕拾補曰：「『愓』，程本『愓』，當與『傷』通。」

〔五八〕拾補云：「此明非帝殺之，上下亦必有脱文。」器案：封禪書：「奉車子侯暴病一日死。」（漢志同。漢書霍去病傳：「去病子嬗，嬗字子侯，上愛之，爲奉車都尉，從封泰山而薨。」）索隱：「新論云：『武帝出璽印石，財有朕兆，子侯則没印，帝畏惡，則殺之。』風俗通亦云然。顧胤案武帝集，帝與子侯家語云：『道士皆言子侯得仙，不足悲。』此説是也。」御覽五九二引漢武帝集：「奉車子侯暴病一日死，上甚悼之，乃自爲歌詩。」文心雕龍哀弔篇：「漢武封禪，而霍嬗（從唐寫本）暴亡，帝傷而作詩，此亦哀辭也。」此正足以證成應説。

〔五九〕御覽七五四引「對」作「共」，「没」作「投」，「存」作「在」。

〔六〇〕漢書董仲舒傳：「百官皆飾空言虚辭，而不顧實，外有事君之禮，内有背上之心，造僞飾詐，趣利無恥。」應劭所謂「空僞」，可與此互參。

〔六一〕左傳成公二年：「攝官承乏。」注：「猶代匱也。」

〔六二〕類聚四八引江淹讓尚書僕射表：「屢淹星鳥，每知忝素。」文選曹子建求自試表注引韓詩：「何謂素餐？素者，質也，人但有質樸，而無治民之材，名曰素餐。」

〔六三〕器案：范書劭傳，以中平六年拜太山太守，至興平元年，棄官歸袁紹，前後適爲六載。

〔六四〕「聘」，胡本作「經」，意林亦作「經」。

〔六五〕拾補據意林改「祠」作「祀」。

〔六六〕意林「通」下有「更」字。

〔六七〕公羊隱公元年：「所見異辭，所聞異辭，所傳聞異辭。」注：「所見者，謂昭、定、哀，己與父時事也；所聞者，謂文、宣、成、襄，王父時事也；所傳聞者，謂隱、桓、莊、閔、僖，高祖曾祖時事也。異辭者，見恩有厚薄，義有淺深。」春秋繁露楚莊王篇：「於所見，微其辭；於所聞，痛其禍；於傳聞，殺其恩，與情俱也。是故逐季氏而言又雩，微其辭也；子赤弑弗忍言日，痛其禍也；子般弑而書乙未，殺其恩也。屈伸之志，詳略之文皆應之，吾覩其近近而遠遠，親親而疏疏也，亦知其貴貴而賤賤，重重而輕輕也，有知其厚厚而薄薄，善善而惡惡也，又知其陰陰而陽陽，白白而黑黑也。百物皆有合偶，偶之合之，仇之匹之，善矣。」史通雜説上：「語曰：『傳聞不如所見。』」

〔六八〕原無「親」字，拾補云：「當作『親見之人』。」今據改正。

〔六九〕戰國策秦策三：「五帝之聖焉而死，三王之仁焉而死，五伯之賢焉而死，烏獲之力焉而死，奔、育之勇焉而死，死者人之所必不免也。」又見史記范雎傳。

〔七〇〕大雅下武文。

〔七一〕拾補引錢大昕説，改「曰」作「自」。器案：今論語顏淵篇作「自古皆有死」，古人引書，往往删改原文，牽就己説，如高誘注吕氏春秋審己篇引論語此章下文「民無信不立」，作「非信非立」是也，當存其舊，不必改作。

〔七二〕史記五帝本紀：「黄帝崩，葬橋山。」漢書武紀注引應劭曰：「橋山在上郡陽周縣，有黄帝冢。」水經河水注三：「陽周縣故城南橋山，昔二世賜蒙恬死于此，王莽更名上陵時，上有黃帝冢故也。帝崩，惟弓劍存焉，故世稱黃帝仙矣。」器案：太史公書，兩漢尚無史記之名，漢書楊惲傳：「始讀外祖太史公記。」應氏此文作太史記，俱謂太史公書也。兩漢書直作太史公書。

〔七三〕御覽九二〇引無「之林」二字，類聚六〇引「林」作「枝」。周禮冬官攷工記：「弓人爲弓，……凡取榦之道七，柘爲上，檍次之，檿桑次之，橘次之，木瓜次之，荆次之，竹爲下。」

〔七四〕「下垂」，類聚、御覽俱作「垂下」。

〔七五〕「從後」，原作「後從」，今從類聚、御覽引乙正。

〔七六〕類聚「名」作「爲」。

〔七七〕漢書司馬相如傳注引應劭曰：「楚有柘桑，烏棲其上，枝下著地，不得飛，欲墮號呼，故曰烏號。」史記司馬相如傳索隱：「淮南子：『烏號：柘桑其材堅勁，烏棲其上，將飛，枝勁復起，摽呼其上；伐取其材爲弓，因曰烏號。』古史考、風俗通皆同此說也。」器案：文選七發注、御覽三四七、又九五八引古史考同。又淮南原道篇高注：「烏號：柘桑其材堅勁，烏跱其上，及其將飛，枝必橈下，勁能復起，巢（借作摷）烏隨之，烏不敢飛，號呼其上，伐其枝以爲弓，因曰烏號之弓也。一說：黃帝鑄鼎於荆山鼎湖，得道而仙，乘龍而上，其臣援弓射龍，欲下黃帝不能也。烏，於也，號，呼也，於是抱弓而號，因名其弓爲烏號之弓也。」太平寰宇記一一八引武陵記：「延溪有柘樹千餘頃，枝條茂暢，昔有烏集其上，枝下垂著地，烏去，枝振殺之，羣烏號嘯；楚人取其枝爲弓，名曰烏號。」

葉令祠

俗說孝明帝時，尚書郎〔一〕河東〔二〕王喬，遷爲葉令〔三〕，喬有神術〔四〕，每月朔〔五〕常詣臺朝〔六〕，帝怪其來〔七〕數而無車騎，密令太史〔八〕候望，言其臨至時，常〔九〕有雙鳧從東〔一〇〕南飛來；因伏伺，見鳧舉羅〔一一〕，但得一雙舄耳〔一二〕。使尚方〔一三〕識視〔一四〕，四年中所賜尚書官屬履也〔一五〕。每當朝時，葉門〔一六〕鼓不擊自鳴，聞於京師〔一七〕。後天下一玉棺於廳事前〔一八〕，令臣吏試入〔一九〕，終不動摇〔二〇〕。喬：「天帝獨欲召我〔二一〕。」沐浴服飾寢其中，蓋便立覆，宿夜〔二二〕葬於城東〔二三〕，土自成墳〔二四〕，縣中牛皆流汗吐舌〔二五〕，而人無知〔二六〕者，百姓爲立祠〔二七〕，號葉君祠。牧守〔二八〕班禄，皆先謁拜，吏民祈禱，無不如意〔二九〕，若有違犯，立得禍。明帝迎取其鼓，置都亭〔三〇〕下，略無音聲。但云葉〔三一〕太史候望，在上西門上〔三二〕，遂以占星辰，省察氣祥，言此令〔三三〕卽僊人王喬者也〔三四〕。

〔一〕初學記職官部引漢官儀：「尚書郎，初從三署郎選，詣尚書臺試，每一郎缺，則試五人，先試箋奏，初入臺，稱郎中，滿歲，稱侍郎。」御覽二一五引漢官儀：「尚書郎，初上詣臺，稱守尚書郎，滿歲，稱尚書郎中，三年，稱侍郎。」

〔二〕漢官儀：「凡郡，或以川源，西河、河東是也。」（據孫星衍校集本）

〔三〕初學記十四、類聚五〇又九一、御覽六九七引「葉」誤作「鄴」，搜神記一亦誤作「鄴」。葉，漢縣屬南陽郡。

〔四〕「神術」，類聚五〇無「術」字，孔本書鈔七八作「精神」，俱非。

〔五〕類聚兩引、御覽九一九引作「朔望」，范書喬傳、蒙求舊注亦作「朔望」。

〔六〕漢官儀：「初，秦代少府遣吏四，一在殿中，主發書，故號尚書，尚猶主也，漢因秦置之，故尚書爲中臺，謁者爲外臺，御史爲憲臺，謂之三臺。」（據孫星衍校集本）案臺朝卽尚書臺之治所也。類聚九一、御覽九一九引，范書、水經汝水注引搜神記神化篇俱作「常自縣詣臺朝」。

〔七〕「來」字原無，書鈔、御覽二六六、六六二、六九七、九一九、類聚羣書類編故事十、蒙求舊注及范書、水經注引搜神記俱有，今據補。

〔八〕漢官儀：「太史令，屬太常，秩六百石，掌天時星歷，凡歲，奏新年歷，凡國祭祀喪娶之事，奏良日，國有瑞應災異，掌記之。」（據孫星衍校集本）

〔九〕「常」，類聚、御覽九一九、水經注作「輒」，范書亦作「輒」。

〔一〇〕「東」字原無，書鈔、類聚、御覽二六六、六九七、九一九有，范書、水經注亦有，今據補正。

〔一一〕「羅」下，類聚、御覽二六六、九一九有「張之」二字，范書、水經注亦有。

〔一二〕類聚、御覽六九七引「雙」作「隻」，范書同，羣書類編故事無。徐友蘭曰：「上云『雙鳧』，此不當爲『隻』。」

〔一三〕漢書百官公卿表，少府屬官有尚方，注：「尚方，主作禁器物。」續漢書百官志三：「尚方令一人，六百石。」本注曰：「掌上手工作，御刀劍，諸好器物。」

〔一四〕拾補據太平寰宇記引校作「詔使尚方診視」。器案：御覽六九七引「尚」作「上」，「視」作「是」，屬下句讀，非是。又九一九引、水經注引「識」皆作「診」，范書同。今考本書怪神篇世間多有精物妖怪百端條，亦有「集診」語，説文：「診，視也。」漢書佞幸傳：「有司奏請發賢棺，至獄診視。」師古曰：「診，驗也。」楚辭王褒九懷：「乃自診兮在茲。」王逸注：「徐自省視，至此處也。」搜神記十四高辛氏條：「王診視之。」酈道元水經注序：「診其沿路之所纏。」孔平仲珩璜新論一：「診，不止脈也，視物皆可以爲診。後漢書王喬傳『使尚方診視焉』是也。」蓋世人習見識視，少見診視，遂臆改耳。又搜神記「尚方」作「尚書」，亦是臆改。

〔一五〕「四」上，書鈔有「乃」字，水經注、范書有「則」字。類聚五〇「官屬」作「郎屬」。

〔一六〕「門」下，類聚、水經注有「下」字，范書同。

〔一七〕京師，注詳山澤篇京條。

〔一八〕通鑑八九注：「中庭曰聽事，言受事察訟於是，漢、晉皆作聽事，六朝以來，乃始加广作廳。」

〔一九〕「試入」，水經注作「推排」，范書同。

〔二〇〕「動搖」，水經注作「搖動」。

〔二一〕「我」下，水經注有「邪乃」二字，范書同。

〔二二〕「夜」，拾補云：「御覽五五六作『者』。」器案：水經注、羣書類編故事俱作「昔」，范書同。

〔二三〕范書注云：「王喬墓在今葉縣東。」通典州郡七：「葉縣有古墓，在東，俗云王喬墓。」

〔二四〕拾補云：「『墳』下北堂書鈔九十二有『其夕』二字。」器案：御覽五五六、水經注、范書亦有「其夕」二字。

〔二五〕「吐舌」，水經注作「喘乏」，范書同。

〔二六〕「知」下，拾補云：「類聚有『之』字。」

〔二七〕「者」下，拾補據御覽校補「百姓爲立祠」五字。器案：水經注作「百姓乃爲立廟」，范書同。

〔二八〕「守」，何本誤「子」。

〔二九〕「意」，水經注作「應」，范書同。

〔三〇〕通鑑六三注：「凡郡國縣道治所，皆有都亭。」後漢書皇后紀注：「凡言都亭者，並城內亭也。」器案：元河南志卷二：

「都亭二十四，華延儁洛陽記曰：『城内都亭二十四：芳沐亭，奉常亭，廣世亭，昌益亭，廣莫亭，定陽亭，遮要亭，暴室亭，廣陽亭，西明亭，萬歲亭，夕陽亭，東明亭，視中亭，東因亭，建春亭，止奸亭，德宮亭，東陽亭，千秋亭，安衆亭，孝敬亭，清明亭。』（見延儁記，而失一名。）」

〔三一〕拾補云：「『但云葉』，錢云：『三字衍。』後漢書方術傳云：『略無復聲焉。』」

〔三二〕元河南志卷二：「西面三門：北曰上西門，應劭漢官儀曰：『上西門所以不純白者，漢家厄于戊，故以丹飾之。』門上有銅璿璣玉衡。李尤有銘。」

〔三三〕「令」字，據朱藏元本、仿元本、胡本、鍾本補。

〔三四〕器按：此事又見劉向列仙傳及書鈔七八引沈約俗説。史通書事篇：「范曄博采衆書，裁成漢典，觀其所取，頗有奇工；至於方術篇及諸蠻夷傳，乃録王喬、左慈、廩君、槃瓠，言惟迂誕，事多詭越，可謂美玉之瑕，白圭之玷。惜哉，無是可也。」

謹按：春秋左氏傳〔一〕：葉公子高，姓沈名諸梁，古者，令曰公，忠於社稷，惠恤萬民，方城〔二〕之外，莫不欣戴。白公勝作亂，殺〔三〕子西、子期，刼惠王以兵。葉公自葉而入，至于北門，或遇之曰：「君胡不胄？國人望君如望慈父母焉，盜賊之矢若傷君，是絶民望也，若之何不胄？」乃胄而進，又遇一人曰：「何爲胄？國人望君如望歲焉〔四〕，日日〔五〕以幾〔六〕，若見君面，是得艾也〔七〕，人知不死，其亦無〔八〕有奮心〔九〕，猶將旌君以徇於國，而又掩面，以絶民望，不亦甚乎？」乃免胄而進之〔一〇〕，與國人攻白公，白公〔一一〕奔山而逝〔一二〕，生烹石乞，迎反惠王，整肅官司，退而老於葉。及其終也，葉人追思而立祠〔一三〕。功施於民，以勞定國，兼茲二事，固祠典之所先也〔一四〕。此乃春秋之時，何有近孝明乎〔一五〕？周書〔一六〕稱：「靈王太子晉，幼有盛德，聰明博達〔一七〕，師曠與言，弗能尚也〔一八〕。晉年十五，顧而問曰：『吾聞大師能知人年之短長也。』師曠對曰：『女色赤白，女聲清〔一九〕，女〔二〇〕色不壽〔二一〕。』晉曰：『然。吾後三年，將上賓於天，女慎無言，禍將及女。』其後太子果死。〔二二〕」孔子聞之曰：「惜夫殺吾君也。」後世以其自豫知其死，傳稱王子喬仙〔二三〕。或人問仙，揚雄以爲：「虙犧、神農、黃帝、堯、舜殂落，文王葬畢，孔子葬魯城之北，獨不愛其死乎？知非人之所能也。生乎生乎，吾恐名生而實死也。〔二四〕」國家〔二五〕畏天之威〔二六〕，思求譴告〔二七〕，故於上西門城上候望，近太史寺令丞〔二八〕躬親；靈臺位國之陽〔二九〕，又安〔三〇〕別在宮中？懼有得失，故參之也，何有伺一飛鳬，遂建其處乎？世之矯誣，豈一事哉〔三一〕！

〔一〕見哀公十六年。

〔二〕左傳僖公四年：「楚國方城以爲城。」又文公十六年注：「上庸縣東有方城亭。」

〔三〕「殺」字原無，今據拾補校補。

〔四〕方崧卿韓集舉正九引「如」作「而」，古通。

〔五〕「日日」，拾補云：「左傳作『日月』，語寬，作『日日』是。」阮元左傳注疏校勘記云：「纂圖本下『日』字作『月』，案毛誼父六經正誤云：『日日』作『日月』誤。」

〔六〕左傳釋文：「幾，音冀，本或作『冀』。」

〔七〕漢書五行志注引應劭曰：「艾，治也。」

〔八〕「無」，左傳作「夫」。

〔九〕拾補云：「『無有』，言無不有也，古人語往往有之，不必以左氏爲是，此爲譌。」識語云：「謹案：無讀同『無亦亦也』之無。」

〔一〇〕拾補云：「『之』字衍。」

〔一一〕「白公」二字原不重，今據拾補校補。

〔一二〕「逝」，除大德本外，餘本俱作「謚」，與左傳同。

〔一三〕水經汝水注：「醴水又東，逕葉公廟北。廟前有葉公子高諸梁碑，舊秦、漢之世，廟道有雙闕几筵，黄巾之亂，殘毁頹闕。」

〔一四〕器謹案：漢書韋賢傳：「禮記祀典曰：『夫聖王之制祀也，功施於民則祀之，以勞定國則祀之，能救大災則祀之。』」今見禮記祭法篇，則漢時自有此名，應氏書祀典篇當卽本此，此「祠典」當是「祀典」之誤，本書「祀」、「祠」二字互誤者，固不僅此一處也。

〔一五〕史通採撰篇：「范曄增損東漢一代，自謂無慙良直，而王喬鳧履，出于風俗通，左慈羊鳴，傳於抱朴子，朱紫不別，穢莫大焉。」又書事篇：「范曄博採衆書，裁成漢典，觀其所取，頗有奇工；至於方術篇及諸蠻夷傳，乃録王喬、左慈、廩君、盤瓠，言唯迂誕，事多詭越，可謂美玉之瑕，白圭之玷，惜哉，無是可也。」又雜説中：「夫學未該博，鑒非詳正，凡所脩撰，多聚異聞，其爲踳駮，難以覺悟。按應劭風俗通，載楚有葉君祠，卽葉公諸梁廟也，而俗云孝明帝時，有河東王喬爲葉令，嘗飛鳧入朝。及干寶搜神記，乃隱應氏所通，而收其流俗怪說。……既而宋求漢事，旁取令昇之書，……編簡一定，膠漆不移，故令俗之學者，說鳧履登朝，則云漢書舊記，……摭彼虛辭，成茲實錄。語曰：『三人成市虎。』斯言其得之者乎。」

〔一六〕見太子晉篇。

〔一七〕器案：今逸周書無此二語，潛夫論志氏姓篇云：「周靈王之太子晉，幼有成德，聰明博達。」亦本周書，此蓋其佚文也。成、盛古通。

〔一八〕尚，加也，論語里仁：「好仁者無以尚之。」

〔一九〕拾補云：「逸周書『清』下有『汗』字。」器案：潛夫論亦有「汗」字。逸周書二語互乙，潛夫論與此同。

〔二〇〕「女」，拾補云：「逸周書『火』。」器案：潛夫論亦作「火」。又潛夫論相列篇：「故師曠曰：『赤色不壽。』火家性易滅也。」赤色亦火色也。

〔二一〕朱右曾集訓校釋曰：「聲散而不收，如汗之出而不返，清爲金，汗爲火，故知其色赤白。金不勝火，則火爲主，火必附木以炎，今無木，故不壽。」

〔二二〕類聚十六引春秋外傳：「師曠見太子晉曰：『吾聞太子之語，高於泰山，願聞一言。』太子曰：『吾聞太師之來，喜而又懼。汝知人年長短吉凶也。』師曠曰：『君色赤，君聲清，火色不壽。』太子曰：『然。却後三年，吾上賓於帝，汝慎無言，殃將及汝。』太子時年十五，後三年而卒。」又見列仙傳。

〔二三〕潛夫論志氏族篇：「孔子聞之曰：『惜夫殺吾君也。』世人以其豫自知去期，故傳稱王子喬仙。」器案：漢書郊祀志上注引應劭曰：「列仙傳曰：『崔文子學仙於王子喬，化爲白蜺，文子驚，引戈擊之，俯而見之，王子喬之尸也，須臾則爲大鳥飛而去。』」此亦傳稱王子喬仙之傳説。

〔二四〕器案：法言君子篇：「或問：『人言仙者有諸乎？』吁，吾聞宓羲、神農殁，黄帝、堯、舜殂落而死，文王葬畢，孔子魯城之北，獨子愛其死乎？非人之所及也，仙亦無益子之彙矣。或曰：聖人不師仙，厥術異也。聖人之于天下，恥一物之不知，仙人之於天下，恥一日之不生。曰：生乎生乎，名生而實死也。」語有脱譌，當據此參補。

〔二五〕漢人稱天子爲國家。如續漢書祭祀志上注引封禪儀所載之「國家居太守府舍」，「國家御首輦」，「國家臺上北面」，「國家隨後數百人」，「國家不勞」，「國家不聽」等，國家俱指漢武帝。

〔二六〕詩周頌我將：「畏天之威，于時保之。」

〔二七〕陳仁錫曰：「辨明帝非祀王喬。」

〔二八〕續漢書百官志二：「太史丞一人，明堂及靈臺丞一人，二百石。」本注曰：「二丞掌守明堂、靈臺。靈臺掌候日月星氣，皆屬太史。」

〔二九〕後漢書光武紀下注引漢宮閣疏：「靈臺高三丈，十二門，天子曰靈臺，諸侯曰觀臺。」三輔黄圖：「漢靈臺在長安西北八里，始曰清臺，本爲王者觀陰陽天文之變，更名曰靈臺。」蓋西漢時靈臺始曰清臺，故漢書律歷志上載元鳳三年詔與丞相御史各一人雜候上林清臺也。

〔三〇〕「又」字原作「之安」，拾補云：「『之安』二字譌，似當作『又』。」今據改正。

〔三一〕徐文靖管城碩記二〇：「叢書序曰：『古有王子喬、王子晉，王氏多仙。』按：列仙傳：『王子喬，周靈王太子晉也。』周書太子晉解：『師曠曰：吾聞王子之語。王子應之曰：吾聞太師將來。』以其爲太子，故又稱王子也。楚辭：『見王子而宿之兮。』齊袁彖詩：『王子洛浦來。』謝靈運王子晉贊：『王子愛清淨。』梁陸罩詠笙詩：『所美周王子，弄羽一參差。』李長吉詩：『王子吹笙鵝管長。』皆單稱王子也。晉何劭詩：『羨昔王子晉，得道伊、洛濱。』又詩：『幸遇王子晉，結交青雲端。』王子晉卽王子喬，非兩人也，亦皆稱爲王子也。嵇康笙賦：『子喬輕舉。』郭璞詩：『今乃見子喬。』江淹贊：『子喬輕舉。』庾信詩：『浮丘迎子晉。』孔稚圭褚伯玉碑：『子晉笙歌，王喬雲舉。』吴筠詩：『復望子喬壇。』則已失王子之意矣。陸機前緩聲歌：『王、韓起太華。』注以爲王子晉及韓終，繆矣。漢書王莽傳：『予皇祖叔父子僑，欲來迎我。』附會之詞耳，王子晉豈王姓哉？李白詩：『一隨王喬去，長年至天賓。』又詩：『天落白玉棺，王喬隨葉縣。』此後漢書方術傳：『王喬鳧舄。』蓋王姓也，雖楚辭有云：『從王喬而娛戲。』偶去一『子』字，此亦如揚子雲稱揚雲，谷子云稱谷云，田子方稱田方，不可卽以王子喬爲王氏矣。」器謹案：東漢方術傳中人，類皆流俗所傳，其中多有取古仙人名，附會爲時人者。淮南齊俗篇已稱王喬、赤誦子，（許注：「王喬，蜀武陽人。」）泰族篇作「王喬、赤松」，漢書王褒傳：「聖主得賢臣頌：『呼吸如僑、松。』」師古曰：「僑，王僑；松，赤松子；皆仙人也。」而東漢復有王喬。宋玉高唐賦已稱上成鬱林，（注以爲方士）而東漢復有上成公，（范書作上成公，博物志七、水經洛水注、太平寰宇記五引仲長統語及抱朴子至理篇皆作卜成，誤。）正一例也。又隋書經籍志有鳥情占一卷，王喬撰，則後人又因飛鳧事而僞託之耳。

燕太子丹仰歎〔一〕，天爲雨粟，烏白頭〔二〕，馬生角，厨中木象生肉足〔三〕，井上株木跳度瀆〔四〕。

〔一〕「仰歎」二字原無，拾補據御覽八四〇引補，今從之。器案：史記荆軻傳索隱引作「丹乃仰天歎」，日本祕府略八六四引作「燕太子丹歎，天爲雨粟」，同卷引張楚金翰苑注引此「歎」上有「仰」字，御覽七六二引「秦留燕太子丹，天爲雨粟」，天中記四五引作「燕太子丹仰天歎，天爲雨粟」。

〔二〕史記荆軻傳正義引作「烏頭白」。（會注考證本）

〔三〕此句原作「厨人生害足」，拾補作「厨中杵生肉」，云：「舊作『厨人生害足』，譌，據御覽七六二改正，御覽下有『是數然也』四字，疑誤。」（器案：宋本御覽「數」作「不」，蓋約應氏全文言，不誤。）札迻曰：「案盧校大誤。此當作『厨中木象生肉足』，御覽惟『中』、『肉』二字，足證今本之誤，（干禄字書：「肉俗作宍。」與害形近。）『是』卽『足』之誤，『數然也』三字衍。論衡感虚篇載秦王誓云：『使日再中，天雨粟，烏白頭，馬生角，厨門木象生肉足，乃得歸。』是應篇亦云：『厨門象生肉足。』（史記刺客傳索隱云：「風俗通、論衡皆云：『廄門木烏生肉足。』」「烏」蓋「爲」之誤，「爲」俗「象」字，「厨」作「廄」，亦譌。）與仲遠所説正同。木象卽刻木爲象人，（論衡謝短篇云：「使立桃象人門戶。」莊子田子方篇成玄英疏云：「象人，木偶土梗人也。」）象人以木爲足，今故誓使生肉足也。御覽作『杵生肉』，則不可通。盧從之，慎矣。」器案：孫校是。孟子梁惠王：「始作俑者，其無後乎，爲其象人而用之也。」韓子顯學篇：「盤石千里，不可謂富；象人百萬，不可謂强。」是象人之制，戰國時自有之。今據改正。又案：敦煌變文集李陵變文：「害非單布，酒必重傾。」「害」亦「肉」之誤，與此正同。

〔四〕器案：此事又見史記荆軻傳、論衡感虚、變動、是應三篇，博物志五，平津館本燕丹子諸書，俱無「井上株木跳度瀆」事，惟此獨有也。考漢書藝文志諸子略雜家有荆軻論五篇，疑此卽本之。

俗説：燕太子丹爲質於秦，始皇執欲殺之，言能致此瑞者，可得生活〔一〕；丹有神靈，天爲感應，於是遣〔二〕使歸國。

〔一〕漢書蘇武傳：「使牧羝，羝乳乃得歸。」師古曰：「羝，牡羊也，羝不當產乳，故設此言示絶，其事若燕太子丹烏白頭、馬生角之比也。」

〔二〕「遣」原作「建」，朱筠曰：「當從今本作『遣』。」拾補校作「遣」。案：鍾本作「遣」，今據改正。

謹按：太史記〔一〕：燕太子質〔二〕秦，始皇遇之益不善，丹恐而亡歸；歸求勇士荆軻、秦武陽〔三〕，函樊於期之首〔四〕，貢督亢之地圖〔五〕，秦王大悦，禮而見之，變起兩楹之間〔六〕，事敗而荆軻立死〔七〕。始皇大怒，乃益發兵伐燕，燕王走保遼東，使使斬丹以謝秦〔八〕，燕亦遂滅。丹畏死逃歸耳，自爲其父所戮，手足圮〔九〕絶，安在其能使〔一〇〕雨粟，其餘云云乎〔一一〕？原其所以有兹語者，丹實好士，無所愛恡也，故閭閻小論〔一二〕飾〔一三〕成之耳。

〔一〕太史記即太史公記，漢人稱司馬遷史記之名也，下文王陽能鑄黄金條亦稱太史記。

〔二〕「質」原作「與」，拾補校作「留」。器案：當作「質」，草書「与」與「质」形近而譌，梁武帝書「貞」爲「与上人」，「質」與「貞」形亦近，是其旁證。史記燕世家、荆軻傳正作「質」，鄒陽傳集解引應劭説亦作「質」，今據改正。

〔三〕史記鄒陽傳集解引應劭曰：「燕太子丹質於秦，始皇遇之無禮，丹亡去，故厚養荆軻，令西刺秦王，精誠感天，白虹爲之貫日也。」漢書鄒陽傳注引應劭同。據此，則此文「益」字疑衍，而「與」之當作「質」，更無疑矣。

〔四〕史記刺客傳：「秦將樊於期得罪於秦王，亡之燕，太子受而舍之。」

〔五〕史記刺客傳集解：「徐廣曰：『方城縣有督亢亭。』駰案：劉向别録曰：『督亢，膏腴之地。』」正義：「督亢坡在幽州范陽縣東南十里。今固安縣南有督亢陌，幽州南界。」水經淶水注：「孫暢之述畫有督亢地圖，言：『燕太子丹使荆軻賫入秦，秦王殺軻，圖亦絶滅。』」案孫暢之宋奉朝，有述藝敍略五卷，在隋書經籍志子部，御覽七五九引孫暢之述畫。

〔六〕書鈔六二引應氏漢官儀：「明帝詔書：『昔燕太子丹，使荆軻劫始皇，變起兩楹之間。』」續漢書百官志二注引荀綽百官表注亦引明帝此詔。賈誼新書淮難篇：「此非有白公、子胥之報於廣都之中者，即疑有鱄諸、荆軻，起於兩柱之間。」

〔七〕漢書鄒陽傳：「軻湛七族。」注引應劭曰：「荆軻爲燕刺秦始皇，不成而死，其族坐之。湛，没也。」史記鄒陽傳：「荆軻之湛七族。」南齊書崔慧景傳載偃上疏，亦云：「軻沉七族。」論衡語增篇：「秦王誅軻九族，復滅其一里。」

〔八〕漢書李廣傳：「李廣，隴西成紀人也，其先曰李信，秦時爲將，逐得燕太子丹者也。」説與此異，應文本燕策。

〔九〕文選東京賦注：「圮，絶也。」

〔一〇〕「使」下疑脱「天」字。

〔一一〕漢書汲黯傳：「上曰：『吾欲云云。』」師古曰：「云云，猶言如此如此也，史略其辭耳。」案：此文言「其餘云云」，亦略上文所言「烏白頭，馬生角，厨中木象生肉足，井上株木跳度瀆」之辭耳。

〔一二〕漢書藝文志敍小説家曰：「閭里小知者之所及。」又異姓諸侯王表注引應劭曰：「周禮：『二十五家爲閭。』閭音簷，門閭外旋下廕者謂之步簷也。」

〔一三〕「飾」原作「飭」，拾補云：「當爲『飾』。」器案：盧校是。本篇後文淮南王安神仙條云：「恥其如此，因飾詐説，後人吠聲，遂傳行耳。」義與此同，文正作「飾」。莊子外物篇：「飾小説以干縣令。」即此文用「飾」字所本，今據改正。

孝文帝〔一〕

孝成皇帝〔二〕好詩、書，通覽古今，閑〔三〕習朝廷儀禮，尤善漢家法度故事，常見中壘校尉劉向〔四〕，以世俗多傳道：孝文皇帝，小〔五〕生於軍，及長大有識，不知父所在，日祭於代〔六〕東門外；高帝數夢見一兒祭己，使使至代求之，果得文帝，立爲代王。及後徵到，後期，不得立，日爲再中。及卽位爲天子，躬自節儉，集上書囊以爲前殿帷〔七〕，常居明光宮聽政〔八〕，爲皇太薄后持三年服，廬居枕塊如禮，至以發大病，知後子不能行三年之喪，更制三十六日服。治天下，致升平〔九〕，斷獄三百人〔一〇〕，粟升〔一一〕一錢。「有此事不？」向對曰〔一二〕：「皆不然。〔一三〕」

〔一〕漢書文紀注引應劭曰：「謚法：『慈惠愛民曰文。』」

〔二〕漢書成紀注引應劭曰：「謚法：『安民立政曰成。』」

〔三〕「閒」，拾補校作「閑」。器案：閒、閑古通，不必改作。詩魏風十畝之間：「桑者閒閒兮。」釋文：「閒本作閑。」爾雅釋訓注：「近處優閒。」釋文：「閒本作閑。」文選上林賦注：「閒讀曰閑。」俱其證也。

〔四〕續漢書百官志四：「右屬北軍中候。」本注曰：「舊有中壘校尉，領北軍營壘之事，有胡騎、虎賁校尉，皆武帝置。中興省中壘。」衛宏漢舊儀：「中壘校尉，主北軍壘門內。尉一人，主上書者獄，上章于公車，有不如法者，以付北軍尉，北軍尉以法治之。」（據孫星衍校集本）

〔五〕東坡物類相感志四引「小」作「少」。

〔六〕漢書地理志代郡及代縣下，並引應劭曰：「故代國。」案前漢代郡治桑乾，後漢移治高都，文帝所封，先都晉陽，後徙中都，國與郡各別，故應劭云「故代國」矣。

〔七〕「帷」，大德本誤作「惟」。漢書東方朔傳：「願近述孝文皇帝之時，當世耆老皆聞見之，貴爲天子，富有四海，身衣弋綈，足履革舃，以韋帶劍，莞蒲爲席，兵木無刃，衣緼無文，集上書囊以爲殿帷。」又賈誼傳：「上文帝書云：『且帝之身，自衣皁綈。』」揚雄傳：「逮至聖文，隨風乘流，方垂意於至寧，躬服節儉，綈衣不敝，革鞜不穿，大夏不居，木器無文。」貢禹傳：「孝文皇帝衣綈履革。」文紀贊亦曰：「身衣弋綈，所幸慎夫人衣不曳地，帷帳無文繡，以示敦朴，爲天下先。」後漢書郎顗傳：「故孝文皇帝綈袍革舃，木器無文。」翟酺傳：「故文帝愛百金於露臺，飾帷帳於皁囊。」王符傳：「昔孝文皇帝躬衣弋綈，革舃韋帶。」（潛夫論浮侈篇尚有「集上書囊以爲殿帷」句）馬廖傳：「上太后勸成德政疏：『法太宗之隆德。』」注：「太宗，孝文也，玄默爲化，身衣弋綈。」（東漢文鑑六引注作「孝文玄默，身衣弋綈」。）南齊書崔祖思傳：「陳政事啟云：『漢文集上書囊以爲殿帷，身衣弋綈，以韋帶劍，慎夫人衣不曳地。』」金樓子興王篇：「漢太宗恒，身衣弋綈，所幸慎夫人，衣不曳地，幃帳無文繡，常集上書囊以爲殿帷，兵器無刃，以示敦朴，爲天下先。」諸言文帝節儉，俱舉其衣弋綈事，書鈔一二八、御覽六九七引應氏書：「孝文身履革舃而衣弋綈。」與班書合，疑應氏原書於「集上書囊以爲前殿帷」上，本有「身履革舃而衣弋綈」，後遭刊落耳。又案：上書囊卽皁囊，後漢書蔡邕傳注、公孫瓚傳注引漢官儀：「凡章表皆啓封，其言密事得皁囊也。」

〔八〕初學記職官部引漢官典職儀式選用：「尚書奏事於明光殿，省中畫古烈士，重行書讚。」元河南志二：「明光殿，尚書郎奏事此殿。」

〔九〕漢書梅福傳：「孝文皇帝起於代谷，非周、召之師，伊、呂之佐也，循高祖之法，加以恭儉，當此之時，天下幾平。」又曰：「升平可致。」注引張晏曰：「民有三年之儲曰升平。」

〔一〇〕札迻曰：「案論衡藝增篇云：『光武皇帝之時，郎中汝南賁光上書言孝文皇帝時居明光宮，天下斷獄三人。』頌美文帝，陳其效實。光武帝曰：「孝文時不居明光宮，斷獄不三人。」與此所説略同。此云「斷獄三百人」，未爲甚少，疑當從論衡作「三人」爲是。」

〔二〕「粟升」，拾補云：「初學記作『米斗』，下同。」

〔三〕「向」原作「同」，拾補校作「向」。案郎本、鍾本作「向」，今據改正。

〔三〕拾補曰：「錢云：『下謹案云云，皆述向説，似不應跳行。』」

謹按：漢高三年，魏王豹叛漢附楚，漢使大將韓信擊虜豹姬薄夫人，傳詣雒陽織室〔一〕。漢王見薄姬，内後宮，幸之，生文帝，二年而爲王者子，常居宮闕内，不棄捐軍中，祭代東門。高皇后八年後九月己酉夕即位，就未央〔二〕，幸前殿，下赦令，即位時以昏夜，日不再中。文帝雖節儉，未央前殿至奢，雕文五采，畫華榱璧〔三〕璫，軒檻皆飾以黄金，其勢不可以書囊爲帷，奢儉好醜，不相副侔。又文帝以後元六年己亥崩未央宮，在時平常聽政宣室〔四〕，不居明光宮。及皇太薄后以孝景〔五〕二年四月壬子薨，葬南陵〔六〕，文帝先太后崩，不爲皇太薄后持三年服。文帝遵漢家，基業初定，重承軍旅之後，百姓新免於干戈之難，故文帝宜因〔七〕修秦餘政教，輕刑事少〔八〕，與之休息，以儉約節欲自持，初開籍田〔九〕，躬勸農耕桑〔一〇〕，務民之本，即位十餘年，時五穀豐熟，百姓足，倉廩實，蓄積有餘。然文帝本修黄、老之言〔一一〕，不甚好儒術，其治尚清淨無爲，以故禮樂庠序未修，民俗未能大化，苟温飽完結〔一二〕，所謂治安之國也〔一三〕。其後匈奴數犯塞〔一四〕，侵擾邊境，單于深入寇掠，賊害北地都尉〔一五〕，殺略吏民，係虜老弱，驅畜產，燒積聚，候騎至甘泉〔一六〕，烽火通長安，京師震動，無不憂懣。是時，大發興材官騎士十餘萬軍長安〔一七〕，帝遣丞相灌嬰擊匈奴，文帝自勞兵至太原、代郡，由是北邊置屯待戰，設備備胡，兵連不解〔一八〕，轉輸駱驛〔一九〕，費損虛耗，因以年歲穀不登〔二〇〕，百姓饑乏，穀糴常至石五百，時不升一錢。前待詔〔二一〕賈捐之爲孝元皇帝〔二二〕言：「太宗〔二三〕時，民賦四十，斷獄四百餘。〔二四〕」案太宗時民重犯法，治理不能過中宗之世，地節〔二五〕元年，天下斷獄四萬七千餘人，如捐之言，復不類，前世斷獄，皆以萬數，不三百人。文帝即位二十三年，日月薄蝕〔二六〕，地數震動，毀壞民廬舍，關東二十九山，同日崩潰，水出，河決酸棗，大風壞都〔二七〕，雨雹如桃李，深者厚三尺，狗馬及人皆生角，大雪蝗蟲。文帝下詔書曰：「閒者，陰陽不調，日月薄蝕，年穀不登，大遭旱蝗饑饉之害，謫見天地，災及萬民。丞相、御史議可以佐〔二八〕百姓之急。〔二九〕」推此事類，似〔三〇〕不及太宗之世〔三一〕，不可以爲升平。上曰：「吾於臨朝統政施號令何如？」向未及對，上謂向：「校尉帝師傅，耆舊洽聞，親事先帝，歷見三世得失，事無善惡，如聞知之，其言勿有所隱。」向曰：「文帝時政頗遺失，皆所謂悔恡小疵耶〔三二〕。嘗輦過郎署，問中郎馮唐〔三三〕以趙將廉頗、馬服〔三四〕，唐言：『今雖有此人，不能用也。』推輦而去，還歸禁中〔三五〕，召責讓，唐頓首陳言：『聞之於祖父〔三六〕，道廉頗、李牧爲邊將〔三七〕，市租諸入〔三八〕，皆輸莫府〔三九〕，而趙王不問多少，日擊牛灑〔四〇〕酒，勞賜士大夫，賞異有加〔四一〕，故能立威名。今臣竊聞雲中太守魏尚，邊之良將也，匈奴常犯塞爲寇，尚追之，吏士爭居前，樂盡死力〔四二〕，斬首上功，誤差數級〔四三〕，下之吏，尚竟抵罪。由是言之，雖得廉頗、李牧，不能用也〔四四〕。』及河東太守季布，治郡有聲，召欲以爲御史大夫，左右或毁言使酒〔四五〕，後不用，布見辭去，自陳曰：『臣幸得待罪〔四六〕河東，無故而見徵召，此人必有以臣欺國者〔四七〕，既到無用，此人亦有以毁傷臣者。今以一人言則進之，以一人言則退之，臣恐天下有以見朝廷短也。』上有慙色，卒遣布之官。及太中大夫鄧通，以佞幸吮癰瘍癑汁〔四八〕見愛，擬於至親，賜以蜀郡銅山〔四九〕，令得鑄錢。通私家之富，侔於王者封君〔五〇〕。又爲微行〔五一〕，數幸通家。文帝代服衣罽〔五二〕，襲氈帽，騎駿馬，從侍中〔五三〕近臣常侍期門〔五四〕武騎獵漸臺〔五五〕下，馳射狐兔，畢〔五六〕雉刺彘，是時，待詔賈山諫以爲『不宜數從郡國賢良吏出遊獵，重令此人負名，不稱其舉。〔五七〕』及太中大夫賈誼，亦數諫〔五八〕止〔五九〕遊獵，是時，誼與鄧通俱侍中同位，誼又惡通爲人，數廷譏之，由是疏遠，遷爲長沙太傅〔六〇〕，既之官，内〔六一〕不自得，及渡湘水〔六二〕，投弔書曰：『闒茸尊顯，佞諛得意。〔六三〕』以哀屈原離讒邪之咎，亦因自傷爲鄧通等所愬也。〔六四〕」成帝曰：「其治天下，孰與孝宣皇帝？〔六五〕」向曰：「中宗之世，政教明，法令行，邊境安，四夷親，單于欵塞〔六六〕，天下殷富，百姓康樂，其治過於太宗之時，亦以遭遇匈奴賓服，四夷和親也。」上曰：「後世皆言文帝治天下幾至太平，其德比周成王，此語何從生？」

向對曰：「生於言事。文帝禮言事者，不傷其意，羣臣無小大，至卽便從容言，上止輦聽之，其言可者稱善，不可者喜笑而已〔六七〕。言事多褒之，後人見遺文，則以爲然。世之毁譽，莫能得實，審形者少〔六八〕，隨聲者多，或至以無爲有。故曰：『堯、舜不勝其善，桀、紂不勝其惡。』桀、紂非殺父與君也，而世有殺君父者，人皆言〔六九〕無道如桀、紂，此不勝其惡〔七〇〕。故若文帝之仁賢，不勝其善，世俗褒揚，言其德比成王，治幾太平也。然文帝之節儉約身〔七一〕，以率先天下，忍容言者，含咽臣子之短〔七二〕，此亦通〔七三〕人難及，似出於孝宣皇帝者也。如其聰明遠識，不忘數十年事，制持萬機〔七四〕，天資治理之材，恐文帝亦且不及孝宣皇帝。〔七五〕」向以爲如此。及世間言文帝小生於軍中，長大祭代東門外，使者求得之，因立爲代王，徵當卽位，後期，日爲之再中，集上書囊，以爲前殿帷，常居明光宮〔七六〕聽政，爲薄太后持三年服，治天下，致升平，斷獄三百人，粟一升一錢：凡此十餘事，皆俗人所妄傳〔七七〕，言過其實，及傅會，或〔七八〕以爲前皆非是，如劉向言〔七九〕。

〔一〕漢書宣紀注引應劭曰：「舊時有東西織室，織作文繡郊廟之服。」

〔二〕史記高祖本紀：「蕭丞相營作未央宮，立東闕、北闕、前殿、武庫、太倉。」正義：「括地志云：『未央宮，在雍州長安縣西北十里長安故城中。』顏師古曰：『未央殿雖南嚮，而當上書謁見之徒，皆詣北闕，公車司馬亦在北焉，是則以北闕爲正門，而又有東門東闕，至於西南兩面，無門闕矣，蕭何初立未央宮以厭勝之術，理宜然乎。』按北闕爲正者，蓋象秦作前殿，渡渭水屬之咸陽，以象天極閣道絶漢抵營室。」

〔三〕拾補「璧」校作「壁」。

〔四〕史記賈生列傳：「坐宣室。」集解：「蘇林曰：『未央前正室。』」索隱：「三輔故事云：『宣室，在未央殿北。』」正義：「淮南子云：『武王殺殷紂於宣室。』漢蓋取舊名以名殿也。」

〔五〕漢書景紀注引應劭曰：「謚法：『布義行剛曰景。』」

〔六〕太平寰宇記二五引漢舊儀補注：「南陵，即文帝薄太后葬之所，亦謂南霸陵，因置縣以奉陵寢。」

〔七〕「宜因」，拾補云：「錢疑倒。」

〔八〕「事少」，拾補云：「亦倒。」

〔九〕漢書文紀注引應劭曰：「古者，天子耕籍田千畝，爲天下先。籍者，帝王典籍之常也。」

〔一〇〕拾補云：「『耕』衍。」

〔一一〕姜宸英湛園未定藁一黄老論：「漢自曹參爲齊相，奉蓋公治道，貴清静而民自定。其後相漢，遂遵其術，以治天下，一時上下化之。及於再世，文帝爲天子，竇太后爲天下母，一切所以爲治，無不本於黄、老，極其效，至於移風易俗，民氣素樸，海内刑措，而石奮、汲黯、直不疑、司馬談、田叔、王生、樂鉅公、劉辟彊父子之徒，所以修身齊家、治官涖民者，非黄、老無法也。」

〔一二〕茍讀如「茍完茍美」之「茍」。

〔一三〕史記禮書：「孝文即位，有司議欲定儀禮，孝文好道家之言，以爲繁禮飾貌，無益於治。」

〔一四〕文選出自薊北門行注，宋本及集注本引無「數」字。

〔一五〕後漢書桓紀注引漢官儀：「秦郡有尉一人，典兵禁，捕盜賊，景帝更名都尉，建武十年省，惟邊郡置都尉及屬國都尉。』史記匈奴傳：「漢孝文帝十四年，匈奴單于十四萬騎入朝那、蕭關，殺北地都尉卬，虜人民畜產甚多。遂至彭陽，使騎兵入燒回中宮，候騎至雍甘泉。」集解引徐廣注「都尉卬」曰：「姓孫，其子單封爲缾侯。白丁反。」漢書馮唐傳：「匈奴新大入朝那，殺北地都尉卬。」

〔一六〕文選西京賦薛綜注：「應劭曰：『甘泉，在馮翊雲陽縣。』」

〔一七〕漢書高紀下注引應劭曰：「材官，有材力者。」後漢書光武紀注引漢官儀：「高祖命天下郡國選能引關蹶張、材力武猛者，以爲輕車、騎士、材官、樓船，常以立秋後，講諧課試，各有員數。平地用車騎，山阻用材官，水泉用樓船。」史記匈奴列傳：「匈奴復絶和親，大入上郡、雲中各三萬騎，所殺略甚衆而去。於是漢使三將軍軍屯北地，代屯句注，趙屯飛狐口，緣邊亦各堅守，以備胡寇。又置三將軍軍長安西細柳、渭北棘門、霸上以備胡。胡騎入代句注，邊烽火通於甘泉、長安數月。漢兵至邊，匈奴亦去遠塞，漢兵亦罷。」案又置之三將軍，謂周亞夫、徐厲、劉禮也。

〔一八〕史記孝文本紀：「夫久結難連兵，中外之國，將何以自寧。」鹽鐵論和親篇：「兵連而不息。」

〔一九〕「駱驛」，大德本如此作，朱藏元本以下各本俱作「絡繹」。

〔二〇〕拾補：「錢云：『穀』衍。」器案：據下文，當衍「歲」字。

〔二一〕漢書哀紀注引應劭曰：「諸以材技徵召，未有正官，故曰待詔。」

〔二二〕漢書元紀注引應劭曰：「謚法：『行義悦民曰元。』」

〔二三〕漢書景紀注引應劭曰：「始取天下者爲祖，高帝稱高祖是也；始治天下者爲宗，文帝稱太宗是也。」

〔二四〕漢書文紀贊：「斷獄數百，幾至措刑，嗚呼仁哉。」應劭曰：「措，置也，民不犯法，無所刑也。」又賈捐之傳作「斷獄數百，民賦四十」。

〔二五〕漢書宣紀注引應劭曰：「以先者地震，山崩水出，於是改年曰地節，欲令地得其節。」

〔二六〕文選謝宣遠張子房詩注：「京房易飛候曰：『凡日蝕皆於晦朔，不於晦朔蝕者名曰薄。』」

〔二七〕拾補云：「當指淮南、吴、楚。」

〔二八〕何本「佐」作「助」，臆改。

〔二九〕漢書文紀：「後元年……春三月……詔曰：『間者，數年比不登，又有水旱疾疫之災，朕甚憂之。愚而不明，未達其咎。意者，朕之政有所失，而行有過與？乃天道有不順，地利或不得，人事多失和，鬼神廢不享與？何以致此？將百官之奉養或費，無用之事或多與？何其民食之寡乏也？夫度田非益寡，而計民未加益，以口量地，其於古猶有餘，而食之甚不足者，其咎安在？無乃百姓之從事於末，以害農者蕃，爲酒醪以靡穀者多，六畜之食焉者衆與？細大之義，吾未能得其中，其與丞相、列侯、吏二千石、博士議之，有可以佐百姓者，率意遠思，無有所隱。』」器案：應氏此文與此當出一詔，而漢書爲詳，當取以參證。

〔三〇〕大德本「似」誤作「以」。

〔三一〕拾補曰：「錢、孫皆云：『太』當作『中』。」

〔三二〕「耶」，拾補云：「疑『耳』。」拾補識語曰：「『耶』、『也』通。」易繫辭上：「悔吝者，言乎其小疵也。」

〔三三〕史記馮唐列傳：「唐以孝著爲中郎署長。」集解引應劭曰：「此云孝子郎也。」或曰：「以至孝聞也。」

〔三四〕史記趙世家：「趙使趙奢將擊秦，大破秦軍閼與下，賜號爲馬服君。」正義：「因馬服山爲號也。虞喜志林云：『馬，兵之首也，號曰馬服者，言能服馬也。』括地志云：『馬服山，邯鄲縣西北十里也。』」

〔三五〕後漢書和紀注引漢官儀：「禁中者，門户有禁，非侍御不得入，故謂禁中。」

〔三六〕漢書馮唐傳：「唐曰：『臣大父在趙時爲官帥將，善李牧。』」又馮奉世傳：「在趙者爲官帥將。」史記馮唐列傳作「官卒將」。

〔三七〕拾補云：「『廉頗』二字衍，頗未嘗爲邊將。」徐氏拾補識誤曰：「此便文類及，如淮南子言『張儀、吳起車裂支解』矣。下云『廉頗、李牧』，知『廉頗』當有。」器案：史、漢俱無「廉頗」二字，涉上文羨。

〔三八〕史記馮唐列傳：「臣大父言李牧爲趙將，居邊，軍市之租，皆自用賞士。」索隱：「案謂軍中立市，市有稅，稅即租也。」

〔三九〕史記廉頗藺相如列傳：「李牧者，趙之北邊良將也，常居代鴈門備匈奴，以便宜置吏，市租皆輸入莫府，爲士卒費。」集解：「如淳曰：『將軍征行無常處，所在爲治，故言莫府。莫，大也。』」索隱：「按注如淳解『莫，大也』云云」，又崔浩云：『古者，出征爲將帥，軍還則罷，理無常處，以幕帟爲府署，故曰莫府。』則『莫』當作『幕』，字之訛耳。」器案：後漢書班固傳：「幕府新開。」字作「幕」，何本、郎本、程本、鍾本作「幕」，「幕」、「莫」古通。

〔四〇〕「灑」，拾補云：「與『釃』通。」

〔四一〕「有」下原無「加」字，拾補云：「下疑脫。」器案：當脫「加」字，今補。

〔四二〕史、漢俱無此二句。

〔四三〕史、漢俱云：「差六級。」

〔四四〕史記同，漢書無「廉頗」。集解：「班固稱揚子曰：『孝文帝親絀帝尊以信亞夫之軍，曷爲不能用頗、牧？彼將有激。』」王先謙曰：「上文數處皆言廉頗、李牧，因唐大父獨善牧，故但言牧事。然擧牧卽以例頗，此處總結上文，仍應頗、牧並稱，『李』當爲『頗』，字之誤也。治要引此正作『陛下雖得頗、牧』，漢紀同，史記、通鑑並作『陛下雖得廉頗、李牧』，本傳贊：『曷爲不能用頗、牧？』以『頗、牧』二字並稱，亦其證。」器案：葵園説是，唯失引此文耳。

〔四五〕漢書季布傳注引應劭曰：「使酒，酗酒也。」

〔四六〕史記季布列傳索隱：「季布言己無功能，竊承恩寵，得待罪河東，其詞典省而文也。」胡三省曰：「待罪者，謙言也，謂身居其官而不稱職，則將有瘝曠之罪，故謂居職爲待罪也。西都之臣，率有是言。」案司馬遷報任少卿書：「待罪輦轂之下。」漢書張敞傳：「待罪京兆。」俱其證。

〔四七〕「有」字原無，拾補補，按史、漢季布傳俱有「有」字，今據補。

〔四八〕拾補云：「『瘍癑汁』三字疑妄增。」器案：史、漢鄧通傳俱無此三字。

〔四九〕史記佞幸鄧通傳：「於是賜鄧通蜀嚴道銅山。」正義：「括地志云：『雅州滎經縣北三里有銅山，即鄧通得賜銅山鑄錢者。』案滎經即嚴道。」

〔五〇〕拾補云：「下二字亦妄增。」漢書食貨志下注：「封君，受封邑者，謂公主及列侯之屬也。」

〔五一〕漢書成紀注：「張晏曰：『於後門出，從期門郎及私奴客十餘人，白衣組幘，單騎出入市里，不復警蹕，若微賤之所爲，故曰微行。』」案説文：「微，隱行也。」

〔五二〕「闕」原作「闞」，從拾補校改。

〔五三〕漢官儀：「侍中，周官也，侍中便蕃左右，與帝升降卒思，近對拾遺補闕，百寮之中，莫密於茲。」（據孫星衍校集本）

〔五四〕漢書東方朔傳：「八九月中，與侍中、常侍、武騎及待詔，隴西、北地良家子能騎射者，期諸殿門，故有『期門』之號自此始。」又百官公卿表上：「期門掌執兵送從。」漢官儀：「孝武建元三年，初置期門，平帝元始元年，更名虎賁郎。」（據孫星衍校集本）

〔五五〕漢書郊祀志下：「於是作建章宮，……其北治大池漸臺，高二十餘丈，名曰泰液。」師古曰：「漸，浸也，臺在池中，爲水所浸，故曰漸臺。一音子廉反，三輔黄圖或爲『瀸』字，瀸亦浸耳。」

〔五六〕「畢」，大德本誤作「果」，鍾本作「網」，亦妄改。

〔五七〕「畢」原作「輿」，拾補曰：「孫改『畢』。」今從之。漢書賈山傳：「山上至言，有云：『今從豪俊之臣，方正之士，直與之日日獵射，擊兔伐狐，以傷大業，絶天下之望，臣竊悼之。……古者，大臣不媟，故君子不常見其齊嚴之色，肅敬之容。大臣不得與宴游，方正修絜之士，不得從射獵，使皆務其方以高其節，則羣臣莫敢不正身修行，盡心以稱大禮。』」此文蓋卽約至言之文。

〔五八〕「諫」原作「陳」，依拾補校改。

〔五九〕「止」，鍾本作「上」。

〔六〇〕文選弔屈原文注引作「因是文帝遷爲長沙太傅」。漢官儀：「凡郡名，或以舊邑，長沙、丹陽是也。」

〔六一〕文選注「内」作「意」。

〔六二〕水經湘水注引應劭曰：「湘出零山。」

〔六三〕文選注「佞諛」作「讒諛」，「意」作「志」。器謹案：史、漢誼本傳、文選弔屈原文俱作「闒茸尊顯兮讒諛得意」，是李注所見本與賈生原文合，當據改。又史記索隱：「案應劭、胡廣云：『闒茸，不才之人，無六翮翺翔之用，而反尊貴。』」文選奏彈劉整集注引公孫羅文選鈔云：「三倉：『闒茸，不肖也。』」

〔六四〕困學紀聞十七：「宋景文云：『賈生思周鬼神，不能救鄧通之譖。』（見宋景文集回鄭資政書）攷之漢史，無鄧通譖賈生之事，蓋誤。」謝肇淛文海披沙曰：「賈誼出傅長沙，人皆以爲絳、灌爲之也。風俗通義載劉向對成帝言：『是時，賈誼與鄧通俱侍中同位，誼惡通爲人，數廷譏之，由是疏遠，遷爲長沙太傅，既之官，內不自得，及渡湘水，投吊書曰：闒茸尊顯，佞諛得志。以哀屈原罹讒邪之咎，亦自傷爲鄧通所愬也。』乃絳、灌諸公猶蒙譖賢之名，何歟？宋景文云：『賈生智周鬼神，不能救鄧通之譖。』蓋指此，而王浚儀困學紀聞以爲『考漢史無鄧通事』，豈偶未之見邪？」王世貞宛委餘編四：「按：誼前四年出長沙，又十餘年而通始用事，了不相及也。」汪師韓文選理學權輿八：「賈誼弔屈原文序云：『誼爲長沙王太傅，既以謫去，意不自得，及渡湘水，爲賦以弔屈原。』注曰：『應劭風俗通曰：「賈誼與鄧通俱侍中同位，數廷譏之，因是文帝遷爲長沙王太傅，及渡湘水，投弔書曰：闒茸尊顯，佞諛得意。以哀屈原離讒邪之咎，亦因自傷爲鄧通等所愬也。」』按漢書賈誼傳曰：『絳、灌、東陽侯馮敬之屬盡害之。』不及鄧通。考鄧通自爲黃頭郎，至上大夫，漢書不載其年月，其寄死人家，在景帝時，則其尊顯，應在文帝末年。若賈生自文帝初立，便因廷尉吳公之言，召爲博士，超遷，歲中至太中大夫。考食貨志，孝文五年，除盜鑄錢令，使民放鑄，賈生有退七福、行博禍之諫，其明年，賈生已在長沙矣。服鳥賦曰：『單閼之歲，四月孟夏。』單閼乃文帝六年丁卯歲也。誼在長沙三年，又歲餘，有宣室之詔，遂爲梁懷王太傅，至文帝十一月而梁王勝薨，十二月而誼死。何以知之？傳言：『誼死後四歲，帝思賈生之言，立齊悼惠王子六人、淮南厲王子三人。』此是十六年五月事。賈生死時年三十三，蓋生於高帝三年，而死於文帝十二年，又十一年而文帝始崩，鄧通之尊顯，其必在此十一年中矣。或云：志於誼諫放鑄疏後，即云：『是時，吳以諸侯即山鑄錢，富埒天子，後卒叛逆；鄧通大夫也，以鑄錢財過王者，故吳、鄧錢布天下。』疑誼所稱法錢不立者，是指鄧通輩而言。然志於敘吳、鄧錢後，即接入武帝時事，則其所言『是時』者，爲時正廣，豈得牽連合併耶？」說又見韓門綴學。孫志祖讀書脞錄續編四曰：「細讀韓門之言，尤爲臆度。漢志於誼諫放鑄疏後，即承之云：『是時，吳以諸侯即山鑄錢，富埒天子，後卒叛逆；鄧通大夫也，以鑄錢財過王者。』是鄧通之爲大夫，與賈誼同時明矣，安得以下文接入武帝時事，而併以『是時』二字，謂不在賈生上疏時乎？漢書云：『絳、灌、東陽侯馮敬之屬盡害之。』言『之屬』，則鄧通在其中矣。班氏之意，謂通不屑數也。仲遠距西京未遠，其言必有據。」王蔭祜賈子年譜曰：「賈子之見疏，太史公以爲阸於絳、灌之屬，然并次其傳於屈原之後，其指亦頗有不可曉者。及劉子政之說，見録於風俗通義，乃知賈子之不能安其位，實有若上官、靳尚者，媒孽於其内，其邂逅之奇，蓋無一事不與屈原同，則太史公論著之義，非無微意於其間矣。」王耕心賈子次詁十六：「賈子之進退，不在絳、灌，而在鄧通，劉子政所記詳矣，先府君已箸其說於年譜之後，兹不具論。或疑其說爲不必然。不知但求諸漢書，已有二證，至今猶可佐子政之說。賈子之諫放民鑄錢，其論至精，而孝文不聽；其不聽者，所以爲鄧通也。賈子之復召，孝文自以爲不能及，而終不肯留，仍出爲梁太傅；其不留者非他，亦所以爲鄧通也。有是二證，則子政之說憭然矣。」王先謙曰：「案誼之立言，固宜有體，鴟鴞闒茸，必非以況絳、灌諸人，廷譏鄧通，情事所有，應氏所傳不妄也。」器謹案：漢書誼本傳及文選弔屈原文序並云：「因以自喻。」卽此文所謂「自傷」也。在杭、詒穀、鞠龕父子及葵園之說，爲得其實；元美、韓門臆說不足據。又漢書本傳贊曰：「劉向稱賈誼言三代及秦治亂之意，其論甚美，通達國體，雖古之伊、管，未能遠過也；使時見用，功化必盛，爲庸臣所害，甚可悼痛云云。」疑卽向對成帝問，或別録文也。（史記賈誼傳集解引別録：「〔賈誼弔屈原賦〕因以自諭自恨也。」）

〔六五〕漢書宣紀注引應劭曰：「謚法：『聖善周聞曰宣。』」

〔六六〕史記太史公自序：「重譯欵塞。」集解引應劭曰：「欵，叩也，皆叩塞門來服從也。」

〔六七〕漢書爰盎傳：「且陛下從代來，每朝，郎官者上書疏，未嘗不止輦受，其言不可用，置之；言可采，未嘗不稱善。」又文紀贊：「羣臣爰盎等諫說雖切，常假借納用焉。」

〔六八〕「審形」，楊慎以爲「審音」之誤。
〔六九〕「言」字原無，拾補校補，錢云：「當有。」今據訂補。
〔七〇〕史通疑古篇：「劉向又曰：『世人有弒父害君，桀、紂不至是，而天下惡者，必以桀、紂爲先。』」
〔七一〕論語顔淵篇：「克己復禮爲仁。」集解：「馬融曰：『克己，約身。』」
〔七二〕書鈔九引作「忍言容事人告臣子之短」，御覽八八引同今本。
〔七三〕「通」，郎本、程本、奇賞本作「過」。
〔七四〕尚書皋陶謨：「一日二日萬幾。」「幾」、「機」古通，漢書百官公卿表上：「宰相，助理萬機。」
〔七五〕「皇」字據奇賞本補。
〔七六〕「明光宫」，原作「光明宫」，拾補云：「倒。」今據乙正。
〔七七〕書鈔一五六、御覽三五、八三七引桓譚新論：「世俗咸曰：漢文帝躬儉約，修道德，以先天下，天下化之，故充實殷富，澤加黎庶，穀至石數十錢，上下饒羨也。」
〔七八〕「或」，拾補曰：「疑『余』。」
〔七九〕史通外篇雜記下：「觀劉向對成帝稱武、宣行事，世傳失實，事具風俗通，其言可謂明鑒者矣。」

東方朔

俗言：東方朔太白星精〔一〕，黄帝時爲風后〔二〕，堯時爲務成子〔三〕，周時爲老聃〔四〕，在越爲范蠡，在齊爲鴟夷子皮〔五〕。言其神聖能興王霸之業，變化無常〔六〕。

〔一〕「朔」下，開元占經四六引有「者」字，又引應劭曰：「東方朔是太白精。」文選東方朔畫贊注及集注殘本引亦有「是」字。世說新語規箴篇注引列仙傳：「朔是楚人，武帝時上書說便宜，拜郎中，宣帝初，棄官而去，共謂歲星也。」開元占經二三、御覽五引漢武故事：「西王母使者至，東方朔死，上疑之，問使者，使者曰：『朔是木帝精，爲歲星，下遊人中，以觀天下，非陛下臣也。』上厚葬之。」曹植辨道論：「夫神仙之書，道家之言，乃言傅說上爲辰尾宿，歲星降下爲東方朔。」（據嚴可均輯本）

〔二〕程本「后」誤「伯」。潛夫論讚學：「黄帝師風后。」史記五帝本紀：「黄帝舉風后。」集解：「鄭玄曰：『風后，黄帝三公也。』」正義：「帝王世紀云：『黄帝得風后於海隅，登以爲相。』」後漢書張衡傳注引春秋内事曰：「黄帝師於風后，風后善於伏羲之道，故推演陰陽之事。」漢書藝文志兵書略：「風后十三篇。」本注：「圖二卷，黄帝臣，依託也。」又數術略：「風后孤虛二十卷。」案今傳世有風后握奇經一卷，係唐以後人僞作。

〔三〕荀子大略篇：「舜學於務成昭。」楊倞注引尸子：「務成昭教舜。」韓詩外傳五：「堯學乎務成子附。」新序雜事五：「舜學於務成。」白虎通辟雍篇：「帝堯師務成子。」潛夫論讚學篇：「堯師務成。」漢書藝文志諸子略：「務成子十一篇。」本注：「稱堯問，非古語。」又數術略：「務成子災異應十四卷。」又方技略：「務成子陰道三十六卷。」

〔四〕經典釋文叙録：「葛洪云：『老子，文王時爲主藏史，武王時爲柱下史。』或云：老子在黄帝時爲廣成子。一云：爲天老。在堯時爲務光子，在殷時爲彭祖，在周爲柱下史。」莊子天地篇釋文：「通變經云：『老子從此天地開闢以來，吾身一千二百變，後世得道伯成子高是也。』」隸釋三混元聖紀七引邊韶老子碑銘：「道成化蟬脱渡世，自羲、農以來，世爲聖者作師。」初學記二三引崔玄山瀨鄉記：「老子爲十三聖師。」賈善翔猶龍傳二爲帝師章：「老氏自三皇、五帝變名易號，皆所以扶世立教，以授天下之人，……在帝堯時，……老君下爲師，號務成子，……在帝舜時，……老君下爲師，號尹壽子。」雲笈七籤七太上老君開天經：「伏羲之時，老君下爲師，號曰無化子，一名鬱華子，神農時爲大成子，祝融時爲廣壽子，黃帝時爲力牧子，少昊時爲隨應子，顓頊時爲元陽子，帝堯時爲務成子，帝舜時爲尹壽子，夏禹時爲直甯子，周初時爲郭叔子。」

〔五〕「鴟夷子皮」，占經作「鴟夷」，意林、文選注及集注殘本作「鴟夷子」。廣博物志二引集仙傳：「東方朔，太白星精，黃帝時爲風后，堯時爲務成子，周時爲老子，越爲范蠡，齊爲鴟夷，言其變化無常也。」即襲應氏此文。神仙傳：「老子，或云：上三皇時爲元中法師，下三皇時爲金闕帝君，伏羲時爲鬱華子，神農時爲九靈老子，祝融時爲廣壽子，黃帝時爲廣成子，顓頊時爲赤精子，帝嚳時爲祿圖子，堯時爲務成子，舜時爲尹壽子，夏禹時爲真行子，殷湯時爲錫則子，文王時爲文邑先生，一云守藏史。或云：在越爲范蠡，在齊爲鴟夷子，在吳爲陶朱公，皆見於羣書，不出神仙正經，未可據也。」案上引諸說，皆神仙家嚮壁虛造之荒唐之言，亦即應氏斥爲「俗言」者也，即出「神仙正經」，亦可據耶？

〔六〕文選注及集注殘本引有「也」字，集仙傳亦有，當據補。雲谷雜記二引顏真卿東方朔畫贊碑陰記云：「事跡則載在太史公書、漢書、風俗通、武帝內傳。」

謹按：漢書〔一〕：「東方朔，平原人也〔二〕。孝武皇帝〔三〕時，招延賢良、文學之士，待以不次之位〔四〕，故四方〔五〕多上書言得失自衒鬻者〔六〕。於是朔詣闕自陳：『十二失父〔七〕，長養兄嫂，年十三學書〔八〕，十四擊劍〔九〕，十六誦詩〔一〇〕，十九習孫、吳兵法〔一一〕，又常服子路之言〔一二〕。臣朔年二十二〔一三〕，長九尺三寸，目若懸珠，齒若編貝〔一四〕，勇若孟賁〔一五〕，捷若慶忌〔一六〕，廉如鮑叔〔一七〕，信若尾生〔一八〕，若此可以爲天子大臣矣。』朔文辭不遜，高自稱譽，由是見偉〔一九〕，稍益親幸，官至太中大夫，倡優畜之，不豫國政。劉向〔二〇〕少時，數問長老賢人〔二一〕，通於事，及朔時人〔二二〕，皆云：朔口諧倡辯，不能持論〔二三〕，喜爲凡庸〔二四〕誦説，故今〔二五〕後世多傳聞者。而揚雄亦以爲『朔言不純師，行不純德，其流風遺書，蔑如也〔二六〕。然朔所以名過其實，以其恢詼〔二七〕多端，不名一行，應諧似優，不窮似智，正諫似直，穢德似隱，非夷、齊，是柳惠，其滑稽之雄乎！〔二八〕』朔之逢占〔二九〕射覆〔三〇〕，其事浮淺，行於衆〔三一〕，僮兒牧豎〔三二〕，莫不眩耀，而後之好事者〔三三〕，因取奇言怪語附著之耳〔三四〕，安在能神聖歷世爲輔佐哉〔三五〕？

〔一〕見朔本傳。

〔二〕朔本傳作「平原厭次人也」，師古曰：「高祖功臣表有厭次侯爰類，是則厭次之名也，其來久矣；而説者乃云後漢始爲縣，於此致疑，斯未通也。」水經河水注三：「厭次縣西有東方朔冢，側有祠。」

〔三〕漢書武紀注引應劭曰：「禮謚法：『威强叡德曰武。』」

〔四〕師古曰：「不拘常次，言超擢也。」

〔五〕漢書「方」下有「士」字。

〔六〕漢書「者」下有「以千數」三字，師古曰：「衒，行賣也；鬻亦賣也。衒音州縣之縣，又音工縣反。」

〔七〕漢書「少失父母」。

〔八〕「十三」，景祐本漢書同，它本及通志皆作「十二」，又下有「三冬文史足用」句。

〔九〕漢書「十五學擊劍」，師古曰：「擊劍，遥擊而中之，非斬刺也。」

〔一〇〕漢書「十六學詩、書，誦二十二萬言」。

〔一一〕韓非子五蠹篇：「境内皆言兵，藏孫、吴之書者家有之。」漢書藝文志兵書略：「吴孫子兵法八十二篇。」本注：「圖九卷。」師古曰：「孫武也，臣於闔廬。」又：「齊孫子八十九篇。」本注：「圖四卷。」師古曰：「孫臏。」又：「吴起四十八篇。」

〔一二〕服虔曰：「無宿諾。」劉攽曰：「子路之言，『可使有勇者』。」劉敞曰：「既曰『子路之言』，則『無宿諾』者，非子路之言也。」

〔一三〕漢書「二十二」。

〔一四〕師古曰：「編，列次也。」沈欽韓曰：「韓詩外傳九引傳曰『目如擗杏，齒如編貝。』古語已久。」

〔一五〕師古曰：「孟賁，衛人，古之勇士也。尸子説云：『人謂孟賁，生乎？曰勇。貴乎？曰勇。富乎？曰勇。三者人之所難，而皆不足以易勇，故能攝三軍，服猛獸也。』」

〔一六〕師古曰：「王子慶忌也，射之，矢滿把，不能中，駟馬追之，不能及也。」案：後漢書鄭太傳：「孟賁之勇，慶忌之捷。」

〔一七〕師古曰：「齊大夫也，與管仲分財，自取其少。」

〔一八〕師古曰：「尾生，古之信士，與女子期於梁下，待之不至，遇水而死。一曰即微生高也。」

〔一九〕師古曰：「以爲大奇也。」

〔二〇〕以下本漢書贊。

〔二一〕「人」字原脱，據漢書補。

〔二二〕「人」，漢書作「者」。

〔二三〕初學記七引劉向别録：「公孫龍持白馬之論以度關。」漢書儒林傳：「仲舒通五經，能持論，善屬文。」

〔二四〕「凡庸」，漢書作「庸人」。

〔二五〕「今」，漢書作「令」。

〔二六〕師古曰：「言辭義淺薄，不足稱也。」

〔二七〕「恢誕」，漢書作「詼達」。

〔二八〕器謹案：漢書「穢德似隱」下，作「非夷、齊而是柳下惠，戒其子以上容，（注：「應劭曰：『容身避害也。』」）首陽爲拙，（注：「應劭曰：『伯夷、叔齊，不食周粟，餓死首陽山爲拙。』」）柱下爲工，（注：「應劭曰：『老子爲周柱下史，朝隱，故終身無患，是爲工也。』」）飽食安步，以仕易農，依隱玩世，詭時不逢，其滑稽之雄乎！」所引揚雄言，見法言淵騫篇：「或問：『東方生名過實者，何也？』曰：『應諧不窮，正諫穢德。應諧似優，不窮似哲，正諫似直，穢德似隱。』『請問名。』曰：『恢達。』『惡比？』曰：『非夷、齊而是柳下惠。戒其子以尚容，（李軌注：「戒其子以尚同。」）首陽爲拙，柱下爲工，飽食安坐，以仕易農，依隱玩世，詭時不逢，其滑稽之雄乎！』」子雲此文，出以韻語，蓋本朔之戒子，（文心雕龍詔策篇：「東方朔之戒子，亦顧命之作也。」）金樓子戒子篇、類聚二三、御覽四五九引東方朔戒子：「明者處世，莫尚於中。（御覽「忠」，天中記二六「中」下有「庸」字。）優哉遊哉，與道相從，首陽爲拙，柳惠爲工。（御覽作「柳下」，此即揚子「非夷、齊，是柳下惠」語所本，金樓子、天中記作「柱下」，非是。）飽食安步，以仕代農，依隱玩世，詭時不逢。」應氏割裂其文，既失宮商，亦復隱括不盡，非是，當據班書補正。

〔二九〕「占」，原作「古」，拾補校「占」，漢書同，今據改正。

〔三〇〕論衡道虛篇：「朔善達占卜射覆。」又別通篇：「東方朔能達占射覆。」「達占」亦「逢占」之譌，後漢書方術傳「其流又有逢占」是也。洪頤煊讀書叢録十二：「廣韻去聲三用：『捀，灼龜視兆也。』說文：『父容切，奉也。』頤煊案：史記龜策列傳：『㨫策定數。』集解：『徐廣曰：㨫音逢，一作逢。』索隱：『㨫謂兩手執蓍，分而扐之，故云㨫策。』捀卽㨫字之省。漢書東方朔傳：『逢占射覆。』逢與捀同，如淳曰：『逢占，逢人所問而占之也。』師古曰：『逢占，逆占事，猶云逆刺也。』非是。」類聚八八引東方朔占：「朔與弟子俱行，朔渴，令弟子叩邊家門，不知室姓名，呼不應。朔復往，見博勞飛集其家李樹下，朔謂弟子曰：『主人姓李名博，汝呼當應。』室中人果有姓李名博，出與朔相見，卽入取水與之。」師古注「射覆」曰：「於覆器之下，而置諸物，令闇射之，故云射覆。」朔射守宮及樹上寄生，見本傳。

〔三一〕漢書「衆」下有「庶」字。

〔三二〕漢書「僮」作「童」，「竪」作「豎」。

〔三三〕本書窮通篇：「聞汲令好事，欲往語之。」孟子萬章上：「孟子曰：『否，不然也，好事者爲之也。』」通鑑一二〇注：「好事，猶言好生事，微省其辭，若隱語然。」

〔三四〕漢書作「因取奇言怪語，附著之朔，故詳録焉。」師古曰：「言此傳所以詳録朔之辭語者，爲俗人多以奇異妄附於朔故耳，欲明傳所不記，皆非其實也；而今之爲漢書學者，猶更取他書雜説，假合東方朔之事，以博異聞，良可歎矣。他皆類此。著音直略反。」

〔三五〕明唐錦龍江夢餘録一：「俗言：東方朔乃太白之精，黄帝時爲風后，堯時爲務成子，周時爲老聃，在越爲范蠡，在齊爲鴟夷子皮。嗚呼，豈有是哉！朔辨博詼諧，乃滑稽之雄耳。特以覆射多奇中，後世遂以爲神，相與創爲悠謬之談，而不自知其流於矯誣矣。後漢光禄大夫郭憲著洞冥記亦云：『朔母田氏女夷，年二百歲，顔如童子，生朔二日而死。』然世豈有二百歲生子者乎？尤可笑也。」

淮南王安神仙

俗說：淮南王安，招致〔一〕賓客方術之士數千人，作鴻寶〔二〕、苑秘、枕中之書，鑄成黃白〔三〕，白日升天〔四〕。

〔一〕漢書景十三王傳：「淮南王安亦好書，所招致，多浮辯。」師古曰：「言無實用耳。」史記本傳索隱引淮南要略：「安養士數千。」文選和王著作八公山詩注、御覽四七四、四七五引淮南子：「淮南王安養士數千人。」楚辭招隱士篇序：「淮南王安博雅好古，招懷天下俊傑之士。」

〔二〕胡本「寶」誤「賓」。

〔三〕漢書本傳注：「張晏曰：『黃，黃金；白，白銀也。』」

〔四〕漢書楚元王傳：「上復興神仙方術之事，而淮南有枕中鴻寶、苑秘書，（師古曰：「鴻寶、苑秘書，並道術篇名，藏在枕中，言常存録之，不漏泄也。」）書言神仙、使鬼物、爲金之術，及鄒衍重道延命方，世人莫見，而更生父德，武帝時治淮南獄，得其書，更生幼而讀誦，以爲奇，獻之，言黃金可成。上令典尚方鑄作事，費甚多，方不驗，上乃下更生吏；吏劾更生鑄僞黃金，繫當死。更生兄陽城侯安民，上書入國户半贖更生罪，上亦奇其材，得踰冬減死論。」博物志七：「劉德治淮南王獄，得枕中鴻寶、苑秘書，及子向咸共奇之，信黃白之術可成，謂神仙之道可致，卒亦無驗，乃以罹罪也。」漢書安本傳、漢紀十二：「淮南王安好讀書，招致賓客方術之士數千人，作内書二十一篇，外書甚衆，中書八卷，言神仙黃白之事。」論衡道虛篇：「儒書言淮南王學道，招會天下有道之人，傾一國之尊，下道術之士，並會淮南，奇方異術，莫不争出，王遂得道，舉家升天，畜産皆仙，犬吠於天上，雞鳴於雲中。」葛洪神仙傳四：「淮南王篤好儒學，兼占候方術，作内書二十二篇，又中篇八章，言神仙黃白之事，名爲鴻寶、萬畢三章，論變化之道，凡十萬言。」器案：史記龜策列傳褚先生曰：「臣爲郎時，見萬畢石朱方，傳曰：『有神龜，在江南嘉林中。』」索隱：

「按萬畢術中有石朱方，方中説嘉林中，故云傳曰。」此爲萬畢術最早見於漢人著作中者，拾遺記蕭綺録曰：「淮南子云：『含電吐火之術，出於萬畢之家。』」自此以後，見於著録者，隋志有淮南萬畢經、淮南變化術二書，兩唐志有淮南王萬畢術，而苑秘書俄空焉。竊疑「萬畢術」即「苑祕書」也，苑祕言其爲神祕之苑囿，萬畢言其爲萬有之綱羅，爲義既同，音亦相近也。

謹按：漢書〔一〕：「淮南王安，天資辨博，善爲文辭〔二〕，孝武以屬諸父〔三〕，甚尊之〔四〕。招募方伎怪迂之人，述神仙黄白之事，財殫力屈，無能成獲，乃謀叛逆，刻皇帝璽，丞相、將軍、大夫已下印〔五〕，漢使符節、法冠〔六〕。趙王彭祖、列侯讓等〔七〕議曰：『安廢法，行邪僻，詐僞心〔八〕，以亂天下，營惑〔九〕百姓，背叛宗廟〔一〇〕。春秋無將，將而必誅〔一一〕。安罪重於將，反形已定〔一二〕，圖書印及他逆無道事驗明白。〔一三〕』丞相弘、廷尉湯以聞〔一四〕。上使宗正〔一五〕以符節治王〔一六〕、安自殺，太子諸所與謀皆收夷〔一七〕，國除爲九江郡。〔一八〕」親伏白刃〔一九〕，與衆棄之〔二〇〕，安在其能神仙乎？安所養士，或頗漏亡，耻其如此，因飾詐説，後人吠聲〔二一〕，遂傳行耳〔二二〕。

〔一〕見淮南王傳。

〔二〕高誘淮南子叙：「安爲辨達，善屬文。」

〔三〕本傳作「以安屬爲諸父」，師古曰：「安於天子服屬爲從父叔父。」

〔四〕本傳「甚尊重之」。

〔五〕本傳：「乃令官奴入宮中作皇帝璽，丞相、御史大夫、將軍、吏二千石都官、令丞印，及旁近郡太守、都尉印，漢使節法冠。」

〔六〕師古曰：「法冠，御史冠也，本楚王冠，秦滅楚，以其君冠賜御史。」

〔七〕王先慎曰：「按功臣恩澤侯表，元朔間列侯無以讓名者，『讓』疑作『襄』；襄，平陽侯曹參元孫，元光五年嗣，十六年薨，元朔六年，正當嗣侯時，且據史、漢表，功臣位次，平陽第二，蕭何第一，何曾孫勝，元朔元年坐不齋耐爲隸臣，至元狩三年慶始紹封，故此時列侯與議，襄宜居首也。『讓』、『襄』二字，古多相亂，周禮保氏注：『襄尺井儀也。』釋文：『襄本作讓。』本書文三王傳：『梁平王襄。』索隱云：『漢書作讓。』今各本仍作『襄』，是其證。」

〔八〕本傳：「安廢法度，行邪辟，有詐僞心。」史記安傳作「安廢法行邪，懷詐僞心」。

〔九〕「營惑」，史記作「熒惑」。師古曰：「營謂回繞之。」

〔一〇〕史、漢俱有「妄作妖言」句。

〔一一〕春秋公羊傳莊公三十一年、昭公元年並云：「君親無將，將而誅焉。」春秋繁露王道篇：「君親無將，將而誅。」漢書叔孫通傳：「人臣無將，將卽反罪，死無赦。」王莽傳：「春秋之義，君親無將，將而誅焉。」董賢傳：「君親無將，將而誅之。」史記會注考證本正義：「將，將帶羣衆也。」按釋文：「將如字，或子匠反，非也。」

〔一二〕史、漢「反」上俱有「謀」字。

〔一三〕鹽鐵論晁錯篇：「大夫曰：『春秋之法，君親無將，將而必誅。故臣罪莫重於弑君，子罪莫重於弑父。日者，淮南、衡山修文學，招四方遊士，山東儒墨，咸聚於江、淮之間，講議集論，著書數十篇。然卒於背義不臣，謀叛逆，誅及宗族。』」

〔一四〕丞相公孫弘、廷尉張湯也。

〔一五〕後漢書安紀注引漢官儀：「宗正卿，秩中二千石。」

〔一六〕王先謙漢書補注曰：「據公卿表，宗正劉棄也，汲黯傳作棄疾。」

〔一七〕宋藏元本以下諸本「收」皆作「取」，此從大德本，漢書作「收」。師古曰：「夷謂誅滅之。」

〔一八〕抱朴子內篇論仙所載，略與漢書同。

〔一九〕左傳襄公三年正義：「伏劍，謂仰劍刃，身伏其上，而取死也。」

〔二〇〕禮記王制：「刑人於市，與衆棄之。」

〔二一〕本書怪神篇：「衆犬吠聲。」潛夫論賢難篇：「諺曰：『一犬吠形，百犬吠聲。』」

〔二二〕何本、胡本、鍾本「行」作「形」，朱筠曰：「『行』，今本作『形』，從大德本改正。」朱錫庚曰：「案『傳形』對『吠聲』言，當從今本爲是。」器按：上文孝文帝條亦言：「審形者少，隨聲者多。」論衡道虛篇：「案淮南王劉安，孝武皇帝之時也，父長，以罪遷蜀嚴道，至雍道死。安嗣爲王，恨父徙死，懷反逆之心，招會術人，欲爲大事，伍被之屬，充滿殿堂，作道術之書，發怪奇之文，合景亂首八公之傳，欲示神奇，若得道之狀，道終不成，效驗不立，乃與伍被謀爲反事，事覺自殺，或言誅死。誅死自殺，同一實也。世見其書，深冥奇怪，又觀八公之傳，似若有效，則傳稱淮南王安仙而升天，失其實也。」器案：柳宗元李位墓志，稱「位得劉向秘書，以能卒化黃白云云」，豈所謂枕中鴻寶、苑祕書者，至唐猶存耶？抑亦後人吠聲之詞也。

王陽能鑄黃金〔一〕

漢書曰〔二〕說：「王陽雖儒生，自寒賤，然好車馬衣服，極爲鮮好〔三〕，而無金銀文繡〔四〕之物，乃遷徙去處〔五〕，所載不過囊衣〔六〕，不蓄積餘財，去位家居，亦布衣疏食〔七〕，天下服其廉而怪其奢，故俗傳王陽能作黄金。〔八〕」

〔一〕漢書本傳：「王吉字子陽。」又王尊傳、龔遂傳及意林引楊泉物理論，並作「王陽」，藝文志六藝略：「傳齊論者，昌邑中尉王吉。」又云：「唯王陽名家。」師古曰：「王吉字子陽，故謂之王陽。」

〔二〕御覽八一一引無「曰」字，是。

〔三〕漢書「好」作「明」，下文正作「明」。

〔四〕漢書「文繡」作「錦繡」。

〔五〕拾補云：「『去處』二字衍，御覽無。」器按：漢書有。

〔六〕師古曰：「囊之衣也，有底曰囊，無底曰橐。」

〔七〕器案：「疏食」即「蔬食」，淮南主術篇：「夏取果蓏，秋畜疏食。」高注：「菜蔬曰疏，穀食曰食。」禮記月令：「取蔬食。」鄭注：「草木之實爲蔬食。」

〔八〕師古曰：「以其無所求取，不營產業，而車服鮮明，故謂自作黄金以給用。」器案：周易參同契：「淮南煉秋石，王陽加黄芽。」秋石、黄芽，俱謂神仙家煉丹之真鉛。白居易對酒詩：「謾把參同契，難燒伏火砂。有時成白首，無處問黄芽。」即言黄白之術之不可信也。通志藝文略道家四外丹有指黄芽成太還丹歌三十首一卷，黄牙河車法一卷（當是「黄芽」）。道藏洞神部衆術類「之」上，太古土兑經上有黄芽術，又「盛」上，庚道集二有養黄芽法及制黄芽法，他卷亦多有之，不悉記也。又通志藝文略道家四金石藥有淮南王煉聖石法一卷，（當即「秋石」）鍊金丹秋石訣一卷。案淮南煉秋石，王陽加黄芽，實爲我國古代有關化學科學文獻之最早記載，惜爲神仙家所渲染，蒙以宗教迷信之色彩耳。

謹按：太史記：秦始皇欺於徐市之屬，求三山於海中，通同道〔一〕，隱形體，弦詩〔二〕想蓬萊，而不免沙丘之禍。孝武皇帝兹〔三〕益迷謬，文成、五利，處之不疑，妻以公主，賜以甲第〔四〕，家累萬金，身佩四印，辭窮情得，亦旋梟裂〔五〕。淮南王安，銳精黄白〔六〕，庶幾輕舉，卒離親伏白刃之罪。劉向得其遺文，奇而獻之，成帝令典尚方鑄作事，費甚多而方不驗，劾〔七〕向大辟，繫須冬獄〔八〕，兄陽成侯乞入國半，故得減死。秦、漢以天子之貴，四海之富〔九〕，淮南竭一國之貢稅，向假尚方之饒，然不能有成者，夫物之變化，固自有極，王陽何人，獨能乎哉？語曰：「金不可作，世不可度。」〔一〇〕王陽居官食禄，雖爲鮮明〔一一〕，車馬衣服，亦能幾所〔一二〕，何足怪〔一三〕之，乃傳俗說，班固之論，陋於是矣〔一四〕。

〔一〕「通同道」，何本、郎本、程本、鍾本作「求神仙」，拾補云：「係妄改。」

〔二〕「弦詩」，何本、郎本、程本、鍾本作「自謂」，拾補云：「亦妄改。」器案：史記始皇本紀：「三十六年，使博士爲仙真人詩，及行所游天下，傳令樂人謌弦之。」即其事。文心雕龍明詩篇：「秦皇滅典，亦造仙詩。」案：史記封禪書正義引列仙傳及抱朴子極言篇俱載安期生留書報始皇云：「後數千歲，求我于蓬萊山下。」始皇所造仙詩，豈爲此而發耶？又案：曹植朔風詩：「弦歌蕩思。」文心雕龍明詩篇：「黄帝雲門，理不空絃。」（從唐寫本）詩譜序正義：「黄帝有雲門之樂，至周尚有雲門，明其音樂和集。既能和集，必不空絃，絃之所歌，即是詩也。」柳宗元零陵贈李卿元侍御簡吳武陵：「惜無協律者，窈眇絃吾詩。」絃字用法俱同，謂以詩歌被之管絃，故謂之絃詩，或曰絃歌也。

〔三〕「兹」，拾補云：「『滋』通。」

〔四〕文選陸士衡君子有所思行注：「漢書音義曰：『有甲乙次第，故曰甲第。』」

〔五〕文選潘安仁西征賦注引漢書音義曰：「縣首于木曰梟。」通鑑九一注：「梟，不孝鳥。說文：『日至捕梟磔之，以頭掛木上，故今謂掛首爲梟首。』」

〔六〕鋭精，猶言鋭意專精，漢人習用語。劉歆與揚雄書：「經年鋭精，以成此書。」王符潛夫論讚學篇：「董仲舒終身不闚家事，景君明經年不出户庭，得鋭精其學而顯昭其業者，家富也，富佚若彼而能勤精若此者，材子也。」

〔七〕「劾」，何本、胡本、郎本、程本、鍾本作「効」，不可據。

〔八〕此句盧校作「繫獄須冬」，器案：盧校非是。後漢書襄楷傳：「永平舊典，諸當重論，皆須冬獄，先請後刑，所以重人命也。」尋漢律，郡國以日短至論，薄刑釋，輕繫，決獄考案，以立冬爲斷。司馬遷報任少卿書所謂「迫季冬」者也。

〔九〕孟子萬章上：「貴爲天子，富有四海。」漢書叙傳上：「天子之貴，四海之富。」

〔一〇〕漢書景紀：「中元六年十二月，定鑄錢僞黃金棄市律。」注引孟康曰：「語曰：『金可作，世可度。』」抱朴子内篇黃白：「故經曰：『金可作也，世可度也。』」案「作」與「度」韻，後漢書廉范傳：「百姓爲便，迺歌之曰：『廉叔度，來何暮！不禁火，民安作。平生無襦今五袴。』」注：「作，協韻，音則護反。」案「作」古讀如「做」，集韻十一莫：「作，宗祚切，造也，俗作『做』，非。」又案：楚辭遠遊集注：「度世，謂度越塵世而仙去也。」三國志魏書董昭傳：「上疏陳末流之弊曰：『至乃相謂，今世何憂不度邪？但求人道不勤，羅之不博耳。』」胡三省曰：「言廣布黨友，則互爲羽翼，身安而無患，可以度世也。」義與此別。

〔一一〕「鮮明」，御覽作「潔白」。

〔一二〕拾補云：「所、許通，御覽作『何』。」

〔一三〕「怪」，御覽作「推」。

〔一四〕東觀漢紀、後漢書吳祐傳並云：「馬援以薏苡興謗，王陽以衣囊徼名，嫌疑之間，誠先賢所宜慎也。」

宋均令虎渡江〔一〕

九江多虎，百姓苦之。前將〔二〕募民捕取〔三〕，武吏以除賦課，郡境界皆設陷穽。後太守宋均到，乃移記屬縣曰：「夫虎豹在山，黿鼉在淵〔四〕，物性之所託〔五〕。故江、淮之間有猛獸，猶江北〔六〕之有雞豚。今數爲民害者，咎在貪殘居職使然〔七〕，而反逐捕，非政之本也〔八〕。壞檻穽，勿復課録，退貪殘，進忠良。〔九〕」後虎悉東渡江〔一〇〕，不爲民害〔一一〕。

〔一〕事見後漢書宋均傳及後漢紀九。後漢書宋均傳：「宋均字叔庠，南陽安衆人也。」通鑑作「宗均」，胡三省注：「范書作『宋均』。」趙明誠金石録有漢司空宗俱碑。王先謙曰：「案後漢書宋均傳：『均族子意，意孫俱，靈帝時爲司空。』余嘗得宗資墓前龜膊上刻字，因以後漢帝紀及姓苑、姓纂諸書參考，以謂自均以下，其姓皆作宗，而列傳轉寫爲宋，誤也。後得此碑，益知前言之不謬。黨錮傳注引謝承書云：『宗資字叔都，南陽安衆人也，家世爲漢將相名臣，祖父均，自有傳。』則『宋』字傳寫誤也。南蠻傳中敍受降事，正作『謁者宗均』，此卽見於本書可參校者。廣韻：『宗姓，周卿宗伯之後，出南陽。』論衡程才篇：『東海宗叔犀。』卽此宋叔庠也。張說宋璟遺愛頌：『尚書東漢之雅望，黃門北齊之令德，宋氏世名，公濟其美。』蓋指均與宋欽道也。然則此傳『宗均』，訛爲『宋均』，自唐已然。」器案：王説是。後漢書桓紀：「延熹五年十一月，京兆虎牙都尉宗謙，坐臧下獄死。」續漢書天文志下作「宋謙」，此亦「宗」誤爲「宋」之證。

〔二〕器案：前將指前太守，漢代崇武事，諸刺史、太守皆稱將，如前漢尹翁歸爲東海太守，于定國謂邑子曰：「此賢將。」孫寶爲京兆尹，傳云：「願受將命，分當相直。」嚴延年爲涿郡太守，傳云：「趙繡見延年新將。」如後漢馬援誡子書：「郡將下車輒切齒。」皇甫規自訟疏：「吏託報將之怨。」張奐奏記段熲：「得過州將。」三國志魏書管輅傳平原太守劉邠注引輅別傳作「故郡將劉邠」。漢書嚴延年傳注，師古曰：「謂郡守爲郡將者，以其兼領武事也。」通鑑一四三注曰：「州刺史當方面，總兵權，故曰州將。」

〔三〕爾雅釋獸郭注：「漢律：『捕虎一，購錢三千，其狗半之。』」

〔四〕「淵」，范書作「水」，當是李賢避唐諱改。

〔五〕范書「各有所託」。

〔六〕范書「北土」。

〔七〕後漢書蔡邕傳注引漢名臣奏張文上疏曰：「春秋義曰：『……獸齧人者，象暴政若獸而齧人。』京房易傳曰：『小人不義而反尊榮，則虎食人。』」論衡遭虎篇：「變復之家，謂虎食人者，功曹爲姦所致也。其意以爲功曹衆吏之率，虎亦諸禽之雄也，功曹爲姦，采魚於吏，故虎食人，以象其意。」又解除篇：「虎狼之來，應政失也。」又考光武問劉昆虎北渡河爲何政所致，亦以虎害爲應政之失也。

〔八〕袁紀作「而令吏捕虎，非憂民之本也」，范書作「而勞勤張捕，非憂恤之本也」。

〔九〕袁紀作「今務退貪殘，進忠良，去檻穽，勿復課」，范書作「其務退姦貪，思進忠善，可一去檻穽，除削課制」。

〔一〇〕御覽八九一作「虎負子渡江」。

〔一一〕書鈔七五引華嶠後漢書：「均爲九江太守，五日一聽事，冬以日中，夏以平旦。時多虎，均曰：『夫虎豹在山，黿鼉在淵，物性之所託。故江、淮之間有猛獸，猶江北之雞豚也。數爲民害，咎在貪殘；今退貪殘，進忠良，去檻穽。』虎遂東渡江去。」魏書高祐傳：「昔宋均樹德，害獸不過其鄉。」水經淮水注：「陰陵，後漢九江郡治，時多虎災，百姓苦之，南陽宗均爲退貪殘，進忠良，虎悉東渡江。」又案：後漢書法雄傳：「遷南郡太守，……多虎狼之暴，前太守賞募張捕，反爲所害者甚衆，雄迺移書屬縣曰：『凡虎狼之在山林，猶人之居城市。古者至化之世，猛獸不擾，皆由恩信寬澤，仁及飛走。太守雖不德，敢忘斯義。記到，其毀壞檻穽，不得妄捕山林。』是後虎害消息，人以獲。」其事與此大同。

謹按：尚書：「武王戎車三百兩，虎賁三千人。〔一〕」擒紂於牧野。言猛怒如虎之奔赴也〔二〕。詩美南仲：「闞如哮虎。〔三〕」易稱：「大人虎變其文炳，君子豹變其文蔚。〔四〕」傳曰：「山有猛虎，草木茂長。〔五〕」故天之所生，備物致用，非以傷人也；然時爲害者，乃其政使然也。今均思求其政，舉清黜濁，神明報應，宜不爲災。江渡七里，上下隨流，近有二十餘虎，山栖穴處，毛鬣婆娑〔六〕，豈能犯陽侯〔七〕，凌濤瀨而橫厲哉〔八〕？俚〔九〕語：「狐欲渡河，無奈尾何。〔一〇〕」舟人楫櫂，猶尚畏怖，不敢迎上，與之周旋。云悉東渡，誰指見者？堯、舜欽明〔一一〕在上，稷、契允懿於下，當此時也，寧復有虎耶？若均登據三事〔一二〕，德被四海，虎豈可抱負相隨〔一三〕，乃至鬼方〔一四〕絶域〔一五〕之地乎？

〔一〕見牧誓。注詳皇霸篇三王條。

〔二〕後漢書順紀注、御覽二四一引漢官儀：「虎賁中郎將，古官也。書稱：『武王伐紂，戎車三百兩，虎賁八百人，擒紂於牧之野。』言其猛怒如虎之奔赴也。孝武建元三年，初置期門。平帝元始元年，更名虎賁郎。古有勇者孟賁，改奔爲賁。」續漢書百官志二虎賁中郎將注：「虎賁舊作虎奔，言如虎之奔也。王莽以古有勇士孟賁，故名焉。」沈約宋書百官志説略同。漢書百官公卿表注師古曰：「賁讀與奔同，言如猛獸之奔也。」書僞孔傳：「勇士稱也，若虎賁獸，言其猛也。皆百夫長。」案：詩鄘風：「鶉之奔奔。」左傳襄公二十七年、禮記表記俱作「賁賁」，則奔、賁以同音通用，以勇士名改之説恐未諦。

〔三〕今大雅常武「哮」作「虓」，本書怪神篇亦作「虓」。器案：漢執金吾丞武榮碑、武班碑作「哮虎」，文選辨亡論上：「哮闞之羣風驗。」注引毛詩曰：「闞如虓虎。」七啟：「哮闞之獸。」注：「哮與虓同也。」一切經音義二：「唬、哮，古文虓同。」

〔四〕革卦象辭。

〔五〕淮南説山篇：「山有猛獸，林木爲之不斬；園有螫蟲，葵藿爲之不採。」文子尚德篇同。漢書蓋寬饒傳：「鄭昌上書頌寬饒曰：『臣聞：山有猛獸，藜藿爲之不采，（後漢書孔融傳贊引「采」作「採」，同。）鹽鐵論崇禮篇引此作春秋曰云云，則此語由來已久。

〔六〕「婆娑」二字原無，御覽引作「虎尾婆娑」，天中記六〇引作「虎山栖穴處，毛能妄婆」。器謹案：「能妄」二字當是「鬣娑」二字之譌，「娑婆」二字又倒植，是御覽、天中記所見本「毛鬣」下俱有「婆娑」二字，義較順，今據訂補。

〔七〕漢書揚雄傳：「陵陽侯之素波兮。」注應劭曰：「陽侯，古之諸侯也，有罪自投江，其神爲大波。」

〔八〕厲讀與「深則厲」之厲同。以衣涉水曰厲。

〔九〕水經河水一注。御覽、離騷補注引「俚」作「里」。

〔一〇〕水經注、離騷補注、天中記引「汔」作「如」。器謹案：易未濟曰：「小狐汔濟，濡其尾，無攸利。」象曰：「濡其尾，無攸利，不續終也。」史記春申君傳引易曰：「狐涉水，濡其尾。」此言始之易終之難也。（又見戰國策秦策、新序善謀）正義曰：「言狐惜其尾，每涉水，舉尾不令濕，比至極困則濡之。」王弼注謂：「小狐雖能渡，而無餘力，將濟而濡其尾，不能續終險難，未足以濟也。」與此足相發明。

〔一一〕書堯典：「欽明文思安安。」釋文引馬融云：「威儀表備謂之欽，照臨四方謂之明。」

〔一二〕器謹案：詩小雅雨無正：「三事大夫，莫肯夙夜。邦君諸侯，莫肯朝夕。」箋云：「王流在外，三公及諸侯隨王而行者，皆無君臣之禮，不肯晨夜朝莫省王也。」此以三事爲三公之始。至小雅十月之交、大雅常武、逸周書大匡、白虎通封公侯篇所言三事，則謂列國之三卿，與此有別。自西京以還，則率稱三公爲三事，漢書韋玄成傳：「於赫三事。」注：「三事，三公也。」又：「登我三事。」注：「三事，三公之位，謂丞相也。」又：「三事惟鞠。」又：「赫赫三事。」後漢書章紀：「詔以趙熹爲太傅，牟融爲太尉。」即引詩「三事大夫」之文，注：「三事，三公也。」順紀：「陽嘉元年，詔以刺史二千石之選，歸任三司。」亦引「三事」文。徐穉傳：「陳蕃、胡廣上書薦穉等曰：『若使擢登三事，協亮天工，必能宣翼盛德，增光日月也。』」（御覽六三〇引續漢書同）宋弘傳：「將授三事，未剋而卒。」劉愷傳：「皆登三事。」周舉傳：「亮協三事。」班固傳：「三事嶽牧之僚。」注：「三事，三公也。」鄭玄傳：「公者，仁德之正號，不必三事大夫也。」（御覽一五七引玄別傳同）左雄傳：「九卿位亞三事。」胡廣傳注引謝承後漢書：「赫赫三事。」蔡邕集太尉喬玄碑陰：「命君三事，時亮天功。」又太傅胡廣碑：「七被三事。」又：「七統三事。」又：「命公三事。」漢司隸校尉楊淮碑：「功德牟盛，當究三事。」漢廬江太守范式碑：「未亮三事。」三國志魏書高柔傳：「三公希與朝政疏：『置之三事。』」抱朴子博喻篇：「華公讓三事以推賢。」晉書周顗傳：「敦曰：『伯仁總角，於東宮相遇一面，便許之三事。』」世說新語排調篇注：「晉代名臣文集張敏頭責子羽文：『進無望於三事。』」

〔一三〕天中記作「虎豈可咤」。

〔一四〕文選符命論注：「鬼方，遠方也。」

〔一五〕文選別賦注：「絕國，絕遠之國也。」絕域與絕國義同。

彭城相袁元服

俗說：元服父字伯楚，爲光祿卿，於服中生此子，時〔一〕年長矣，不孝莫大於無後〔二〕，故收〔三〕舉之，君子不隱其過，因以服爲字〔四〕。

〔一〕「時」，意林作「自謂」。

〔二〕孟子離婁上：「不孝有三，無後爲大。」

〔三〕程本「收」作「取」。

〔四〕范書袁安傳：「彭字伯楚，少傳父業，歷廣漢、南陽太守，順帝初爲光祿勳，行至清，爲吏，麤袍糲食，終於議郎。尚書胡廣等，追表其有清潔之美，比前貢禹、第五倫，未蒙顯贈，當時皆嗟歎之。」御覽六九三引鍾岏良吏傳：「袁彭字伯楚，爲南陽太守，政以清潔，糲食縕袍，不改其操。」

謹按：元服名賀〔一〕，汝南人也。祖父名原〔二〕爲侍中〔三〕，安帝始加〔四〕元服，百官〔五〕會〔六〕賀〔七〕，臨嚴〔八〕，垂出〔九〕，而孫適〔一〇〕生，喜其加會〔一一〕，因名曰賀，字元服。原父安爲司徒〔一二〕，忠蹇匪躬〔一三〕，盡誠事國，啓發和帝，誅討竇氏，中興〔一四〕以來，最爲名宰。原有堂構之稱〔一五〕，矜於法度。伯楚名彭，清擬夷、叔〔一六〕，政則冉、季〔一七〕，歷典三郡〔一八〕，致位上列〔一九〕。賀早失母，不復繼室〔二〇〕，云：「曾子失妻而不娶，曰：『吾不及尹吉甫〔二一〕，子不如伯奇〔二二〕，以吉甫之賢，伯奇之孝，尚有放逐之敗，我何人哉？』」及臨病困，敕使〔二三〕：「留葬，侍衛先公。愼無迎取汝母喪柩，如亡者有知，往來不難；如其無知，祇爲煩耳。虞舜葬於蒼梧，二妃不從〔二四〕，經典〔二五〕明文，勿違吾志。〔二六〕」清高舉動，皆此類也。何其在服中生子而名之〔二七〕賀者乎？雖至愚人，猶不云耳。予爲蕭令〔二八〕，周旋謁辭故司空〔二九〕宣伯應〔三〇〕，賢相把臂〔三一〕，言：「易稱：『天地大德曰生。〔三二〕』今俗間多有禁忌生三子者〔三三〕，五月生者，以爲妨害父母〔三四〕，服中子犯禮傷孝〔三五〕，莫肯收舉。袁元服功德爵位，子孫巍巍，仁君所見。越王勾踐民生三子與乳母〔三六〕。孟嘗君對其父：『若不受命於天，何不高户，誰能及者。〔三七〕』夫學問貴能行，君體博雅〔三八〕，政宜有異乎？」答曰：「齊、越〔三九〕之事，敬聞命矣。至於元服，其事如此。明公〔四〇〕既爲鄉里〔四一〕，超然遠覽〔四二〕，何爲過聆晉語〔四三〕，簡在心事乎？〔四四〕」於是欣然悦服，續以大言：「苟有過，人必知之〔四五〕，我能勝仲尼哉！」元服子夏甫〔四六〕，前後徵命，終不降志〔四七〕，亞作者之遺風矣〔四八〕。正甫〔四九〕亦有重名，今見沛相〔五〇〕。載德五世〔五一〕，而被斯言之玷〔五二〕，恐多有宣公之論，故備記其終始。

〔一〕意林有「母」字，誤衍。

〔二〕拾補云：「『原』，御覽『京』，下同，後漢書袁閎列傳注正引作『京』。」朱筠曰：「後漢書袁閎列傳注引此『原』作『京』。案：原字仲譽，禮記：『趙文子與叔譽觀乎九原。』從原是也。」朱錫庚曰：「案：京、原二字，古本通用，國語：『趙文子與叔向遊於九京。』正作京字。」徐氏拾補識語曰：「謹案：古字通，如『九原』爲『九京』矣。其字仲譽，原讀鄉原之原，譽讀大夫曰譽之譽。」器案：御覽見卷三六二。意林、天中記二四引亦作「京」。

〔三〕後漢書袁安傳：「安子，京、敞最知名。京字仲譽，習孟氏易，作難記三十萬言，初拜郎中，稍遷侍中，出爲蜀郡太守。」

〔四〕「始加」，意林「時生」。

〔五〕「官」，後漢書注作「僚」。

〔六〕「會」，意林「來」。

〔七〕後漢書安紀：「永初三年春正月庚子，皇帝加元服。」注：「元服，謂加冠也。士冠禮曰：『令月吉辰，加爾元服。』鄭玄云：『元，首也。』」器案：後漢書和紀：「永元三年春正月甲子，皇帝加元服。」注引東觀記曰：「時太后詔袁安爲賓，賜束帛乘馬。」則是兩朝嘉禮，安父子相繼加會，則元服之爲字，別有取乎此也，惜應説猶未盡耳。

〔八〕拾補曰：「凡行禮，有司奏中嚴，謂莊嚴也。後漢書注引作『臨莊』，此當避明帝諱。」器案：本書窮通篇司徒中山祝恬條：「卽嚴便出。」用法與此正同。後漢書吳漢列傳：「每當出師，朝受詔，夕卽引道，初無辦嚴之日。」注：「嚴卽裝也，避明帝諱，故改之。」又陳紀傳：「紀見禍亂方作，不復辨嚴，即時之郡。」注：「嚴讀莊也。」通鑑八四注：「治嚴，猶治裝也。」又一三四注：「嚴，裝也，成嚴，謂裝束已成，俟期而發也。」案李、胡說是，此文臨嚴，當讀臨裝，與垂出始合。漢書王嘉傳：「嘉遂裝出見使者，再拜受詔。」則臨裝即左傳宣公二年所謂「盛服將朝」也。盧說非是。

〔九〕「出」，意林誤作「老」。

〔一〇〕「適」，意林作「兒」。

〔一一〕札迻曰：「案『加』當作『嘉』。」器案：何本、胡本、意林、後漢書注俱作「嘉」，當據改正。

〔一二〕續漢書百官志一：「司徒公一人。」本注：「掌人民事，凡教民孝弟，遜順謙儉，養生送死之事，則議其制，建其度。凡四方民事功課，歲盡，則奏其殿最，而行賞罰。凡郊祀之事，掌省牲視濯，大喪則掌奉安梓宮。凡國有大疑大事，與太尉同。世祖即位，爲大司徒，建武二十七年去『大』。」

〔一三〕易蹇卦象曰：「王臣蹇蹇，匪躬之故。」

〔一四〕詩大雅烝民序：「烝民，尹吉甫美宣王也；任賢使能，周室中興焉。」綱目集覽二九：「凡王室中否而再興，謂之中興。春秋序：『紹開中興。』注：『中，直仲反。』」

〔一五〕尚書大誥：「若考作室，既底法，厥子乃弗肯堂，矧肯構。」僞孔傳：「以作室喻政治也。父已致法，子乃不肯爲堂基，況肯構立屋乎？」

〔一六〕器謹案：夷、叔謂伯夷、叔齊也，此爲錯舉人名之例。三國志魏書公孫瓚傳注引漢晉春秋：「袁紹與瓚書：『愛過夷、叔，分著丹青。』」又王昶傳：「昶戒子書：『若夫山林之士，夷、叔之倫，甘長餓於首陽，安赴火於緜山。』」書鈔引應璩與揚州刺史劉文爽書：「足下內挹夷、叔之清節，外播二南之惠政。」樂府詩集引魏明帝步出夏門行：「步出夏門，東登首陽山，嗟哉夷、叔，仲尼稱賢。」三國志蜀書郤正傳：「釋譏云：『褊夷、叔之高懟。』」又魏書劉廙傳注引傅子：「夷、叔忤武王以成名。」治要引傅子重爵篇：「不知所以致清，則雖舉夷、叔，必犯其制矣。夫授夷、叔以事而薄其禄，……使夷、叔有父母，……則夷、叔必犯矣。」文選辨命論：「夷、叔斃淑媛之言。」注引崔瑋七蠲：「三王行化，夷、叔隱己。」晉書羊祜傳：「武帝聽羊祜不以侯斂詔：『此夷、叔所以稱賢，季子所以全節也。』」又杜預傳：「預遺令曰：『北望夷、叔。』」弘明集正誣論：「夷、叔餒死。」廣弘明集釋疑論：「夷、叔至仁，餓死西山。」陶淵明飲酒詩：「夷、叔在西山。」鮑照擬古詩：「徒稱夷、叔賢。」南齊書張敬兒傳：「太祖報沈攸之書云：『比蹤夷、叔。』」梁書劉顯傳：「劉之遴乞皇太子爲劉顯誌銘啟：『之遴嘗聞夷、叔、柳惠，不逢仲尼一言，則西山餓夫，東國黜士，名豈施於後世。』」王敬則與齊太祖書：「卿嘗比跡夷、叔，何一旦行過桀、紂。』」姚思廉梁書袁昂傳論曰：「及抗疏高祖，無虧忠節，斯亦存夷、叔之風矣。」法苑珠林五五：「夷、叔至仁而餓死。」陳師道徐州學記：「治始於伏羲，更虞、夏、商至周而大備；行始於伊尹，更夷、叔、柳下惠至孔子而大成。」皆稱伯夷、叔齊爲夷、叔也。

〔一七〕論語先進篇：「政事：冉有，季路。」

〔一八〕「三郡」疑當作「二郡」，積畫之誤也，傳言：「歷廣漢、南陽太守。」

〔一九〕書鈔設官部引漢官儀：「大府，秩二千石。」上列者，蓋指二千石以上之大吏也。後漢書趙典傳：「身從衣褐之中，致位上列。」典時爲太常，太常卿中二千石。曹植求自試表：「爵在上列。」江淹陸平原羈宦詩：「服義追上列，矯迹廁宮臣。」

〔二〇〕意林删「賀」名，作「早喪妻，不肯娶」，蓋蒙上「伯楚」言。

〔二一〕大德本「尹」誤「用」。

〔二二〕家語弟子解：「曾參後母，遇之無恩，而供養不衰，及其妻以藜蒸不熟，遂出之，終身不娶妻，其子元請焉，告其子曰：『高宗以後妻殺孝己，尹吉甫以後妻放伯奇，吾上不及高宗，中不及吉甫，庸知其得免於非乎？』」漢書王吉傳：「駿爲少府，時妻死，因不復娶，或問之，駿曰：『德非曾參，子非華、元，亦何敢娶？』」如淳注：「華與元，曾參之二子也。」韓詩外傳曰：「曾參喪妻不更娶，人問其故，曾子曰：『以華、元善人也。』」顏氏家訓後娶篇：「吉甫，賢父也，伯奇，孝子也，以賢父御孝子，合得終於天性，而後妻閒之，伯奇遂放。曾參婦死，謂其子曰：『吾不及吉甫，汝不及伯奇。』王駿喪妻，亦謂人曰：『我不及曾參，子不如華、元。』並終身不娶。」琴操：「尹吉甫子伯奇，母早亡，更娶後妻，乃譖之吉甫曰：『伯奇見妾美，有邪念。』吉甫曰：『伯奇慈心，豈有此也？』妻曰：『置妾空房中，君登樓察之。』乃取蜂置衣領，令伯奇掇之，於是吉甫大怒，放伯奇於野。宣王出遊，吉甫從，伯奇作歌以感之，宣王曰：『此放子之詞也。』吉甫感悟，射殺其妻。」又案：後漢書朱暉傳注引華嶠書曰：「暉年五十失妻，昆弟欲爲繼室。暉歎曰：『時俗希不以後妻敗家者。』遂不復娶。」朱暉之言，可與此互參。

〔二三〕「使」，意林「便」。

〔二四〕禮記檀弓上：「舜葬於蒼梧之野，蓋二妃未之從也。」

〔二五〕漢人習以經典並稱，漢書孫寶傳：「周公上聖，召公大賢，尚猶有不相說，著於經典。」後漢書皇后紀上和熹鄧皇后：「晝修婦業，暮誦經典，家人號曰諸生。」又朱祐傳：「宜令三公，並去大名，以法經典。」又趙典傳：「趙典字仲經。」義取相應。釋名釋典藝：「經，……可常用也。」亦謂經即典耳。

〔二六〕後漢書趙咨傳：「遺書敕子胤：『今則不然，并棺合椁，以爲孝愷，豐資重襚，以昭惻隱，吾所不取也。昔舜葬蒼梧，二妃不從，豈有匹配之會，守常之所乎？聖主明王，其猶若斯，況于品庶，禮所不及。古人時同即會，時乖則別，動静應禮，臨事合宜。』」三國志魏書文紀引典論終制篇：「舜葬蒼梧，二妃不從，延陵葬子，遠在嬴、博，魂而有靈，無不之也。」

〔二七〕「之」，意林「作」。

〔二八〕拾補云：「本傳不言。」

〔二九〕續漢書百官志一：「司空公一人。」本注曰：「掌水土事，凡營城起邑，浚溝洫，修墳防之事，則議其利，建其功。凡四方水土功課，歲盡，則奏其殿最，而行賞罰。凡郊祀之事，掌掃除樂器，大喪，則掌將校復土。凡國有大造大疑，諫爭與太尉同。世祖即位爲大司空，建武二十七年去大。」

〔三〇〕拾補：「孫云：『伯應名酆，桓帝九年爲司空。』」器案：後漢書桓紀：「延熹九年十二月，光禄勳汝南宣酆爲司空。」注：「酆字伯應，封東陽亭侯。」又靈紀：「建寧元年夏四月戊辰，司空宣酆免。」則仲瑗之爲蕭令，當在桓末靈初。

〔三一〕後漢書吕布傳：「臨別，把臂言誓。」廣絶交論：「自昔把臂之英，金蘭之友。」

〔三二〕繫辭下文。

〔三三〕意林、御覽三六一引風俗通：「不舉併生三子。俗説：生子至於三，似六畜，言其妨父母，故不舉之也。謹案：春秋國語：『越王句踐令民生二子者，與之餼，生三子者，與之乳母。』三子力不能獨養，故與乳母，所以人民繁息，卒滅强吴，雪會稽之耻，行霸於中國也。古陸終氏娶於鬼方，謂之女嬇，是生六子，皆爲諸侯。今人多生三子，子悉成長，父母完安；豈有天所孕育，而害其父母兄弟者哉？」

〔三四〕史記孟嘗君列傳索隱引風俗通：「俗説：五月五日生子，男害父，女害母。」疑即此文。劉昌詩蘆浦筆記一：「風俗通云：『五月五日生子，男害父，女害母。故田文生而嬰告其母，令勿舉，且曰：長與户齊，將不利其父母。』余攷南史，王鎮惡以是日生；家人以俗忌，欲出繼疎宗，其祖猛曰：『孟嘗君以惡月生而相齊，是兒亦將興吾門。』故名鎮惡。又北史齊南陽王倬，五月五日生，腦不壞，死四百餘日，顏色如生。唐崔信明生時五月五日，日方中，有異雀鳴集庭樹。觀此，則俗忌之說，固不足信也。」（吳翌鳳鐙窗叢録一襲其說）文海披沙：「五月五日，古人忌之，然田文稱豪齊國，胡廣天下中庸，崔信明以文章名，王鎮惡以將略顯，漢王鳳、晉紀邁、張嘉、金田時秀，皆有時稱；唯南陽王綽不軌被殺，道君皇帝終陷虜庭，若二人者，不舉可也。」案：論衡四諱篇：「四曰諱舉正月、五月子，以爲正月、五月子，殺父與母，不得舉也，已舉之，父母禍死，則信而謂之真矣。」後漢書張奐傳：「凡二月、五月產子，及與父母同月生者，悉殺之，奐示以義方，嚴加賞罰，風俗遂改。」通典六九引田瓊四孤議有「俗人五月生子，妨忌之不舉者」。此亦當時有關此種迷信風俗之記載。

〔三五〕後漢書陳蕃傳：「民有趙宣，葬親而不閉埏隧，因居其中，行服二十餘年，鄉邑稱孝，州郡數禮請之，郡內以薦蕃。蕃與相見，問及妻子，而宣五子皆服中所生。蕃大怒曰：『聖人制禮，賢者俯就，不肖企及。且祭不欲數，以其易黷故也。況乃寢宿冢藏，而孕育其中，誑時惑衆，誣行鬼神乎！』遂致其罪。」此亦當時以服中生子爲犯禮傷孝之事。

〔三六〕越語上：「生三人，公與之母。」韋注：「母，乳母也。」

〔三七〕史記孟嘗君列傳：「初，田嬰有子四十餘人，其賤妾有子名文，文以五月五日生，嬰告其母曰：『勿舉也。』其母竊舉生之，及長，其母因兄弟而見其子文於田嬰。田嬰怒其母曰：『吾令若去此子，而敢生之，何也？』文頓首，因曰：『君所以不舉五月子者何故？』嬰曰：『五月子者，長與户齊，將不利其父母。』文曰：『人生受命於天乎？將受命於户邪？』嬰默然。文曰：『必受命於天，君何憂焉。必受命於户，則可高其户耳，誰能至户者。』」（御覽二一引「至」下有「户」字）

〔三八〕大德本「博」作「將」。

〔三九〕「越」原作「楚」，拾補云：「錢改『越』。」器案：此蓋傳鈔者習聞「齊、楚之事」之文而臆改之，錢校是，今從之。

〔四〇〕通鑑九四注：「漢、魏以來，率呼宰輔岳牧爲明公。今嶠呼侃爲仁公，蓋取天下歸仁之義。」器案：仁公之說，又可移注上文之仁君也。

〔四一〕鄉里，猶言同鄉，謂俱爲汝南人也。世說新語賢媛篇：「許允爲吏部郎，多用其鄉里，魏明帝遣虎賁收之。其婦出誡允曰：『明主可以理奪，難以情求。』既至，帝覈問之。允對曰：『舉爾所知，臣之鄉人，臣所知也。』云云。」

〔四二〕漢書陳湯傳：「遠覽之士，莫不計度。」又叙傳上：「超然遠覽，淵然深識。」後漢書桓紀：「遠覽復子明辟之義，近慕先姑歸授之法。」

〔四三〕「晉語」，拾補云：「疑。」拾補識語云：「謹案：晉、齊同字，當謂齊東野人之語也。」器案：疑當作「昔語」。

〔四四〕論語堯曰篇：「帝臣不蔽，簡在帝心。」集解：「言桀居帝臣之位，罪過不可隱蔽，以其簡在天心故。」

〔四五〕論語述而篇：「子曰：『丘也幸，苟有過，人必知之。』」

〔四六〕袁閎字夏甫，傳坿袁安傳。

〔四七〕論語微子篇：「子曰：『不降其志，不辱其身，伯夷、叔齊與！』」

〔四八〕論語憲問篇：「子曰：『作者七人矣。』」

〔四九〕袁忠字正甫，傳坿袁安傳。

〔五〇〕史記高祖功臣侯者年表：「至太初，百年之間，見侯五。」漢書王莽傳上：「宣帝曾孫有見王五人。」師古曰：「王之見在者。」器案：此文之「見沛相」，與「見侯」、「見王」，見字義俱同，猶今言現在也。傳云：「初平中爲沛相。」

〔五二〕御覽四七〇引司馬彪續漢書：「袁安字召公，桓帝初，遷太尉。弟湯，字仲和，累遷司徒。湯有子逢、成、隗。成左中郎；逢字周陽，靈帝時爲司空。隗字次陽，亦至司徒、太傅，封都鄉侯。四葉五公。」（又見羣輔録）范書安傳曰：「初，安父歿，母使安訪求葬地，道逢三書生，問安何之，安爲言其故，生乃指一處云：『葬此地，當世爲上公。』須臾不見。安異之，於是遂葬其所占之地，故累世隆盛焉。」（又見録異記）後漢紀二五：「光熹元年，四月壬戌，詔以袁隗爲太傅，曰：『後將軍袁隗，德量寬重，奕世忠恪。』」案後漢書袁紹傳：「伍瓊等陰爲紹説卓曰：『袁氏樹恩四世，門生故吏，徧於天下。』」是當時俱謂袁氏隆盛，蟬聯四世，應氏獨曰五世，蓋自仲瑗棄郡歸袁，於撰述此書時，並袁紹而計之也。

〔五三〕詩大雅抑：「白圭之玷，尚可磨也；斯言之玷，不可爲也。」

風俗通義愆禮第三〔一〕

夫聖人之制禮也，事有其制，曲有其防〔二〕，爲其可傳，爲其可繼〔三〕，賢者俯就，不肖跂及〔四〕。是故子張過而子夏不及〔五〕，然則無愈；子路喪姊〔六〕，期而不除，仲尼以爲大譏〔七〕；況於忍能矯情，直意而已也哉？詩云：「不愆不忘，帥由舊章〔八〕。」論語：「不爲禮，無以立。〔九〕」故注近世苟妄曰愆禮也。

〔一〕蘇頌曰：「諐禮第三，子抄云：『第八。』」案愆籀文作諐。

〔二〕漢書禮樂志：「事爲之制，曲爲之防，故稱：『禮經三百，威儀三千。』」師古曰：「言每事立制，委曲防閑也。」王念孫讀書雜志曰：「案大事曰事，小事曰曲。事爲之制，禮儀三百也；曲爲之防，威儀三千也。禮器：『曲禮三千。』鄭注：『曲猶事也。』中庸：『其次致曲。』注：『曲猶小小之事也。』淮南繆稱篇：『察一曲者。』高誘注曰：『一曲，一事也。』主術篇曰：『不偏一曲，不黨一事。』事爲之制，曲爲之防，相對爲文，則曲非委曲之謂。」

〔三〕禮記檀弓上：「弁人有其母死而孺子泣者，孔子曰：『哀則哀矣，而難爲繼也。夫禮爲可傳也，爲可繼也，故哭踊有節。』」又見家語曲禮子貢問篇。

〔四〕大德本「跂」誤「跛」，各本俱作「跂」，今改。禮記檀弓上：「子思曰：『先王之制禮也，過之者俯而就之，不至焉者，跂而及之。』」家語曲禮子貢問篇：「先王制禮，過之者俯而就之，不至者企而及之。」後漢書陳蕃傳注：「禮記曰：『三年之喪，可復父母之恩也，賢者俯而就之，不肖者企而及之。』」

〔五〕論語先進篇：「子貢問：『師與商也孰賢？』子曰：『師也過，商也不及。』曰：『然則師愈與？』子曰：『過猶不及。』」

〔六〕大德本「姊」誤作「姉」，各本俱作「姊」，今據改正。

〔七〕禮記檀弓上：「子路有姊之喪，可以除之矣，而弗除也。孔子曰：『何弗除也？』子路曰：『吾寡兄弟而弗忍也。』孔子曰：『先王制禮，行道之人，皆弗忍也。』子路聞之，遂除之。」上引家語，即襲用此文。

〔八〕「帥」，拾補校作「率」。案胡本、鍾本作「率」，然此疑仲遠用三家詩。

〔九〕論語季氏篇「不爲禮」作「不學禮」，隋書何妥傳作「不讀禮」。

九江太守〔一〕武陵〔二〕陳子威〔三〕，生不識母，常自悲感；游學京師，還於陵谷中，見〔四〕一老母，年六十餘，因就問：「母姓爲何？」曰：「陳家女李氏。」「何故獨行？」曰：「我孤獨〔五〕，欲依親家。」子威再拜長跪自白曰：「子威少失慈母〔六〕，姓陳〔七〕，舅氏亦李，又母與亡親同年，會遇於此，乃天意也。」因〔八〕載歸家，供養以爲母〔九〕。

〔一〕漢書地理志上，九江郡注引應劭曰：「江自廬江、尋陽分爲九。」

〔二〕後漢書劉表傳注引應劭漢官儀：「荆州管長沙，零陵，桂陽，南陽，江夏（「夏」原誤「陵」），武陵，南郡。」

〔三〕「陳子」二字原脱，拾補云：「二字脱，孫補。」今案永樂大典一〇八一三引有「陳」字，缺「子」字，孫志祖説是，今據補。

〔四〕「見」，胡本誤「是」。

〔五〕廣雅釋詁：「孤，獨也。」

〔六〕拾補曰：「此謂親母，與下『慈母如母』不同。」

〔七〕拾補曰：「此二字當在『子威』下，語較順。」

〔八〕「因」，大典作「引」。

〔九〕器案止觀輔行傳弘決四之三引蕭廣濟孝子傳：「昔五郡人：謂中山郡、常山郡恆州、魏郡魏州、鉅鹿郡邢州、趙郡趙州。此五人者，少去鄉里，孤無父母，相隨至衞國，結爲兄弟：長字元重，次叔重，次仲重，次季重，次稚重。朝夕相事，財累三千。於空城中，見一老母，兄弟議曰：『拜此老母，以之爲母。』因拜曰：『願爲母。』母乃許焉，事之若親。經二十四年，母忽染患，口不能言；五子仰天而歎曰：『如何孝誠無感，母忽染患，而不能言！若我有感，使母得語。』應時能言，謂五子曰：『我本是太原陽猛之女，嫁同郡張文堅，文堅身死。我有兒名烏遺，七歲值亂，遂亡所之。我子胸前有七星之文，右足下有黑子。』語未竟而卒。五子送喪，會朝歌令晨出，忘其記囊，謂五子所竊，收三重禁，二重詣河内告枉，具書始末。河内太守乃是烏遺，因大哭曰：『吾生不識父母，而母爲他所養！』馳放三重，復奏五重爲五縣令。」其事與此相近，而尤爲奇特，時因應氏此文而坿及之，於以見封建禮教中人之深之爲何等也。

謹按：禮：「繼母如母，慈母如母。」〔一〕謂繼父之室〔二〕，慈愛己者〔三〕，皆有母道，故事之如母也。何有道路之人而定省〔四〕？世間共傳丁蘭剋〔五〕木而事之〔六〕，今此之事，豈不是似？如仁人惻隱〔七〕，哀其無歸，直〔八〕可收養，無事正母之號耳〔九〕。

〔一〕儀禮喪服文。

〔二〕拾補曰：「此謂繼母。」

〔三〕「者」字各本俱無，拾補曰：「脱，當有，補之，此謂慈母。」今據補。

〔四〕禮記曲禮上：「凡爲人子之禮，冬温而夏凊，昏定而晨省。」鄭玄注：「定謂安其牀衽也。省，問其安否何如。」

〔五〕「尅」，各本及琅邪代醉編十五引俱作「刻」，「尅」俗字。

〔六〕武梁祠堂畫像：「丁蘭二親終後，立木爲父，鄰人假物，報乃借與。」法苑珠林四九引劉向孝子傳：「丁蘭，河内野王人也，年十五，喪母，刻木作母事之，供養如生。蘭妻夜火灼母面，母面發瘡。經二日，妻頭髮自落，如刀鋸截，然後謝過。蘭移母大道，使妻從服，三年拜服。一夜，忽如風雨，而母自還。鄰人所假借，母顏和即與，不和則不與。」（蒙求舊注、御覽三九六並引孝子傳）又注引鄭緝之孝子傳、御覽四一四引孫盛逸人傳、又四八二引搜神記，俱言丁蘭刻木事親事。

〔七〕孟子公孫丑朱注：「惻，傷之切也；隱，痛之深也。」

〔八〕直，猶但也。

〔九〕張鼎思琅邪代醉編十五曰：「愚謂哀其無歸，非威本意，其意以寄己思親之念耳，此卽門人欲事有若之意也。似則似矣，豈真吾母哉？牽於情而不能斷之以義，故君子有不取焉。情不能忘，爲丁蘭可也。」

大將軍掾〔一〕燉煌〔二〕宣度〔三〕，爲師太常〔四〕張文明制杖〔五〕。

〔一〕後漢書東平憲王傳注引應劭漢官儀：「將軍掾屬二十九人，中大夫，無員；令史四十一人。」

〔二〕漢書地理志下，敦煌郡注引應劭曰：「敦，大也；煌，盛也。」

〔三〕宣氏，見佚文姓氏篇。

〔四〕後漢書光武紀注引漢官儀：「太常，古官也，書曰伯夷，欲令國家盛大，社稷常存，故稱太常，以列侯爲之，重宗廟也。」

〔五〕器謹案：張文明疑即張焕（一作「奐」），焕字然明，由大司農轉太常，故本文及過譽篇、後漢書列女傳、陶淵明集聖賢羣輔録涼州三明條，俱以太常稱之。後漢書本傳稱：「焕養徒千人」，宣度當即其一。惟焕字范書及御覽一八一引謝承後漢書俱云然明，此作「文」，即「然」之壞文，當據改正。

路亦然。

謹案：禮記：「孔子之喪，門人疑所服。子貢曰：『昔夫子之喪顔回，若喪子而無服，至子路亦然。請喪夫子如喪〔一〕父而無服。〔二〕』羣居則否。〔三〕」今人乃爲制杖，同之於父〔四〕。論者既不匡糾，而云觀過知仁〔五〕，謂心之哀惻，終始一者也。凡今杖者，皆在權戚之門，至有家遭齊衰〔六〕同生之痛，俯伏墳墓，而不歸來，真不愛其親而愛他人者也；無他也，庶福報耳。凡庸小生，夫何譏稱；然宣度涼州〔七〕名士，吾是以云耳。

〔一〕「喪」字原無，拾補云：「脱，錢補。」按錢大昕説是，禮記正有，今從之。

〔二〕見禮記檀弓上。

〔三〕「則」下，拾補據檀弓補「絰，出則」三字。

〔四〕漢書揚雄傳：「雄天鳳五年卒，侯芭爲起墳，喪之三年。」後漢書李郃傳：「郃年八十餘，卒於家。門人上黨馮胄獨制服行喪三年，時人異之。」又李恂傳：「太守潁川李鴻請署功曹，未及到，而州辟爲從事。會鴻卒，而送鴻還鄉里，既葬，留起塚墳，持喪三年。」水經汾水注：「界休城東有徵士郭林宗、宋子浚二碑，其碑文云：『建寧二年正月丁亥卒。凡我四方同好之人，永懷哀痛，乃樹碑表墓，昭録行云。陳留蔡伯喈、范陽盧子幹、扶風馬日磾等，遠道來奔喪。

持朋友服心喪期年者，如韓子助、宋子浚二十四人。其餘門人著錫衰者千數。』」兩漢人多以此爲名高，蓋皆本孔門所傳之禮教而行之，所云持喪制服，蓋皆制心喪之服，而非衰麻三年也。

〔五〕論語里仁篇文。

〔六〕齊衰，爲封建社會居喪之上服，以麻布爲之。齊，緝也，以其緝邊，故曰齊衰。齊衰三年之喪，父沒爲母，爲繼母，爲慈母；父在爲母齊衰期。見儀禮喪服。

〔七〕「涼州」，胡本誤「梁州」，敦煌郡屬涼州，不屬梁州。

山陽太守汝南薛恭祖〔一〕，喪其妻，不哭，臨殯，於棺上大言：「自同恩好，四十餘年，服食祿賜，男女成人，幸不爲夭，夫復何恨哉！今相及也。〔二〕」

〔一〕御覽四一〇引汝南先賢傳：「薛勤，字恭祖。」

〔二〕白帖一七引張璠後漢紀：「山陽太守薛勤，喪妻不哭，將殯，臨之曰：『幸不爲夭，復何恨。』」

謹按：禮爲適妻杖〔一〕，重於宗也。妻者，既齊於己〔二〕，澄漠酒醴，以養舅姑〔三〕，契闊〔四〕中饋〔五〕，經理蠶織，垂統〔六〕傳重〔七〕，其爲恩篤勤至矣〔八〕。且鳥獸之微，尚有回翔之思，啁噍之痛〔九〕，何有死喪之感〔一〇〕，終始永絶，而曾無惻容〔一一〕？當〔一二〕內崩傷，外自矜飭。此爲矯情，僞之至也。俚語：「婦死腹悲，唯身知之。」又言「妻非禮所與。」此何禮也？豈不悖哉！太尉〔一三〕山陽王龔〔一四〕，與諸子並杖〔一五〕；太傅〔一六〕汝南陳蕃〔一七〕、袁隗〔一八〕，皆制衰經，列在服位，躬入隧〔一九〕，哀以送之，近得禮中〔二〇〕；王公諸子魏〔二一〕杖，亦過矣。

〔一〕見儀禮喪服。

〔二〕白虎通嫁娶篇：「妻者，齊也，與夫齊體。」說文：「妻，婦與夫齊者也。」禮記曲禮下注，內則注俱曰：「妻之言齊也。」釋名釋親屬：「士庶人曰妻，妻，齊也，夫賤不足以尊稱，故等齊言也。」廣雅釋親：「妻，齊也。」後漢書樊英傳及御覽四三二引英別傳俱曰：「妻，齊也。」禮記郊特牲云：「夫婚禮萬世之始也，一與之齊，終身不改。」

〔三〕此兩句原作「澄灑酒以養姑舅」，今據盧文弨、洪頤煊、孫詒讓諸人說校改。拾補云：「（「酒」下）似脫一『漿』字。」札迻曰：「案此當作『澄漠酒醴，以養舅姑』，列女傳宋鮑女宗傳云：『澈漠酒醴，羞饋食，以事舅姑。』（「澈」當作「澄」，詳前。）即仲遠所本，盧校失攷。」器案：札迻三於列女傳賢明傳宋鮑女宗「澈漠酒醴羞饋食以事舅姑」條云：「王讀澈屬上句，以『事夫室』爲句，注云：『澈，絜也。』漠與羃同。孟子母云：羃酒漿也。』洪頤煊云：『澈當作澂，與澄字同。澄漠酒醴，言其清也。禮運云：澄酒在下。』梁云：『澈，說文水部繫傳引作澂，爾雅：漠，清也。』案此當從洪、梁讀，澈當從徐引作澂。風俗通義愆禮篇云：『澄灑（當作「漠」）酒醴（此字今本脫。），以養姑舅。』即本此文。」

〔四〕詩邶風擊鼓：「死生契闊。」毛傳：「勤苦也。」

〔五〕易家人：「无攸遂，在中饋，貞吉。」正義：「婦人之道，巽順爲常，无所必遂；其所職主在於家中饋食供祭而已。」

〔六〕孟子梁惠王下：「君子創業垂統，爲可繼也。」疏云：「君子在上，基創其業，垂統法於後，蓋令後世可以繼續而承之耳。」

〔七〕儀禮喪服：「父爲長子。傳曰：何以三年也？正體於上，又乃將所傳重也。」鄭注：「此言爲父後者，然後爲長子三年，重其當先祖之正體，又以其將代己爲宗廟主也。」按在宗法社會，凡適子有廢疾，不堪主宗廟，或子庶而孫適，即以喪祭及宗廟之重傳於其孫，謂之傳重。重即虞祭前用以依神之物。

〔八〕詩鴟鴞：「恩斯勤斯。」毛傳：「恩，愛。」鄭箋：「殷勤於此。」

〔九〕禮記三年問：「凡生天地之間者，有血氣之屬必有知，有知之屬，莫不知愛其類。今是大鳥獸，則失喪其羣匹，越月踰時焉，則必返巡，過其故鄉，翔回焉，鳴號焉，蹢躅焉，踟蹰焉，然後乃能去之；小者至於燕雀，猶有啁噍之頃焉，然後乃能去之。」又見荀子禮論篇。抱朴子外篇仁明：「蜎飛蠕動，亦能有仁，故其意愛弘於長育，哀傷著于啁噍。」

〔一〇〕「感」，拾補云：「似當作『慼』。」器案：當作「威」，詩小雅常棣：「死喪之威，兄弟永懷。」此蓋用其文。

〔一一〕荀子禮論：「事生飾始也，送死飾終也，終始具，而孝子之事畢，聖人之道備矣。」

〔一二〕朱藏元本、仿元本、兩京本、胡本、郎本、程本、鍾本、鄭本「當」上有「尚」字，形近誤衍。

〔一三〕後漢書光武紀注引應劭漢官儀：「太尉，秦官也，武帝更名大司馬。」

〔一四〕「龔」，仿元本、何本同，餘本俱作「襲」，拾補據孫校改作「龔」，云：「下同。范書有傳。」今案袁宏後漢紀、謝承後漢書、張璠後漢紀俱作「龔」，引見後。

〔一五〕袁宏後漢紀一九：「龔字伯宗，山陽高平人。初，龔夫人卒，龔與諸子並扶杖行服。是時，山陽太守薛勤，喪妻不哭，將殯，臨之曰：『幸不爲夭，復何恨哉！』議者兩譏焉。」三國志魏書王粲傳注引張璠後漢紀：「龔字伯宗，有高名於天下，順帝時爲太尉。（文選王仲宣誄注引同）初，山陽太守薛勤，喪妻不哭，將殯，臨之曰：『幸不爲夭，復何恨哉！』及龔妻卒，龔與諸子並杖行服。時人或兩譏焉。」（白帖一七引同）案袁、張所謂「兩譏」者，當即指風俗通義而言。

〔一六〕續漢書百官志一：「太傅，上公一人。」注補引應劭漢官儀曰：「傅者，覆也。」

〔一七〕後漢書王龔傳言：「龔還汝南太守，引進郡人黃憲、陳蕃等。」御覽九三六引謝承後漢書：「陳蕃爲郡法曹吏，正月朝見其主龔，客有貢於龔者，龔曰：『汝南乃有此魚。』蕃曰：『魚大，且明府之德。』」據此，則陳蕃爲王龔故吏可知。

〔一八〕案後漢書靈紀：「光熹元年，後將軍袁隗爲太傅。」則此文所言太傅，實包舉袁隗在内。但應氏所言「近得禮中」之舉，不可得而詳也。

〔一九〕後漢書陳蕃傳：「民有趙宣，葬親而不閉埏隧，因居其中。」注：「埏隧，今人墓道也。杜預注左傳云：『掘地通路曰隧。』」

〔二〇〕禮中，猶言中禮，以過與不及皆非中，故中禮謂之得禮中。三國志魏書王朗傳注引魏名臣奏（「奏」字原脱，今補）虞載、王朗節省奏：「政充事猥，威儀繁富，隆於三代，近過禮中。」過禮中，即謂不中禮也。

〔二一〕「魏」，拾補曰：「疑『猥』。」

弘農〔一〕太守河内吳匡伯康〔二〕，少服職事，號爲敏達，爲侍御史〔三〕，與長樂少府〔四〕黄瓊〔五〕，共佐清河王事〔六〕，文書印成〔七〕，甚嘉異之。後匡去濟南相〔八〕，瓊爲司空〔九〕，比比〔一〇〕援舉，起家〔一一〕，拜尚書〔一二〕，遷弘農，班詔勸耕〔一三〕，道於澠池，聞瓊薨〔一四〕，即發喪制服，上病，載輂車還府。

〔一〕御覽一五九引漢官儀：「弘農，弘，大也，所以廣大農業也。」

〔二〕案續漢書天文志下：「中平六年，司隸校尉袁紹誅滅中官，大將軍部曲將吳匡，攻殺車騎將軍何苗，死者數千人。」似非此人。

〔三〕後漢書何敞傳論注引漢官儀：「侍御史，周官也，爲柱下史，冠法冠。」

〔四〕御覽一七三引漢宮闕名：「長安有長樂宮。」注云：「長樂等宮，或在京師，或在外郡，或帝王所居，或祠祀所在，因事以置。」書鈔設官部引漢官儀：「少府，掌山澤陂池之稅，名曰禁錢，以給私養，自別爲藏。少者，小也，故稱少府。秩中二千石。大用由司農，小用由少府，故曰小藏。」

〔五〕黄瓊，後漢書有傳，唯此所言爲長樂少府及佐清河王事，本傳不載。

〔六〕清河王，見後漢書章帝八王傳，吴、黄共佐清河王事，蓋在劉蒜嗣位時。

〔七〕漢書刑法志：「文書盈於几閣。」蓋謂公文書也。説文卩部：「卬，望也。」段玉裁注：「卬與仰義別，仰訓舉，卬訓望，今則仰行而卬廢，且多改卬爲仰矣。小雅車舝曰：『高山卬止。』箋云：『卬，慕。』過秦論：『常以十倍之地，百萬之衆，卬關而攻秦。』俗本作『叩』作『仰』，皆字誤舉誤耳。」案應氏此文正作『卬』，段氏失舉。

〔八〕濟南王，見後漢書光武十王傳，匡爲濟南相，蓋在劉廣嗣位時。

〔九〕黄瓊傳：「元嘉元年遷司空。」續漢書百官志一：「司空公一人。」本注曰：「掌水土事。凡營造城邑，浚溝洫，修墳防之事，則議其利，建其功。凡四方水土功課，歲盡，則奏其殿最，而行賞罰。凡郊祀之事，掌掃除樂器，大喪，則掌將校復土。凡國有大造大疑，諫爭與太尉同。世祖卽位爲大司空，建武二十七年去大。」注補引應劭漢官儀：「綏和元年，罷御史大夫官，法周制，初置司空。議者又以縣道官獄司空，故覆加大爲大司空，亦所以別大小之文。」

〔一〇〕漢書哀紀顏注：「比比，猶言頻頻也。」

〔一一〕史記鼂錯傳：「時鄧公免，起家爲九卿。」起家謂自其家中起用也。

〔一二〕漢官儀：「尚書，唐、虞官也。書曰：『龍作納言，朕命惟允。』詩曰：『惟仲山甫，王之喉舌。』宣王以中興。秦改尚書，漢亦尊此官，典機密也。」（據孫星衍校集本）

〔一三〕續漢書百官志五注補引蔡質漢儀：「詔書舊典，刺史班宣，周行郡國，省察治政，黜陟能否，斷理寃獄。」

〔一四〕拾補「間」校作「聞」。按本傳及後漢紀，瓊卒在延熹七年，時年七十九。

謹按：春秋：「大夫出使，聞父母之喪，徐行而不反，君追還之，禮也。〔一〕」匡雖爲瓊所援舉，由郡縣功曹〔二〕、州治中〔三〕、兵曹〔四〕位朝廷尚書也，凡所按選，豈得復爲君臣者耶〔五〕？今匡與瓊其是矣，剖符〔六〕守境，勸民耕桑，肆省寃疑，和解仇怨，國之大事，所當勤恤〔七〕，而顧私恩，傲狠〔八〕自遂，若宮車晏駕〔九〕，何以過兹？論者不深察，而歸之厚〔一〇〕，多有是言，及其人患失，而亦曰其然。司空袁周陽〔一一〕舉荀慈明有道〔一二〕，太尉鄧伯條〔一三〕舉訾孟直方正〔一四〕，二公薨，皆制齊衰，世非一〔一五〕。然荀、訾通儒〔一六〕，於義足責。或舉者名位斥落，子孫無繼，多不親至，何乃衰乎？過與不及〔一七〕，古人同稱，吊服之制，斯近之矣。

〔一〕春秋公羊傳宣公八年：「大夫以君命出，聞喪，徐行而不反。」注：「聞喪者，聞父母之喪。徐行者，不忍疾行。又爲君當使人追代之。」春秋繁露精華篇：「徐行不反者，謂不以親害尊，不以私妨公也。」白虎通德論喪服篇：「大夫使受命而出，聞父母之喪，非君命不反者，蓋重君也。故春秋傳曰：『大夫以君命出，聞喪徐行不反。』」說苑奉使篇：「徐行而不反者，謂出使道聞君親之喪也。」

〔二〕續漢書百官志五：「功曹史，主選署功勞。」御覽二六四引韋昭辯釋名：「曹，羣也；功曹，吏所羣聚。」後漢書張酺傳注引漢官儀：「功曹，郡之極位。」

〔三〕御覽二六三引漢官儀：「司隸功曹從事，即治中也。」通典三二：「治中從事史一人，居中治事，主衆曹文書，漢制也。」

〔四〕續漢書百官志四：「兵曹從事，主兵事。」

〔五〕漢、魏時，以屬吏與主官爲君臣關係。本書過譽篇載郅君章論汝南太守歐陽歙舉繇延云：「此既無君，又復無臣，君臣俱喪，孰與偏有。」後漢書獨行戴就列傳：「仕郡倉曹掾，揚州刺史歐陽參，奏太守成公浮臧罪，遣部從事薛安，案倉庫簿領，收就於錢塘縣獄，幽囚考掠，五毒參至，就慷慨直辭，……『柰何誣枉忠良，强相掠理，令臣謗其君，子證其父。』」三國志魏書陳矯傳：「初，矯爲郡功曹，使過泰山，泰山太守東郡薛悌異之，結爲親友，戲謂矯曰：『以郡吏而交二千石，鄰國君屈從陪臣游，不亦可乎！』」

〔六〕戴就傳：「太守剖符大臣。」漢書高紀下：「始剖符封功臣曹參等爲通侯。」師古曰：「剖，破也，與其合符而分授之也。」續漢書百官志五州郡本注曰：「凡郡國皆掌治民，進賢勸功，決訟檢姦。常以春行所主縣，勸民農桑，振救乏絕。秋、冬，遣無害吏案訊諸囚，平其辠法，論課殿最。」

〔七〕國語周語上：「勤恤民隱，而除其害也。」韋注：「恤，憂也。」

〔八〕左傳文公十八年：「傲狠明德。」又昭公二十六年：「傲狠威儀。」

〔九〕詳佚文。

〔一〇〕論語學而篇：「民德歸厚也。」又顏淵篇：「天下歸仁焉。」又堯曰篇：「天下之民歸心焉。」禮記哀公問篇：「萬姓歸之名，謂之君子。」本書過譽篇：「歸其義勇。」又十反篇：「京師歸德。」三國志魏書裴潛傳注引魏略：「世歸其潔而不宗其餘。」抱朴子外篇審舉：「親族稱其孝友，邦閭歸其信義。」歸字義同，並謂歸服也。

〔一一〕後漢書袁安傳：「逢字周陽，以累世三公子，寬厚篤信，著稱於時。靈帝立，逢以太僕豫議，增封三百户，後爲司空也。」

〔一二〕後漢書荀爽傳：「爽字慈明，一名諝，黨禁解，五府並辟，司空袁逢舉有道，不應；及逢卒，爽制服三年，當世往往化以爲俗。時人多不行妻服，雖在親憂，猶有弔問喪疾者。又私謚其君父及諸名士，爽皆引據大義正之經典，雖不悉變，亦頗有改。」案有道爲漢代選舉制度之一，郭泰亦嘗爲太常趙典舉有道，見後漢書本傳。

〔一三〕拾補曰：「錢云：『當是鄧盛，靈帝紀注云：字伯能。』」

〔一四〕方正，亦漢代選舉制度之一，漢書董仲舒傳：「舉賢良、方正之士，論誼考問。」

〔一五〕日知録十七座主門生條引用此文作「若此類者非一」。

〔一六〕後漢書賈逵列傳注引風俗通：「授先王之制，立當時之事，綱紀國體，原本要化，此通儒也。」

〔一七〕禮記喪服四制：「賢者不得過，不肖者不得不及。」

河南尹〔一〕太山羊翩祖〔二〕，在家，平原相〔三〕封子衡葬母，子衡故臨〔四〕太山數十日，時翩祖去河南矣，子衡四從子曼慈復爲太山，士大夫用此行〔五〕者數百人，皆齊衰經帶，時與〔六〕太尉府自劾〔七〕歸家，故侍御史胡毌季皮〔八〕獨過相俟，求欲作衰，謂：「君不爲子衡作吏，何制服？」曰：「衆人若此，不可獨否。」又謂：「足下徑行自可，今反相歷〔九〕，令子失禮，僕豫〔一〇〕愆。古有弔服，可依其制。」因爲裁縞冠幘袍單衣，定，大爲同作〔一一〕所非。然潁川有識陳元方〔一二〕、韓元長〔一三〕、綦毋廣明〔一四〕咸〔一五〕嘉是焉。

〔一〕類聚五〇引漢官儀：「河南尹，所理周地也。洛陽本周城，周之衰微，分爲西周，秦兼天下，置三川守——河、雒、伊也，漢更名河南，孝武皇帝增曰太守，世祖中興，徙都雒陽，改號爲尹。尹，正也，詩曰：『赫赫師尹。』」

〔二〕拾補曰：「錢云：『黨錮傳：羊陟字嗣祖，太山梁父人，拜河南尹。當卽其人。翩疑字誤。』」器按：陶潛集聖賢羣輔録亦作「嗣祖」，此誤。唯御覽六九三引古今善言曰：「續出黃紙補袍，以示使人。時人謡曰：『天下清苦羊續祖。』」考羊續字興祖，別是一人，天下清苦之謡，所歌者爲嗣祖而非興祖，（此謡最先著於陶録，淵明序羊陟於八顧之中，亦與蔚宗合。）而以紙補袍者爲興祖而非嗣祖，（初學記二一、御覽四二五、又七〇七引謝承後漢書作「唯卧一幅布絢，穿敗，糊紙補之」，古今善言作「補袍」，當即一事，蓋傳者異辭耳。）范泰誤以天下清苦之謡屬興祖，轉寫者又誤以興祖爲續祖，皆不可從。

〔三〕水經河水注引應劭地理風俗記：「原博平也，故曰平原也，縣故平原郡治也。」後漢書桓紀：「建和二年夏四月丙子，封帝弟顧爲平原王。」封子衡爲平原相，當在劉顧時。唯「顧」河間王傳作「碩」，孝崇匽皇后紀作「石」，碩、石古通，則作「顧」者非也。

〔四〕臨，謂臨長。國語晉語：「臨長晉國。」韋注：「臨，監也。」本書過譽篇：「幸來臨郡。」又山澤篇：「予前臨郡。」三國志魏書常林傳：「王府君以文武高才，臨吾鄙郡。」又劉馥傳：「應璩書與劉靖曰：『入作納言，出臨京任。』」又和洽傳注引汝南先賢傳：「廣陵徐孟本來臨汝南，聞劭高名，請爲功曹。」臨俱謂臨長。

〔五〕「行」下，拾補曰：「疑脱『服』字。」

〔六〕「與」，拾補曰：「疑『於』。」

〔七〕「劾」，胡文煥本誤作「効」。

〔八〕三國志魏書袁紹傳注引漢末名士録：「胡毋班字季皮，太山人，少與山陽度尚、東平張邈等八人，並輕財赴義，振濟人士，世謂之八厨。」（又見後漢書袁紹傳注引）集聖賢羣輔録：「海內珍奇胡毋季皮。」

〔九〕「歷」，拾補云：「疑。」器案：當作「摩」，謂相摩切也。易繫辭：「剛柔相摩。」漢書董仲舒傳：「摩民以誼。」師古曰：「摩謂砥礪也。」此正用其義。周禮遂師：「及窆抱磨。」注：「磨者，適歷，執綍者名也。」釋文：「磨，劉音歷。」

〔一〇〕「豫」，拾補曰：「下疑脱『有』字。」

〔一一〕「作」，拾補曰：「疑『行』。」

〔一二〕陳元方名紀，傳附見後漢書陳寔傳。古文苑邯鄲淳鴻臚陳君碑云：「大將軍何進表選名儒，君爲舉首，公車特徵，起家拜五官中郎將，將到，遷侍中，旬有八日，出相平原，會孝靈晏駕，賊臣秉政云云。」則陳元方亦在封子衡之後相平原者。

〔一三〕後漢書韓韶列傳：「子融，字元長，少能辨理，而不爲章句學，聲名甚盛，五府並辟，獻帝初，至太僕，年七十卒。」又袁紹列傳注引海内先賢傳：「韓融，字元長，潁川人。」

〔一四〕後漢書劉表傳、三國志魏書劉表傳注引英雄記有綦毋闓，疑卽其人，名闓字廣明，義固相應也。

〔一五〕何本、郎本、程本、鍾本「咸」作「威」，誤。

謹按：禮：「爲舊君齊衰三月。〔一〕」謂策名委質〔二〕，爲臣吏〔三〕者也。子衡臨郡日淺，無他功惠，又非其身；嗣祖位則亞卿〔四〕，雅有〔五〕令稱，義當綱紀人倫〔六〕，爲之節文。而首倡導，犯禮違制，使東嶽一郡朦朦焉，豈不愍哉！由郕人失兄，子皐爲之衰〔七〕，雖失於子衡，歸於曼慈者矣。

〔一〕儀禮喪服傳曰：「大夫爲舊君，何以服齊衰三月也？大夫去，君埽其宗廟，故服齊衰三月也，言與民同也，何大夫之謂乎？言其以道去君而猶未絶也。」

〔二〕左傳僖公二十三年：「策名委質。」杜注：「名書於所臣之策，屈膝而君事之。」史記仲尼弟子列傳索隱引服虔注左氏云：「古者始仕，必先書其名於策，委死之質於君，然後爲臣，示必死節於其君也。」案質讀爲贄，死質，謂雉也。孟子滕文公篇趙注：「質，臣所執以見君者也。」國語晉語九韋注：「質，贄也，士贄以雉，委質而退。」

〔三〕郎本、程本、鍾本、鄭本、奇賞本「吏」作「使」。

〔四〕左傳文公六年：「先君是以愛其子而仕諸秦，爲亞卿焉。」杜注：「亞，次也。」史記樂毅傳：「不謀父兄，以爲亞卿。」此文亞卿，則謂郡守爲九卿之亞也，卽三國志魏書韓曁傳所謂「班亞九卿」也。

〔五〕「有」，鍾本誤作「又」。

〔六〕漢書武紀：「元朔元年詔：『二千石官長，紀綱人倫。』」師古曰：「謂郡之守尉，縣之令長。」又司馬遷傳：「禮綱紀人倫。」

〔七〕禮記檀弓下：「成人有其兄死而不爲衰者，聞子皋將爲成宰，遂爲衰。成人曰：『蠶則績而蟹有匡，范則冠而蟬有緌，兄則死而子皋爲之衰。』」釋文：「『成』本或作『郕』。」

太原郝子廉〔一〕，飢〔二〕不得食，寒不得衣，一介不取諸人〔三〕。曾過姊〔四〕飯，留十五錢〔五〕，默置席下去。每行飲水，常投一錢井中〔六〕。

〔一〕御覽五一七引作「郝廉」，蒙求舊注作「郝子廉」，疑御覽脫一「子」字。

〔二〕奇賞本「飢」作「饑」，未可據。

〔三〕孟子萬章篇：「一介不以與人，一介不以取諸人。」趙岐注：「一介草不以與人，亦不以取於人也。」焦循正義：「方言：『芥，草也。』趙氏讀介爲芥，故以草釋之也。」

〔四〕大德本、朱藏元本、仿元本、兩京本、胡本、類纂本作「娣」，吳本、何本、郎本、程本、鍾本、汪本、鄭本、奇賞本、白帖、御覽及蒙求舊注俱作「姊」。

〔五〕白帖六引作「過姊留飯，密留五十錢於席上而去」。御覽作「曾過姊家飰，留五十文置席下而去」。蒙求舊注作「過姊家，姊設飯，遂暗留金席下而去」。

〔六〕蒙求舊注作「常遠行於路飲馬，輒投錢於井中」。器案後漢書梁冀傳：「時太原郝絜、胡武，皆危言高論，與袁著友善。先是絜等連名，奏記三府，薦海内高士，而不詣冀。冀追怒之，又疑爲著黨，勑中都官移檄捕前奏記者，並殺之，遂誅武家，死者六十餘人。絜初逃亡，知不得免，因輿櫬奏書冀門，書入，仰藥而死，家乃得全。及冀誅，有詔以禮祀著等。」今考絜與子廉名字相應，又俱籍太原，其行誼又極相似，疑此之郝子廉，即范書之郝絜也。又案御覽六二引三輔決録：「項中山飲馬渭水，日與三錢以償之。」其釣名沽譽，亦郝子廉之流亞歟！

謹按易稱：「天地交，萬物生；人道交，功勳成。〔一〕」語：「願車馬衣輕〔二〕裘，與朋友共弊〔三〕之〔四〕，而無憾。」士相見之禮，贄用腒雉，受而不拒〔五〕，而交答焉〔六〕。唯祭飯〔七〕然後拜之。孔子食於〔八〕施氏，未嘗不飽〔九〕。何有同生之家，而顧錢者哉〔一〇〕？傷恩薄禮，弊之至也。孟軻譏仲子吐鶂鶂之羹，而食井上苦李〔一一〕。鮑焦耕田而食，穿井而飲，非妻所織不衣，餓於山中，食棗，或問之：「此棗子所種耶〔一二〕？」遂嘔吐〔一三〕，立枯而死〔一四〕。世不乏異，惟其似旃。孔子疾時貪昧，退思狂狷；狷者有所不爲，亦其介也〔一五〕。

〔一〕器按：此所引蓋易泰「天地交」下傳文，揚子法言修身篇亦用此文，未標出處。李軌注曰：「天地之交以道，人道之交以理，俱當順天人之道理，而無所迕逆也。」

〔二〕拾補曰：「錢云：『論語古本無「輕」字，此疑後人所增。』」

〔三〕拾補曰：「『敝』，元本『弊』，與皇侃本同。」器按：朱藏元本以下各本俱作「敝」。

〔四〕拾補曰：「句。」器案：白虎通綱紀篇引論語云：「子路曰：『願車馬衣輕裘，與朋友共敝之。』」北齊書唐邕傳：「顯祖嘗解所服裘賜邕云：『朕意在車馬衣裘，與卿共敝。』」張載論語説曰：「仲由樂善，故車馬衣裘，與賢者共敝，從『願』字至『敝之』爲句。」俱以「敝之」斷句。

〔五〕「拒」，大德本作「距」，餘本俱作「拒」，今據改正。

〔六〕見儀禮士相見禮。

〔七〕「飯」，拾補曰：「似當作『肉』。」

〔八〕「於」下，拾補曰：「省『少』字。」

〔九〕「嘗」，大德本作「當」，餘本俱作「嘗」，今據改正。禮記雜記下：「孔子曰：『吾食於少施氏而飽，少施氏食我以禮。』」（家語曲禮子夏問篇襲用其文。）

〔一〇〕漢書晁錯傳：「顧其功。」師古曰：「顧，讎也。」又季布傳：「顧金錢。」後漢書宦者傳：「賤買十分雇一。」注：「雇謂酬其價也。」顧、雇古通。

〔一一〕今本孟子滕文公篇作「出而哇之」，論衡刺孟篇作「出而吐之」，御覽八六三引孟子亦作「出而吐之」，高士傳作「出門哇而吐之」，朱熹集註亦訓「哇」爲「吐」。

〔一二〕「種」，類聚八七作「殖」，白帖三〇、書林事類韻會六〇作「植」；御覽九六五「種耶」作「植也」。

〔一三〕「遂嘔吐」，類聚作「遂强嘔吐」，白帖作「遂歐吐」，御覽作「遂强吐」，則此文「嘔」上本有「强」字。山海經海外北經有歐絲之野，郭注謂「吐絲」。「歐」、「嘔」古通。

〔四〕韓詩外傳一：「鮑焦衣弊膚見，挈畚持蔬，遇子貢於道，子貢曰：『吾子何以至於此也？』鮑焦曰：『天下之遺德教者衆矣，吾何以不至於此也！吾聞之：世不己知，而行之不已者，爽行也；上不己用，而干之不止者，是毁廉也；行爽廉毁，然且弗舍，惑於利者也。』子貢曰：『吾聞之：非其世者，不生其利；汙其君者，不履其土；非其世而持其蔬，詩曰：溥天之下，莫非王土。此誰有之？』鮑焦曰：『於戲！吾聞賢者重進而輕退，廉者易愧而輕死。』於是棄其蔬而立槁於洛水之上。」器案：它書載此事者亦多，唯頗有異辭，新序節士篇、三國志魏書文帝傳注引獻帝傳載魏文帝答司馬懿等再陳符命令、史記鄒陽列傳索隱引列士傳、漢書鄒陽傳注俱以或問爲子貢問，食棗爲持蔬。後漢書崔駰傳達旨：「或木茹而長飢。」注引説苑：「鮑焦食木實。」劉晝新論忘瑕篇袁孝政注亦謂：「鮑焦拾木實。」潛夫論賢難篇云：「鮑焦立枯於道左。」抱朴子外篇逸民又云：「鮑焦死於橋上。」是皆傳聞之異辭耳。韓非子八説篇：「鮑焦立枯。」舊注：「立死若木之枯也。」又案韓詩外傳九：「皐魚立槁而死。」説苑立節篇：「遂立枯於彭山之上。」立枯、立槁義同。曹丕答司馬懿等再陳符命令亦云：「鮑焦感子貢之言，棄其蔬而槁死。」

〔五〕論語子路篇：「子曰：『不得中行而與之，必也狂狷乎！狂者進取，狷者有所不爲也。』」又見孟子盡心章下。

南陽〔一〕張伯大，鄧子敬〔二〕小伯大三年，以兄禮事之。伯〔三〕卧床上，敬寢下小榻，言：「常恐清旦朝拜。」〔四〕俱去鄉里，居緱氏城中，亦教授，坐養聲價〔五〕，伯大爲議郎〔六〕、益州〔七〕太守，子敬辟司徒，公車徵〔八〕。

〔一〕水經清水注引應劭地理風俗記：「河内，殷國也，周名之爲南陽。」又曰：「晉始啟南陽，今南陽城是也。其地在晉山南、河北，故曰南陽。」

〔二〕拾補曰：「疑有脱文，否亦當重『子敬』二字。」

〔三〕文選赭白馬賦注引「張伯坐養聲價」，亦稱伯大爲伯。

〔四〕「常」下拾補疑當有「稱」字。案今斷作「言：『常恐清旦朝拜。』」義自通，無煩補字。

〔五〕詩大雅酌：「遵養時晦。」毛傳：「養，取也。」陳奂傳疏：「養訓取者，月令：『羣鳥養羞。』注：『羞謂所食。』則養羞猶言取食也。禮記射義篇：『養諸侯而兵不用。』猶言不用師徒曰取也。荀子君子篇：『論法聖王，則知所貴矣，論知所貴，則知所養矣。』猶言知所取法也。孟子告子篇：『舍其梧檟，養其樲棘。』猶言舍梧檟而取樲棘也。『養其一指而失其肩背』，猶言取一指而失肩背也。『爲其養小以失大也，於己取之而已矣』，趙岐注云：『皆在己之所養。』養爲取，則取爲養，皆其義證。」器案：此文養亦當訓爲取，「坐養聲價」，猶言坐取聲價也。漢書朱博傳：「齊部舒緩養名。」師古曰：「言齊人之俗，其性遲緩，多自高大，以養名聲。」抱朴子外篇正郭：「揚名養譽。」世説新語政事篇注引晉陽秋：「亂頭養望，自謂宏達。」北齊書魏收傳：「收作枕中篇曰：『不養望于丘壑，不待價于城市。』」養名、養譽、養望義並同。後漢書姜肱傳：「吾以虚獲實，遂藉聲價。」又邊讓傳：「階級名位，亦宜超然，若復隨輩而進，非所以章環偉之高價，昭知人之絶明。」南史張敷傳：「名價日重。」文選江文通别賦：「方銜感於一劍，非買價於泉裏。」又詣建平王上書：「退不飾詩、書以驚愚，進不買名聲於天下。」綜此數文觀之，則聲價即謂名聲也。後漢書袁紹列傳：「中常侍趙忠言於省内曰：『袁本初坐作聲價。』」三國志魏書袁紹傳注引英雄記：「中常侍趙忠謂諸黄門曰：『袁本初坐作聲價。』」坐作亦坐養之義。坐養者，謂無故而自取也。三國志魏書陳思王傳：「上疏陳審舉之義曰：『昔騏驥之於吴阪，可謂困矣，及其伯樂相之，孫郵御之，形體不勞，而坐取千里。』」又王朗傳注引魏名臣奏載王朗節省奏：「糧蓄於倉，勇蓄於勢，雖坐曜烈威，而衆未動。」諸坐字義俱同。文選鮑明遠蕪城賦：「驚砂坐飛。」李善注：「無故而飛曰坐飛。」張茂先雜詩：「蘭膏坐自凝。」李善注：「無故自凝曰坐。」張景陽雜詩：「百籟坐自吟。」李善注：「無故自吟曰坐。」據此，則坐養聲價，謂無故而自取得名聲也。

〔六〕書鈔設官部引漢官儀：「議郎、郎中，秦官也。議郎秩比六百石，特徵賢良、方正、敦朴、有道第公府掾，試博士者拜郎中。」

〔七〕水經江水注引應劭地理風俗記：「華陽黑水惟梁州。漢武帝元朔二年改梁州曰益州，以新啟犍爲、牂柯、越嶲州之疆壤益廣，故稱益云。」

〔八〕漢官儀：「公車司馬令，周官也，秩六百石，冠一梁，掌殿司馬門，夜徼宮中，天下上事及闕下，（案和帝紀注引作「諸上書詣闕下者，皆集奏之」。）凡所徵召，皆總領之。」（據孫星衍校集本）

謹按：禮記：「十年兄事之，五年肩隨之。〔一〕」詩云：「如切如磋〔二〕，如琢如磨。〔三〕」朋友衎衎誾誾〔四〕，各長其儀也。凡兄弟相愛，尚同輿而出〔五〕，同床而寢〔六〕；今相校三年耳，幸無骨肉之屬，坐作鬼怪〔七〕，旦朝言恐。論語：「恭而無禮則勞。〔八〕」且晏平仲稱善與人交〔九〕，豈徒拜伏而已哉？易設四科，出處語默〔一〇〕。傳曰：「朝廷之人，入而不能出；山林之民，往而不能反。〔一一〕」二者各有所長。而棄聖絕知〔一二〕，遯世〔一三〕保真，當竄深山，樂天知命〔一四〕。今居緱氏，息偃〔一五〕城郭，往來帝都，招延賓客，無益誨人〔一六〕，拱默〔一七〕而已，飾虛矜僞〔一八〕，誑世耀名，辭細卽巨，終爲利動。春秋譏宋伯姬女而不婦〔一九〕。今二子屑屑〔二〇〕，遠大失矣〔二一〕。

〔一〕禮記曲禮上：「十年以長則兄事之，五年以長則肩隨之。」

〔二〕「磋」，大德本、朱藏元本、兩京本、程本誤作「嗟」，今從餘本。

〔三〕詩衛風淇奥文。

〔四〕論語鄉黨篇：「孔子於鄉黨，誾誾如也。」孔安國注：「誾誾，中正之貌。」後漢書袁安列傳：「誾誾衎衎，得禮之容。」説文：「誾，和説而諍也。」論語子路篇：「朋友切切偲偲。」集解引馬曰：「切切偲偲，切責之貌。」正義：「切切偲偲，相切責之貌。朋友以道義切瑳琢磨，故施於朋友也。」

〔五〕史記梁孝王世家：「入則侍景帝同輦，出則同車。」（又見漢書文三王傳）史記淮南衡山列傳：「入朝甚横，從上入苑囿獵，與上同車。」（又見漢書淮南王傳）後漢書清河孝王慶傳：「入則共室，出則同輿。」

〔六〕漢書金日磾傳：「日磾兩子賞、建俱侍中，與昭帝略同年，共卧起。」後漢書姜肱傳：「肱與二弟仲海、季江，俱以孝行著聞，其友愛天至，常共卧起，及各娶妻，兄弟相戀，不能别寢。」注引謝承書：「兄弟同被而寢。」

〔七〕「坐作鬼怪」，謂無故而自作鬼怪也。

〔八〕泰伯篇文。

〔九〕論語公冶長篇：「晏平仲善與人交，久而敬之。」

〔一〇〕易繫辭：「君子之道，或出或處，或默或語。」

〔一一〕「反」，胡本誤作「友」。器案：此文及後十反篇聘士彭城姜肱條按語，俱本漢書王貢兩龔鮑傳贊（班書正復先引易繫辭，次及此文也）。今考此文見韓詩外傳五，原文作「朝廷之士爲禄，故入而不能出；山林之士爲名，故往而不能返。」後漢書謝該傳注引韓詩外傳作「山林之士爲名，故往而不能反；朝廷之士爲禄，故入而不能出也。」文前後次序倒植，與班書合而與今本韓詩外傳異。抱朴子外篇嘉遁：「夫入而不出者謂之耽寵忘退，往而不反者謂之不仕無義。」

〔一二〕老子道經：「絶聖棄智，民利百倍。」

〔一三〕易乾卦文言：「遯世无悶。」楚辭卜居：「寧超然高舉以保真乎。」淮南氾論：「全性保真。」

〔一四〕易繫辭：「樂天知命故不憂。」

〔一五〕詩小雅北山：「或息偃在牀，或不已於行。」

〔一六〕論語述而篇：「誨人不倦。」

〔一七〕漢書鮑宣傳：「以拱默尸禄爲智。」後漢書左雄傳：「今公卿以下，類多拱默。」又馮衍傳：「拱默避罪。」三國志魏書杜恕傳：「尸禄以爲高，拱嘿以爲智。」又陳羣傳注：「或譏羣居位拱默。」本書過譽篇：「何有同歲相臨，而可拱默者哉？」通鑑三四胡三省注：「拱默，拱手而默然不言也。」

〔一八〕韓非子六反篇：「虚舊之學不談，矜誣之行不飾。」又難一篇：「矜僞不長，蓋虚不久。」王念孫、俞樾校皆以「矜」爲「務」之誤，據此，則「矜僞」連文，卽本韓子，不得以爲誤也。

〔一九〕左傳襄公三十年：「甲午，宋大災，宋伯姬卒，待姆也。君子謂宋共姬女而不婦，女待人婦義事也。」注：「義從宜也。」伯姬時年六十左右，事詳列女傳貞順傳宋恭伯姬。

〔二〇〕漢書董仲舒傳：「所爲屑屑。」師古曰：「屑屑，動作之貌。」又王莽傳：「晨夜屑屑。」説文：「屑，動作切切也。」廣雅釋訓：「屑屑，不安也。」

〔二一〕拾補曰：「如以失其遠者大者解，亦通。余疑當是『遠大夫矣』，與上『女而不婦』，文意更相承。」

公車徵士汝南袁夏甫〔一〕，少舉孝廉〔二〕，爲司徒掾〔三〕，人間之事，無所關也〔四〕。其後，閉户塞牖，不見賓客。清旦，東向再拜朝其母〔五〕，念時時〔六〕往就之，子亦不得見，復踰〔七〕拜耳〔八〕。頭不著巾，身無單衣，足常木蹻，食止壃〔九〕菜，云我無益家事，莫之能彊，及母終亡，不列服位〔一〇〕。

〔一〕「袁」字各本俱脱，拾補據孫校補，今從之。

〔二〕書鈔設官部引應劭漢官儀：「孝廉，古之貢士，耆儒甲科之謂也。」

〔三〕後漢書光武紀注、梁冀傳注引漢官儀：「司徒府掾屬三十一人，秩千石，令史及御屬三十六人。」

〔四〕「關」，大德本作「闕」，朱藏元本以下各本俱作「關」，今從之。拾補附舉正曰：「余初以『闕』字爲是，及細閱本傳，閎少即苦身修節，不應徵舉，從父饋之，皆不受。是早於世間事不復相關矣。此姑俟後人定之。」

〔五〕拾補云：「當重。」

〔六〕拾補云：「誤重。」

〔七〕拾補曰：「錢云：『當本是隃字，與遥同。』」

〔八〕拾補曰：「孫云：『范書袁閎傳云：母思閎時，往就之，母去，便自掩門。較此所言，猶爲近理。』」

〔九〕拾補曰：「錢云：『當是薑字文壞。』」

〔一〇〕後漢書袁閎列傳：「袁閎字夏甫，少勵操行，苦身脩節，累徵聘舉召，皆不應。延熹末，黨事將作，閎遂散髮絶世，欲投迹深林，以母老，不宜遠遁，乃築土室，四周於庭，不爲户，自牖納飲食而已。旦於室中東向拜母。母思閎時，往就視。母去，便自掩閉；兄弟妻子，莫得見也。及母殁，不爲制服設位；時莫能名，或以爲狂生。」後漢紀二二：

「於是袁閎築室於庭，日於室中東向拜母，去前後門户，及母喪，亦不制服位。」御覽五〇八引皇甫士安高士傳：「袁閎字夏甫，汝南人也。築室於庭中，閉門不見客。旦於室中向母拜，雖子往，不得見也；子亦向户拜而去。首不着巾，身無單衣，足着木履。母死，不列服位。公車再徵不詣。范滂美而稱之曰：『隱不違親，身不絶俗，可謂至賢也。』」（又見六九八引）又五五六引汝南先賢傳：「袁閎字夏甫，延熹末，黨事將作，閎遂散髮，乃築土室，四周於庭，潛身十八年，終於土室之中。臨卒，勑其子曰：『勿設殯棺衣衾之備也，但着褌衫疎布，單衣幅巾，櫬尸於板床之上，五百墼爲藏。』」

謹按：孝經：「生事愛敬，死事哀慼。〔一〕」一家之中，諭〔二〕若異域，下牀闇拜，遠於愛敬者矣。祖載崩隧，又不能送，遠於哀慼者矣。巾所以飾首，衣所以蔽形〔三〕，此乃士君子所以自别於夷、狄者也；唯喪者、訟者，露首草舍〔四〕，餘曷有哉？長沮、丈人〔五〕，避世之士，由訊〔六〕子路，殺雞黍，見其子焉〔七〕；何有藏一室中，不出户庭？以此爲高，斯亦婞婞〔八〕。鯉趨而〔九〕過庭，聞詩聞禮，而陳亢喜於得三〔一〇〕，不當近之，何乃若兹者乎！

〔一〕喪親章文。

〔二〕「諭」，大德本、朱藏元本、鄭本同，餘本作「踰」，拾補曰：「諭，譬也。」

〔三〕晏子春秋内篇諫下：「冠足以修敬，不務其飾；衣足以掩形，不務其美。」吕氏春秋審爲篇：「冠所以飾首也，衣所以飾身也。」

〔四〕晏子春秋内篇諫下：「臣聞介胄坐陳不席，獄訟不席，尸在堂上不席（從王校），三者皆憂也。」説苑雜言篇作「嬰聞之，唯喪與獄坐于地。」顏氏家訓風操篇：「梁世被繫劾者，子孫弟姪，皆詣闕三日，露跣陳謝；子孫有官，自陳解職；子則草屩麤衣，蓬頭垢面，周章道路，要候執事，叩頭流血，申訴寃枉。若配徒隸，諸子並立草庵於所署門，不敢寧宅，動經旬日，官司驅遣，然後始退。」

〔五〕見論語微子篇。翟灝考異曰：「此牽言長沮。」

〔六〕「由訊」，大德本、朱藏元本、仿元本、兩京本作「由訙」，胡本作「由譏」，何本、郎本、程本、鍾本作「猶止」，拾補從元本作「訊」，今從之。拾補又云：「此書『由』『猶』多互用。」

〔七〕此用論語文，「黍」上疑脱「爲」字。漢書鄭明傳：「畜雞種黍，竢見二子。」亦本論語，明「黍」上當脱一字也。

〔八〕孟子公孫丑下：「悻悻然見於其面。」音義引丁音：「悻悻字當作婞，很也。」

〔九〕拾補曰：「此字當亦熟論語者所加。」

〔一〇〕論語季氏篇：「陳亢問於伯魚曰：『子亦有異聞乎？』對曰：『未也。嘗獨立，鯉趨而過庭，曰：學詩乎？對曰：未也。不學詩，無以言。鯉退而學詩。他日，又獨立，鯉趨而過庭，曰：學禮乎？對曰：未也。不學禮，無以立。鯉退而學禮。聞斯二者。』陳亢退而喜曰：『問一得三：聞詩，聞禮，又聞君子之遠其子也。』」

公車徵士豫章〔一〕徐孺子，比爲太尉黄瓊〔二〕所辟，禮文有加；孺子隱者，初不答命。瓊薨，既葬，負笥岕〔三〕涉〔四〕，齎一盤〔五〕，醊〔六〕哭於墳前。孫子琰故五官郎將〔七〕，以長孫制杖，聞有哭者，不知其誰，亦於倚廬〔八〕哀泣而已。孺子無有謁刺〔九〕，事訖便去，子琰大怪其故，遣瓊門生〔一〇〕茅季瑋〔一一〕追請辭謝，終不肯還〔一二〕。

〔一〕水經贛水注、御覽九五七引漢官儀：「凡郡名或以所出，豫章，章樹生於庭中是也。」

〔二〕黄瓊，後漢書有傳。

〔三〕「筩幷」二字，各本俱同，拾補校作「算」字，引錢大昕曰：「是『算』字之誤。史記汲鄭列傳：『其餽遺人，不過算器食。』徐廣云：『算，竹器。』士冠禮：『爵弁，皮弁，緇布冠，各一匴。』注：『匴，竹器，古文匴爲篹。』算卽匴之省。說文：『匴，淥米籔也。』匴本竹器，或以淥米，或以盛食物，或以貯衣冠，隨人所用；則徐孺子所負者，疑卽此物矣。下文『涉齎』之『涉』，亦當作『步』。」漢書鄭當時傳：「然其餽遺人，不過具器食。」沈欽韓疏證曰：「『具』，史記作『算』，徐廣曰：『算，竹器。』按管子版法解：『成事以質者，用稱量也。』注：『質，竹器，所以量物者，音質。』攷字書無質字，說文：『籫，竹器也。』則作算、質者，皆籫之壞脱，此作具，益非。風俗通愆禮篇：『太尉黄瓊葬，豫章徐孺子負筩幷步，齎一盤醊哭。』錢大昕正『筩幷』是『算』之譌。（案錢說又見十駕齋養新録十四）然此本字亦與管子同作質，皆籫之誤。」朱筠曰：「案范蔚宗書徐穉傳：『負糧徒步。』注引謝承書云：『負笈赴弔。』合觀二説，知此文『負筩幷涉』，當是『負笈徒步』四字也。何以知之？案笈、篋同訓同韻，笈本作极，説文：『驢上負也，從木及聲。』韻會引説文繫傳徐案：『今人爲木牀，以跨驢背，以負載物，卽古之极也。』极之言篋也，今作笈，极卽笈字，古人多負笈，謂自負之也。』然則笈又與篋通矣。今文横匧則近肉，蓋筩乃篋之譌也。若幷乃走之譌，辶又彳之譌，離合入下字也。偏檢字書，『筩幷』既絶無其文，其殆別淮、三家之似者耶！」後漢書集解引朱杭曰：「『筩幷』當爲『笈奔』之譌。」張澍養素堂文集三一筩幷字釋：「讀者多不識爲何物，余以字意諗之，竹下肉，當是竹萌，萌卽筍，馬援書所謂『越駱之箘』，箘亦筍也。箘亦作筃，筩當卽筍字。幷或是荓字，陽羨茶有羅荓，謂羅片也。筩幷者，當是暴乾之筍片耳。管子輕重篇有筩字，疑與筩同。錢詹事大昕謂『筩是篹字之譌』。按篹作筭，亦作笇，又與匴同，與筩字形相遠也。且孺子遠弔，而負篹何爲者？得毋以程堅磨鏡例之耶？」案上引諸家之文，除張説失之穿鑿而外，其餘皆可供參攷，以待後定。

〔四〕「涉」，拾補校作「步」。今案范書徐穉傳、高士傳正俱作「徒步」，詳後。

〔五〕拾補曰：「『一盤』二字疑後人所加。」案顔師古注漢書鄭當時傳「具器食」云：「猶今言一盤食也。」蓋即本此爲説，無須致疑。

〔六〕通鑑五四注云：「醊，酹酒也。」

〔七〕「五官郎將」，何本、郎本、鍾本、奇賞本作「五官中郎將」。范書黄瓊傳：「孫琬，字子琰，瓊爲司徒，琬以公孫拜童子郎，辭病不就，知名京師，稍遷，至五官中郎將。」御覽二四一引漢官儀：「五官中郎將，秦官也，秩比二千石，三署郎屬焉。」

〔八〕儀禮喪服：「居倚廬寢苫枕塊。」正義曰：「倚廬，孝子所居，在門外東壁，倚木爲廬，故既夕記云：『居倚廬。』鄭注云：『倚木爲廬，在中門外，東方北户。』」

〔九〕通鑑五四注：「謁猶刺也。」

〔一〇〕顧炎武日知録二四曰：「後漢書賈逵傳：『皆拜逵所選弟子及門生爲千乘王國郎。』是弟子與門生爲二。歐陽公孔宙碑陰題名跋曰：『漢世公卿，多自教授，聚徒常數百人，其親受業者爲弟子，轉相傳授者爲門生。今宙碑殘缺，其姓名邑里僅可見者纔六十二人，其稱弟子者十人，門生者四十三人，故吏者八人，故民者一人。』愚謂漢人以受學者爲弟子，其依附名勢者爲門生。郅壽傳：『時大將軍竇憲以外戚之寵，威傾天下。憲常使門生齎書詣壽，有所請託。』楊彪傳：『黄門令王甫，使門生於京兆界辜榷官財物七千餘萬。』憲外戚，甫奄人也，安得有傳授之門生乎？」

〔一一〕茅容字季偉，見范書郭泰傳，瑋、偉雖異，當即其人。茅容事又見袁宏後漢紀二三、初學記十七、書鈔一四三、御覽八四七引謝承後漢書，范書郭泰傳注、御覽四一四引郭林宗別傳，俱作茅容字季偉，抱朴子外篇清鑒亦作季偉。

〔一三〕范書徐穉傳：「穉嘗爲太尉黄瓊所辟，不就，及瓊卒歸葬，乃負糧徒步，到江夏赴之，設雞酒薄祭，哭畢而去，不告姓名。時會者四方名士郭林宗等數十人，聞之，疑其穉也，乃選能言語生茅容輕騎追之，及於塗，容爲設飯，共言稼穡之事，臨訣去，謂容曰：『爲我謝郭林宗，大樹將顛，非一繩所維，何爲栖栖，不遑寧處？』」袁宏後漢紀二二：「初，穉少時，遊國學中，江夏黄瓊教授於家，故穉從之諮訪大義。瓊後仕進，位至三司，穉絶不復交。及瓊薨當葬，穉乃往赴進酹，哀哭而去，人莫知者。時天下名士，四方遠近，無不會者，各言：『豫章徐孺子來，何不相見。』推問喪宰，曰：『頃寧有書生來邪？』對曰：『先時有一書生來，衣麄薄而哭不哀，不記姓字。』僉曰：『必孺子也。』於是推選能言者陳留茅季偉候相與見，沽酒市肉，穉爲飲食。季偉請國家之事，穉不答；更問稼穡之家，穉乃答。季偉還，爲諸君說之。或曰：『孔子云：可與言而不與言，失人。穉其失人乎！』林宗曰：『不如君言也。孺子之爲人也，清潔高廉，飢不可得食，寒不可得衣，而爲季偉飲酒食肉，此爲已知季偉之賢故也。所以不答國事者，其智可及，其愚不可及也，何不知之乎！』」謝承後漢書：「穉前後爲州郡選舉，諸公所辟，雖不就，有死喪，負笈赴弔。常於家豫炙雞一隻，以一兩綿絮漬酒，日中暴乾以裹雞，徑到所赴家隧外，以水漬綿，使有酒氣，升米飯白茅爲藉，以雞置前，醊酒畢，留謁即去，不見喪主。（據孫志祖補佚本，又見御覽八一九引。）類聚七〇、御覽七一七引魏文帝海內士品録：「徐孺子嘗事江夏黄公，黄公薨，孺子往會葬，無資以自致，齎磨鏡具自隨，每所在，賃磨鏡取資，然後得前，既至，祭畢而還。」御覽四〇三引海內先賢行狀：「徐孺子徵聘，未嘗出門，赴喪不遠萬里。嘗事江夏黄公，薨，往會其葬，家貧，無以自供，賫磨鏡具自隨，每至所在，賃磨鏡取資，然後得前，既至，設祭哭畢而返。」又五〇八引皇甫士安高士傳：「徐孺子連辟公府，不詣，未嘗答命。公薨，輒身自赴弔。太守黄瓊亦嘗辟穉，至瓊薨歸葬江夏，釋既聞，即負笈徒步豫章三十（疑「千」誤）餘里，夏（有誤）瓊墓前，致爵而哭之。」

謹按：禮，凡弔〔一〕喪者，既哭，與踊〔二〕，進問其故，哀之至也。孺子所以經三千里，越度〔三〕山川而親至者，非徒徇〔四〕於己，顧義報乎？哭醊墳前，是也；訖，當卽其帳衾，問勞子琰——子琰宿有善名，在禮無違〔五〕，儻見微闕，教誨可乎！如何儵忽〔六〕，甚於路人〔七〕？昔黔敖〔八〕忽於嗟來；然君子猶以爲其嗟可去，謝可食。今與黃有恩故矣，孝子寢伏苫塊〔九〕，又孺子〔一〇〕到便詣墳，無介，夫何爲哉？

〔一〕「弔」，何本誤作「追」。

〔二〕穆天子傳記盛姬之喪：「士女錯踊，九踊（原缺，今補。）乃終。」郭璞注：「錯，互也。哭則三踊，三哭而九踊，所謂成踊者也。」

〔三〕「度」，何本作「渡」。

〔四〕「徇」，朱藏元本同，餘本俱作「狥」，古通。文選吳都賦注：「亡身從物曰徇，夸物示人亦曰徇。」又鵩鳥賦注：「曲身從物曰徇。」

〔五〕論語爲政篇：「孟懿子問孝，子曰：『無違。』樊遲御，子告之曰：『孟孫問孝於我，我對曰無違。』樊遲曰：『何謂也？』子曰：『生事之以禮，死葬之以禮，祭之以禮。』」

〔六〕楚辭九歌少司命：「儵而來兮忽而逝。」儵通作悠，爾雅釋訓：「儵儵，嘒嘒，罹禍毒也。」郝氏義疏：「儵儵卽悠悠。」

〔七〕本書十反篇：「忽於路人。」義與此同，單文曰忽，重文卽曰儵忽也。

〔八〕「敖」，何本作「傲」，未可據。事見禮記檀弓下，又見新序節士篇、呂氏春秋介立篇注，俱作「其嗟也可去，其謝也可食」。後漢書趙壹傳亦言：「其嗟可去，謝也可食。」

〔九〕拾補云：「下當云：『宜有慰問』，今不知脱幾字。」儀禮喪服：「居倚廬，寢苦枕塊。」又既夕禮：「寢苦枕塊。」注：「苦，編藁；塊，堛也。」

〔一〇〕奇賞本「孺子」作「躬己」。

風俗通義過譽第四〔一〕

孔子稱：「大哉！中庸之爲德，其至矣乎！〔二〕」又曰：「君子之道，忠恕而已。〔三〕」至於訐以爲直〔四〕，隱以爲義，枉以爲厚，僞以爲名，此衆人之所致譽，而明主之所必討；蓋觀過知仁〔五〕，謂中心篤誠，而無妨於化者，故覆〔六〕其違理曰過譽也。

〔一〕蘇頌曰：「過譽第四，子抄云：『第七。』」

〔二〕今論語雍也篇作「子曰：『中庸之爲德也，其至矣乎』」，無「大哉」二字，有「也」字。禮記中庸：「子曰：『中庸其至矣乎！』」釋文：「一本作『中庸之爲德，其至矣乎』。」與應氏引合。

〔三〕今論語里仁篇作「曾子曰：『夫子之道，忠恕而已矣。』」此以爲孔子語。金樓子立言篇亦以爲孔子語。

〔四〕論語陽貨篇：「惡訐以爲直。」

〔五〕論語里仁篇文。

〔六〕「覆」，郎本作「覈」。

長沙太守汝南郅惲君章〔一〕，少時，爲郡功曹〔二〕。郡俗冬饗〔三〕，百里内縣，皆齎牛酒〔四〕，到府〔五〕宴飲。時太守司徒歐陽歙〔六〕，臨饗，禮訖，教〔七〕曰：「西部督郵〔八〕繇延〔九〕，天資忠貞，稟性公方，典部折衝〔一〇〕，摧破姦雄〔一一〕，不嚴而治。書曰：『安民則惠，黎民懷之。〔一二〕』蓋舉善以教，則不能者勸〔一三〕，今與諸儒，共論延功，顯之于朝。〔一四〕」主簿〔一五〕讀教〔一六〕，户吏〔一七〕引延受賜。惲前跪曰〔一八〕：「司正舉觥〔一九〕，以君之罪，告謝于天，明府〔二〇〕有言而誤，不可覆掩〔二一〕。按延資〔二二〕性貪邪，外方内圓〔二三〕，朋黨搆〔二四〕姦，罔上害民〔二五〕，所在荒亂〔二六〕，虚而不治〔二七〕，怨慝並作〔二八〕，百姓苦之〔二九〕。而明府以惡爲善，股肱莫争〔三〇〕。此既無君，又復無臣〔三一〕，君臣俱喪，孰與偏有〔三二〕。君雖傾危，臣子扶持〔三三〕，不至於亡〔三四〕。惲敢再拜奉觥。〔三五〕」歙甚慙。

〔一〕書鈔二四引華嶠後漢書：「郅惲拜長沙太守，崇教化，表異行。」

〔二〕續漢書百官志五：「功曹，主選署功勞。」後漢書張酺傳注引漢官儀：「督郵、功曹，郡之極位。」

〔三〕後漢紀七同，後漢書本傳、御覽二六四引東觀漢紀俱作「十月享會」。

〔四〕古者，無故不飲酒，漢律且有「三人以上無故羣飲酒，罰金四兩」之文（漢書文紀文穎注引）。此因冬饗，故百里内縣，皆持牛與酒，到府合聚飲食也。至牛酒之賜，出自朝廷，見於漢書者，則習見不尠也。

〔五〕後漢書張湛列傳注：「郡守所居曰府。」

〔六〕後漢書歐陽歙列傳：「建武五年，坐事免官，明年，拜揚州牧，遷汝南太守，推用賢俊，政稱異迹。」東觀漢紀：「歙遷汝南太守，推用賢俊，吏民從化。爲大司徒，坐在汝南臧罪，死獄中。」

〔七〕通鑑一六六注：「教謂教令，州郡下令謂之教。」

〔八〕續漢書百官志五：「郡守其監屬縣，有五部督郵曹掾一人。」案五部謂中部、東部、南部、西部、北部也，本文之西部督郵卽其一，怪神篇有北部督郵。

〔九〕後漢書注：「繇姓，咎繇之後。繇音遥。」惠棟曰：「繇與謡同。孫愐引詩曰：『我歌且繇。』潛夫論有謡姓，卽繇也。注『繇姓咎繇之後，見風俗通。』」

〔一〇〕范書無此句，袁紀作「典部折衡」。器案：「衡」、「衡」古多互誤，如御覽八七七引呂氏春秋「天衡」，今本明理篇誤作「天衡」，漢書揚雄傳下「首衡」，蕭該音義曰：「今漢書或誤作『衡』者，非也。」古今佛道論衡，日本國見在書目誤作古今佛道論衡，俱其證，袁記誤，當據應氏書是正。御覽二五三引韋昭辯釋名：「督郵，主諸縣罰，以負郵殷糾攝之也。」蓋漢時督郵之職如此。隸釋八冀州從事張表碑：「初仕郡爲督郵，鷹撮霆擊，威德日隆，糾剔苛慝，抵拂頑讒，屬城祗肅，千里折中。」類聚四九引孔融衛尉張儉碑銘：「君以西部督郵上侯覽禍亂凶國之罪，鞫没慝姦，以巨萬計。」所言與此文可互證。

〔一一〕「摧」，袁紀作「推」，誤。「雄」，范書作「凶」。

〔一二〕皋陶謨文。

〔一三〕今論語爲政篇作「舉善而教不能則勸」。李賡芸炳燭編一：「古讀以『舉善而教』爲句，風俗通：『汝南太守歐陽歙下教云：蓋舉善以教，則不能者勸。』後漢書卓茂傳：『舉善而教，口無惡言。』三國志徐邈傳云：『舉善而教，仲尼所美。』顧劭傳：『舉善以教，風化大行。』陸績傳裴松之注云：『臣聞唐、虞之政，舉善而教。』」器案：自「書曰」至此，范書、東觀紀俱無，袁紀有。

〔一四〕朝，漢人謂郡治爲朝。本書十反篇：「郡以伊爲主簿，迎新太守，曰：『我是宰士，何可委質二朝乎？』」二朝，謂安定郡之新舊太守也。後漢書王堂傳：「教掾史曰：『其憲章朝右。』」又法真傳：「太守請見之……曰：『昔魯哀公雖爲不肖，而仲尼稱臣；太守虛欲以功曹相屈，光贊本朝，何如？』」尹宙碑言「綱紀本朝」，「正色立朝。」俱謂郡治爲朝也。

〔一五〕續漢書百官志四：「主簿録閣下事，省文書。」御覽二六五引韋昭辯釋名：「主簿，主諸簿書。簿，普也，普關諸事。」

〔一六〕范書「讀」下有「書」字，袁紀無。惠棟曰：「『書』字衍。」

〔一七〕范書、袁紀俱作「户曹」，續漢書百官志一：「户曹主民户祠祀農桑。」

〔一八〕袁紀同，范書、東觀紀俱作「憚於下坐愀然前曰」。

〔一九〕後漢書注：「司正，舉禮儀者。觥，罰爵也，以角爲之。」晉語：「晉獻公飲大夫酒，今司正實爵。」注：「司正，正賓主之禮者，其職無常官，飲酒則設之。」案儀禮鄉飲酒禮：「作相爲司正。」（鄉射禮同）燕禮：「請立司正，公許，射人遂爲司正。」大射儀：「請立司正，公許，擯者遂爲司正。」是其職無常官也。説詳胡匡衷儀禮釋官。

〔二〇〕後漢書張湛傳注：「郡守所居曰府。明府者，尊高之稱。韓延壽爲東郡太守，門卒謂之明府，亦其義也。」案明府之稱，李賢所舉，見漢書韓延壽傳，外此其餘，如本書十反篇，漢書孫寶傳、何並傳、龔遂傳，後漢書張儉傳、劉寵傳、劉翊傳、高獲傳、鍾皓傳，皆有明府之稱。又如御覽八三五引續漢書劉寵傳、九三六引謝承後漢書陳蕃爲郡法曹吏，九三八引東觀漢記吴良爲郡議曹掾，三國志鍾繇傳注引先賢行狀、華歆傳注引虞溥江表傳，亦有明府之文。蓋漢人多以明字加於稱謂之上，以示尊重，如明太子、明公、明將軍、明使君等之稱，亦屢見不鮮，與此稱太守爲明府，正相類耳。

〔二一〕此二句，范書、東觀紀無，袁紀有。

〔二二〕「資」，范書、東觀紀同，袁紀作「質」。

〔二三〕後漢書、東觀紀「圓」作「員」。李賢注：「言延外示方直，而內實柔弱也。孔子曰：『色厲而內荏。』」器案：此謂延表裏不如一也。鹽鐵論論儒篇：「孔子能方不能圓。」

〔二四〕「搆」，原作「構」，校補校作「搆」，案仿元本、郎本、鍾本作「搆」，范書、東觀紀亦作「搆」，今據改正。

〔二五〕「民」，范書作「人」，當出唐人所改。「外方」以下三句，袁紀無。

〔二六〕漢書禮樂志：「一朝失禮，則荒亂及之矣。」三國志魏書武帝傳注：「自遭荒亂，率乏糧穀。」荒亂，謂荒年亂世也。

〔二七〕「虛」，袁紀作「虐」。范書無此句。

〔二八〕「怨」，袁紀作「冤」。

〔二九〕「苦」，袁紀作「怨」。范書無此句。「所在」以下四句，東觀紀無。

〔三〇〕此句，袁紀同，范書作「股肱以直爲曲」，東觀紀作「以直爲曲」。

〔三一〕漢世郡縣，猶古之諸侯（語本後漢書左雄傳），自辟屬吏，恩禮如古陪臣，故太守令長，於屬吏得蒙君父之稱，雖於朝廷，不以爲嫌也。郅惲事而外，見於後漢書者，若虞詡傳：「先是寧陽主簿詣闕，訴其縣令之枉……詡駮之曰：『主簿所訟，乃君父之怨。』」公孫瓚傳：「爲郡小吏，……太守劉君坐事……徙日南，瓚……祭辭先人……曰：『昔爲人子，今爲人臣，當詣日南，……便當長辭墳塋。』」劉表傳：「遣從事韓嵩詣曹操，觀望虛實，……嵩對曰：『嵩至京師，天子假嵩一職，……則成天子之臣，將軍之故吏耳，不復爲將軍死也。』」景君碑：「府君欲養，臣子弗留。」三國志董卓傳注引謝承後漢書：「伍孚字德瑜，少有大節，爲郡門下書佐。其本邑長有罪，太守使孚出教，勑曹下督郵收之。孚不肯受教，伏地仰諫曰：『君雖不君，臣不可不臣，明府柰何令孚受教，勑外收本邑長乎？』」高堂隆傳：「隆爲督郵，督軍名泰山太守薛悌，隆按劍叱曰：『臨臣名君，義之所討也。』」鍾毓傳：「入爲御史中丞侍中廷尉，聽君父已後，臣子得爲理謗，毓所創也。」晉書向雄傳：「太守吴毅嘗以公事罪雄，後還黄門侍郎，武帝聞之，令雄復君臣之好。雄不得已，乃詣毅再拜曰：『向獲詔命，君臣義絶如何？』於是即去。武帝聞之大怒。」皆謂長官爲君父。

〔三二〕袁紀作「執舉有罪」。

〔三三〕論語季氏篇：「周任有言曰：『陳力就列，不能者止。』危而不持，顛而不扶，則將焉用彼相矣。」

〔三四〕「君臣俱喪」以下五句，范書、東觀紀俱無，袁紀有。

〔三五〕東觀紀無「再拜」二字。

謹按：禮諫有五，風爲上，狷爲下〔一〕。故入則造膝，出則詭辭〔二〕，善則稱君，過則稱己〔三〕；暴諫露言，罪之大者〔四〕。而歙於饗中，用延爲吏，以紫亂朱〔五〕，大妨王命，造次顛沛〔六〕，不及諷諭，雖舉觥彊歙可行也。今惲久見授任，職在昭德塞違〔七〕，爲官擇人，知延貪邪，罔上害民，所在荒亂，怨慝並作，此爲惡積愆，非一旦一夕之漸也〔八〕。孔子以匹夫，朋徒無幾，習射矍相之圃，三哲〔九〕而去者過半〔一〇〕。汝南，中土大郡，方城四十〔一一〕，養老復敬〔一二〕化之〔一三〕。至延姦釁彰著，無與比崇。臧文仲有言：「見無禮於君者，若鷹鸇之逐鳥雀〔一四〕。」「農夫之務去草也」〔一五〕，何敢宿留〔一六〕？不即彈黜姦佞，而須於萬人之中，乃暴引之，是爲陷君〔一七〕。君子不臨深以爲高，不因少以爲多〔一八〕，況創病君父，以爲己功者哉？而論者苟眩虛聲，以爲美談〔一九〕。汝南，楚之界也，其俗急疾有氣決〔二〇〕。然自君章之後，轉相放式，好干上怵忮，以采名譽，末流論起於愛憎，政在陪隸也〔二一〕。

〔一〕文選爲宋公求加贈劉前將軍表注、臣軌下愼密章注引無「狷爲下」三字，蓋斷章摘句耳。又臣軌注「風」作「諷」，古通。案後漢書李雲傳論：「禮有五諫，諷爲上。」注：「五諫，謂諷諫、順諫、闚諫、指諫、陷諫也。諷諫者，知禍患之萌而諷告也；順諫者，出辭遜順，不逆君心也；闚諫者，視君顏色而諫也；指諫者，質指其事而諫也；陷諫者，言國之害，忘身爲君也。見大戴禮。」案今大戴禮佚此文。說苑正諫篇：「諫有五：一曰正諫，二曰降諫，三曰忠諫，四曰戇諫，五曰諷諫。孔子曰：『吾其從諷諫矣乎。』」白虎通諫諍篇：「人懷五常，故知諫有五：其一曰諷諫，二曰順諫，三曰闚諫，四曰指諫，五曰陷諫。諷諫者，智也，知禍患之萌，深覩其事未彰，而諷告焉，此智之性也。順諫者，仁也，出辭遜順，不逆君心，此仁之性也。闚諫者，禮也，視君顏色，不悅且却，悅則復前，以禮進退，此禮之性也。指諫者，信也，指者質也，質相其事而諫，此信之性也。陷諫者，義也，惻隱發於中，直言國之害，勵志忘生，爲君不避喪身，此義之性也。孔子曰：『諫有五，吾從諷之諫。』」公羊傳莊公二十四年解詁：「諫有五：一曰諷諫。孔子曰：『家不藏甲，邑無百雉之城，季氏自墮之。』是也。二曰順諫，曹羈是也。三曰直諫，子家駒是也。四曰争諫，子反請歸是也。五曰戇諫，百里子、蹇叔子是也。」家語辨政篇：「孔子曰：『忠臣之諫君，有五義焉：一曰譎諫，二曰戇諫，三曰降諫，四曰直諫，五曰諷諫，唯度主而行之。吾其從諷諫乎。』」諸書言五諫，頗有出入，故詳録其文。應氏引禮「狷爲下」，蓋卽大戴禮、白虎通之陷諫，故下文以「陷君」言之也。

〔二〕拾補曰：「文選注引下二句上有『禮曰』二字。」

〔三〕「滕」，拾補曰：「公羊傳是『辟』字，而後來承用皆作『滕』。」器案：此穀梁傳文公六年文，抱經偶失檢。原注云：「辟，君也，詭辭而出，不以實告人也。」韓詩外傳三：「故善則稱君，過則稱己，臣下之義也。」蔡邕集楊賜碑：「匡輔本朝，忠言嘉謀，造滕危辭，言聽升納，亦不敢宣，密識潛功，貽於帝躬，家無遺草，論者不見。」又鄭固碑：「造郗俛辭。」危、俛與詭通。文選傳亮爲宋公求加贈劉前將軍表呂延濟注：「造滕，謂近天子，納諫言也。」

〔四〕白虎通諫諍篇：「事君進思盡忠，退思補過，去而不訕，諫而不露。」

〔五〕論語陽貨篇：「惡紫之奪朱也。」

〔六〕論語里仁篇：「君子無終食之間違仁，造次必於是，顛沛必於是。」集解引馬融曰：「造次，急遽；顛沛，偃仆；雖急遽偃仆不違仁。」

〔七〕左傳桓公六年文。

〔八〕易坤卦文言：「非一朝一夕之故，其所由來者漸矣。」漢書司馬遷傳：「非一朝一夕之故，其漸久矣。」

〔九〕拾補云：「『哲』與『誓』同，逸周書商誓解，『哲王』作『誓王』。」

〔一〇〕禮記射義：「孔子射於矍相之圃，蓋觀者如堵牆，射至於司馬，使子路執弓矢出延射曰：『賁軍之將，亡國之大夫，與爲人後者不入，其餘皆入。』蓋去者半，入者半。」注：「『延』或爲『誓』。」器案：應氏所據禮記，與鄭氏所引或本正合，正義亦以誓衆言之。

〔一一〕漢書地理志、續漢書郡國志俱言汝南郡三十七城，此言四十，舉成數言。兩京本「方」誤「万」。

〔一二〕「敬」，拾補曰：「疑『教』。」

〔一三〕拾補曰：「或有脱字。」

〔一四〕見左傳文公十八年。

〔一五〕此左傳隱公六年所載周任之言也。細翫應氏此文，似誤揉合此二文爲臧文仲之言，非是。

〔一六〕宿留，漢人常語。史記封禪書：「宿留海上。」補武紀：「宿留之。」索隱：「音秀溜，宿留，遲待之意。」漢書五行志中之下：「王音因雉雊上言：『……其宿留曉告人，具備深切。』」郊祀志：「宿留海上。」師古曰：「宿留，謂有所須待也。宿音先欲（馬班字類作「就」）反，留音力就反。」李尋傳：「宿留瞽言。」後漢書來歷傳：「此誠聖恩所宜宿留。」東觀漢紀和帝詔：「且復宿留。」文選求通親親表注引東觀漢紀：「黄香留爲尚書令，上疏云：『以錐刀小用，蒙見宿留。』」治要引桓譚新論：「如遭上忽略，不宿留而聽行其事，則當受强死也。」公羊傳僖公元年注：「宿留城之。」孟子萬章篇趙岐注：「宿留以答之。」又公孫丑篇：「故且宿留。」音義：「宿留，上音秀，下音霤。」列子黄帝篇釋文：「留之，力救切，謂宿留而視之也。」

〔一七〕案左傳僖公十五年：「陷君於敗。」又昭公二十五年：「陷君於難」，「陷君於大難」，即此文「陷君」之義。

〔一八〕禮記儒行篇：「不臨深而爲高，不加少而爲多。」大德本「因」誤「囚」，宋本及餘本俱作「因」。

〔一九〕公羊傳閔公二年：「魯人至今以爲美談，曰猶望高子也。」

〔二〇〕管子水地篇：「楚之水淖弱而清，故其民輕果而賊。」史記貨殖列傳：「夫自淮北、沛、陳、汝南、南郡，此西楚也，其俗剽輕易發怒。」漢書地理志下：「汝南之别，皆急疾有氣勢。」揚雄荆州牧箴：「風剽以悍，氣鋭以剛。」釋名釋州國：「楚，辛也，其地蠻多而性急，數有戰争，相争相害，辛楚之禍也。」初學記八引河圖：「荆、揚角徵會，氣漂輕人聲急。」論衡率性篇：「楚促急。」尚書禹貢疏、公羊傳莊公十年疏、爾雅釋地疏引李巡爾雅注：「荆州其氣燥剛，禀性彊梁，故曰荆，荆，彊也。」阮籍樂論：「楚、越之風好勇，故其俗輕死。」劉晝新論風俗篇：「楚、越之風好勇，其俗赴死而不顧。」

〔三〕本書十反篇：「未離陪隸，不與賓于王。」後漢書袁紹傳：「拔於陪隸之中。」注：「陪，重也。左傳曰：『王臣公，公臣卿，卿臣大夫，大夫臣士，士臣皁，皁臣隸，隸臣僚，僚臣僕，僕臣臺。』又曰：『是無陪臺也。』陪隸猶陪臺。」器案：左傳云云，見昭公七年，正義云：「隸，隸屬於吏也。」三國志魏書陳思王傳：「昔毛遂趙之陪隸，猶假錐囊之喻，以寤主立功。」

司空潁川韓稜，少時爲郡主簿〔一〕，太守興〔二〕被風病，恍忽〔三〕誤亂，稜陰扶輔其政，出入二年〔四〕，署置教令無愆失。興子嘗出教，欲轉徙吏，稜執不聽，由是發露被考，興免官，稜坐禁固〔五〕。章帝卽位，一切原除也〔六〕。

〔一〕范書稜本傳、袁紀十四俱謂爲郡功曹，與此異。案漢代郡吏，主簿與功曹，並稱要職，蓋總省衆事，職親地近，秩位雖卑，而委任在諸曹之右，故當時往往以之相提並論。後漢書王堂傳：「爲汝南太守，教掾史曰：『其憲章朝右，簡覈才職，委功曹陳蕃；匡政理務，拾遺補闕，任主簿應嗣。』自是委誠求當，不復妄有辭教，郡内稱治。」又王渙傳：「太守陳寵入爲大司農，和帝問曰：『在郡何以爲理？』寵頓首曰：『臣任功曹王渙以簡賢進能，主簿鐔顯以拾遺補闕，臣奉宣詔書而已。』和帝大說。」應氏與范、袁二氏互異之故，或卽以其時常以之並稱耶。

〔二〕范書、袁紀俱云葛興，此當補「葛」字。

〔三〕「忽」，郎本、鍾本作「惚」，下同。

〔四〕「出入二年」，范書同，袁紀作「輔助經年」。

〔五〕「由是」以下三句，袁紀作「訟書以稜掩蔽興疾，專郡事，不得復爲吏」，范書作「因令怨者章之，事下按驗，吏以稜掩蔽興病，專典郡職，遂至禁錮」。案左傳成公二年：「子反請以重幣錮之。」杜注：「禁錮勿令仕。」正義：「說文：『錮，鑄塞也。』鐵器穿穴者，鑄鐵以塞之，使不漏；禁人使不得仕宦者，其事亦似之，故謂之禁錮，今世猶然。」

〔六〕范書云顯宗，與應氏異。

謹按：易稱：「守位以仁。〔一〕」尚書：「無曠庶官。〔二〕」詩云：「彼君子不素餐兮。〔三〕」論語：「陳力就列，不能者止。〔四〕」漢典，吏病百日，應免〔五〕。所以䘏民急病，懲俗逋慝也。今興官尊任重，經略千里，當聽訟侍祠〔六〕，班詔勸課，早朝旰食〔七〕，夕惕若厲〔八〕，不以榮禄爲樂，而以黔首爲憂，位過招殃〔九〕，靈督其舋，風疾恍忽，有加無瘳。稜統機括〔一〇〕，知其虛實，當聽上病，以禮選引，何有上欺天子，中誣方伯〔一一〕，下誑吏民，扶輔耄亂，政自己出，雖幸無闕，罪已不容於誅矣。爲人謀而不忠〔一二〕，愛人而以姑息〔一三〕，凡人不可，況於君子乎？稜宜禁固上令興負貪昧之罪，子被署用之愆，章問洶赫，父子湮没。執事如此，謂禮義何！稜宜禁固終身，中原非是。

〔一〕繫辭下文。

〔二〕皋陶謨文。

〔三〕魏風伐檀文，今本「君子」下有「兮」字。

〔四〕季氏篇文。

〔五〕史記汲黯列傳：「黯多病，病且滿三月，上常賜告者數。」集解：「如淳曰：『杜欽所謂病滿賜告，詔恩也。』」漢書汲黯傳同。沈欽韓曰：「病滿三月則當免，故優假之，復賜告也。唐會要八十一：『職事官假滿百日，即合停解。長慶二年四月，御史臺奏檢校司空兼太子少傅嚴綬疾病，假滿百日，合停。勅嚴綬年位俱高，須加優異，宜依舊秩未要舉停。』此則出自特恩，其常員百日例罷，沿漢制也。皇甫湜集韓文公神道碑云：『病滿三月免。』」器案：史記高紀集解：「孟康曰：『漢律，二千石有予告、賜告。予告者，在官有功，最法所當得者也。賜告者，病滿三月當免，天子優賜復其告，使得帶印綬，將官屬，歸家治病也。』」（又見漢書高紀注）後漢書蔡邕列傳注：「前書音義曰：『吏病滿百日當免也。』」册府元龜九〇六：「魏李豐曰：『台制，病滿百日當解禄。』」當亦沿漢制也。

〔六〕文選讓吏部封侯表注引漢官典職儀式選用：「四姓侍祠。」漢書郊祀志上：「泰山自有祕祠其巔，而泰山下祠五帝，各如其方，黄帝并赤帝所，有司侍祠焉。」侍祠，猶言陪祭。

〔七〕左傳昭公二十年：「楚君大夫其旰食乎！」杜注：「旰，晏也。」

〔八〕易乾卦文。

〔九〕鍾本「殃」作「破」。

〔一〇〕莊子齊物篇：「其發若機括。」成疏：「機，弩牙也；括，箭括也。」

〔一一〕鹽鐵論除狹篇：「今守、相親剖符贊拜，涖一郡之衆，古方伯之位也。受命專制，宰割千里，不御於内。」

〔一二〕論語學而篇文。

〔一三〕禮記檀弓上文。

太原周黨伯況，少爲鄉〔一〕佐〔二〕發黨過於人中辱之〔三〕。黨學春秋長安，聞報讎之義〔四〕，輟講下辭歸報讎，到與鄉〔五〕佐相聞，期〔六〕鬭日，鄉佐多從正〔七〕往，使鄉佐先拔刀，然後相擊。佐欲直，令正擊之，黨被創，困乏，佐服其義勇〔八〕，篼輿養之〔九〕；數日蘇興，乃知非其家，卽徑歸。其立勇果，乃至於是。

〔一〕「鄉」，元誤作「卿」，據孫校改正。

〔二〕器案：范書黨本傳、御覽四八一、四九六引東觀漢紀俱作「鄉佐」。拾補曰：「續漢書百官志：『鄉佐，屬鄉，主民收賦稅。』」案百官志五注引風俗通：「國家制度，大率十里一鄉。」

〔三〕御覽四八一引東觀紀作「鄉佐嘗衆中辱黨父」，誤。范書亦以爲辱黨，與應氏同。

〔四〕范書李賢注：「春秋書『紀侯大去其國』，公羊傳曰：『大去者何？滅也。孰滅之？齊滅之。曷爲不言齊滅之？爲襄公諱也。齊襄公九世祖哀公，亨於周，紀侯譖之也，故襄公讎於紀。九世猶可復讎乎？雖百世可也。』」

〔五〕元亦誤作「卿」，下同，據范書、東觀紀改。

〔六〕范書「期」下有「尅」字。

〔七〕御覽四九六引東觀漢紀「正」作「兵」，此亦當作「兵」，形近而誤，下同。

〔八〕惠棟曰：「案春秋之義，復讐以死敗爲榮，故鄉佐服其義也。義見何氏公羊。」

〔九〕范書作「輿歸養之」。說文：「篼，竹輿也。」公羊傳文公十五年：「齊人歸公孫敖之喪，笱將而來也。」注：「笱者，竹篼，一名便輿。」史記陳餘傳：「上使泄公持節問之，篼輿前。」集解：「韋昭曰：『輿如今輿牀，人輿以行。』」索隱：「服虔曰：『編竹木如今峻，可以糞除也。』」御覽四八一引東觀漢紀作「與歸養之」，誤。

謹按：孝經：「身體髮膚，受之父母，不敢毀傷，孝之始也。」〔一〕樂正子春下堂而傷足，三月〔二〕不出，既瘳矣，猶有憂色。身無擇行，口無擇言〔三〕，脩身慎行，恐辱先也。而伯況被發，則得就業，鄉佐雖云凶暴，何緣侵己？今見辱者，必有以招之。身自取焉，何尤於人。親不可辱，在我何傷。凡報讎者，謂爲父兄耳〔四〕，豈以一朝之忿，而肆其狂怒者哉〔五〕？既遠春秋之義，殆令〔六〕先祖不復血食，不孝不智，而兩有之；歸其義勇，其義何居〔七〕？

〔一〕開宗明義章文。

〔二〕禮記祭義、大戴禮記曾子大孝篇、吕氏春秋孝行篇「三月」俱作「數月」，吕覽舊校云：「一作『三月』。」與此同。

〔三〕孝經卿大夫章文。三國志魏書邴原傳引原別傳：「原亦以高遠清白，頤志澹泊，口無擇言，身無擇行，故英偉之士向焉。」（又見册府元龜五九八）論衡自紀篇：「口無擇言，筆無擇文。」案尚書吕刑：「敬忌，罔或有擇言在身。」王引之述聞曰：「擇讀爲斁，洪範：『彝倫攸斁。』鄭注訓斁爲敗（史記宋世家集解），説文：『殬，敗也。』引商書曰：『彝倫攸殬。』斁、殬、釋，古音並同。」

〔四〕公羊傳定公四年：「父不受誅，子復讎，可也；父受誅，子復讎，推刃之道也，復讎不除害。」

〔五〕論語子路篇：「一朝之忿，忘其身以及其親，非惑與？」案下文「不智」，即承論語「惑」字而言。荀子榮辱篇：「鬭者忘其身者也，行其少頃之怒，而喪終身之軀，然且爲之，是忘其身也。」

〔六〕「令」原作「今」，從拾補校改。

〔七〕御覽四四一引杜預女記：「申屠蟠奏記外黄令梁配云：『昔太原周黨，感春秋之義，辭師復讎，當時論者，猶高其節。』」又見後漢紀二五。

汝南陳茂君因〔一〕，爲荆州刺史〔二〕，時南陽太守灌恂，本名清能，茂不入宛城〔三〕，引車說修母婦，見修母拜，到州〔四〕。恂〔五〕先是茂客，仕蒼梧還，到修家〔六〕，見修母婦，說修坐事繫獄當死，因詣府門，移辭乞恩，隨輩露首〔七〕，入坊中〔八〕，容止嚴恪，鬚眉甚偉。太守大驚，不覺自起，立賜巾延請，甚嘉敬之，卽焉出修。南陽士大夫謂恂〔九〕能救解修。茂彈繩不撓，修竟極罪，恂亦以它事去。南陽疾惡〔一〇〕殺修，爲之語曰：「衞修有事，陳茂治之〔一一〕，衞修無事，陳茂殺之。」

〔一〕謝承後漢書：「汝南陳茂，嘗爲交阯別駕。舊刺史行部，不渡漲海。刺史周敞欲到珠崖、儋耳，茂諫曰：『不宜履險。』敞不聽，涉海遇風，船欲顛覆。茂拔劍訶罵水神，風卽止息，方得濟。」（書鈔七三、類聚八、白帖六、御覽六〇、文選蕪城賦注、遊赤石進帆海詩注引）當卽此人。

〔二〕御覽二五五引黃泰交廣記：「秦兼天下，改州牧爲刺史，朱明之時，則出巡行封部，玄英之月，則還詣天府表奏。刺史，言其刺舉不法，史者，使也。」

〔三〕宛城，南陽郡治。

〔四〕拾補曰：「此下敍次舛錯，甚不明白，今欲稍加改易，未必盡如原文，但略使情事分明而已。此數語先敍茂之本意如此，然後到州也。」

〔五〕拾補校「恂」作「修」。

〔六〕「到」上，拾補校補「茂」字。又曰：「此方正敍，故知上是先探茂之本意，不然，複矣。」

〔七〕惢禮篇：「喪者、訟者，露首草舍。」凡謝罪皆免冠謝，故稱露首。漢書黃霸傳：「尚書令受丞相對，霸免冠謝罪。」霍光傳：「入免冠頓首謝。」朱雲傳：「左將軍辛慶忌免冠解印綬，叩頭殿下。」

〔八〕御覽五二六引汝南先賢傳：「薛苞歸先人冢側坊中。」文選景福殿賦注：「坊，别屋也。」

〔九〕拾補校「恂」作「茂」。

〔一〇〕拾補校「惡」作「茂」。

〔一一〕拾補校「治」作「活」，云：「與『殺』協。」

謹按：春秋：「王人之微，處於諸侯之上。〔一〕」坐則專席，止則專館，朱軒駕駟，威烈赫奕〔二〕。就恂素爲官速謗〔三〕，當便入傳〔四〕，引見詰問，糾其贓狀，以時列聞〔五〕。文王日昃不暇食〔六〕，周公坐而俟旦〔七〕，且非爲己私，皆公也。何有忘百姓塗炭之急〔八〕，便迺光昭舊交之問乎〔九〕？鮑宣州牧，行部〔一〇〕多宿下亭〔一一〕，司直舉劾〔一二〕，以爲輕威損〔一三〕命，坐之刑黜〔一四〕。今茂泯棄天常〔一五〕，進止由己。孰使毁之？小人譽之，自我爲之，古人病諸，以爲大譏〔一六〕。茂與修善，由〔一七〕鴟鴞之愛其子，適所以害之者〔一八〕。

〔一〕公羊傳僖公八年：「春王正月，公會王人、齊侯、宋公、衛侯、許男、曹伯、陳世子欵、鄭世子華，盟于洮。王人者何？微者也。曷爲序乎諸侯之上？先王命也。」穀梁傳曰：「王人之先諸侯，何也？貴王命也。朝服雖敝，必加於上；弁冕雖舊，必加於首；周室雖衰，必先諸侯。」周禮内司服職注：「春秋之義，王人雖微者，猶序乎諸侯之上，所以尊尊也。」漢書翟方進傳：「春秋之義，王人微者，序乎諸侯之上，尊王命也。」貞觀政要納諫篇附直諫篇：「傳稱王人雖微，列于諸侯之上，諸侯用之爲公卽是公，用之爲卿卽是卿，若不爲公卿，卽下士於諸侯也。」

〔二〕此當是漢師春秋遺説。

〔三〕左傳莊公二十二年：「敢辱高位，以速官謗。」

〔四〕後漢書光武紀上注：「傳舍，客館也。傳音知戀反。」

〔五〕列讀如六朝人彈事列稱之列。文選報任少卿書：「終不能自列。」李善注：「説文：『列，分解也。』」則自我辯解亦謂之列。

〔六〕尚書無逸：「文王自朝至于日中昃，不遑暇食。」國語楚語左史倚相引周書曰：「文王至於日中昃，不遑暇食。」史記周本紀：「文王日中不暇食以待士。」漢書董仲舒傳：「周文王至于日昃不暇食。」

〔七〕孟子離婁下：「周公思兼三王以施四事，其有不合者，仰而思之，夜以繼日，幸而得之，坐以待旦。」

〔八〕尚書仲虺之誥：「民墜塗炭。」孔傳：「民之危險，若陷泥墜火。」

〔九〕「問」，元大德本誤作「門」，宋本及餘本俱作「問」。左傳隱公三年：「光昭先君之令德。」

〔一〇〕漢書朱博傳：「爲刺史行部。」師古曰：「行音下更反。」續漢書百官志五：「諸州常以八月巡行所部郡國，録囚徒，考殿最。」

〔一一〕下條亦有下亭，亭之制詳佚文，下亭猶言下縣下邑，蓋以別於京師、郡、縣治之都亭也。

〔一二〕續漢書百官志一：「司徒公一人，本注：『世祖即位，以武帝故事置司直，居丞相府，助督録諸州，建武十八年省也。』」劉昭注：「獻帝起居注曰：『建安八年十二月，復置司直，不屬司徒，掌督中都官，不領諸州。九年十二月，詔司直比司隸校尉，坐同席，在上，假傳，置從事三人，書佐四人。』」後漢書獻紀：「建安八年，初置司直官，督中都官。」李賢注：「司直秩比二千石，武帝元狩五年置，掌佐丞相，舉不法也。建武十一年省，今復置之。」惠棟補注曰：「漢名臣奏張禹奏曰：『案今丞相奏事，司直持案，長史持籌。』棟案其時司直，掌督中都官，不屬司徒也。」

〔一三〕「損」，胡本誤「捐」。

〔一四〕漢書鮑宣傳：「宣字子都，渤海高城人也。哀帝初，大司空何武除宣爲西曹掾，甚敬重焉，薦宣爲諫大夫，遷豫州牧，歲餘，丞相司直郭欽奏宣：『舉錯煩苛，代二千石署吏聽訟，所察過詔條，行部乘傳去法駕，駕一馬，舍宿鄉亭，爲衆所非。』宣坐免歸家。」周壽昌漢書注補正曰：「景紀：『中六年五月，特詔車駕衣服宜稱，不如法令者，上丞相、御史請之。』張敞傳：『敞無威儀，時罷朝會，使御吏驅，自以便面拊馬。終以此不得大位。』宣領豫州牧，位甚尊而行部簡略，故郭欽以違制劾奏。後漢書謝夷吾傳：『爲鉅鹿太守，以行春乘柴車，從兩吏，冀州刺史上其儀序失中，有損國令，左轉下邳令。』蓋其制至後漢猶然也。」

〔一五〕左傳哀公六年：「夏書曰：『惟彼陶唐，帥彼天常。』」杜注：「言堯循天之常道。」

〔一六〕淮南子説山篇：「小人之譽人，反以爲損。」注引諺曰：「問誰毀之，小人譽之。」應氏此文，正與高合，拾補未能詳攷，遂云「文有譌誤」，失之專輒。

〔一七〕「由」，通「猶」。

〔一八〕呂氏春秋分職篇：「譬白公之嗇，若梟之愛其子也。」注：「梟愛其子，子長而食其母也。」（淮南道應篇同）意林引桓譚新論：「梟生子，長食其母，乃能飛。」詩邶風旄丘：「流離之子。」陸璣疏云：「流離，梟也，自關而西，謂梟爲流離。其子適長大，還食其母。故張奐云『鶹鷅食母』，許慎云『梟，不孝鳥』是也。」劉子新論貪愛章：「炎洲有鳥，其名曰梟，嫗伏其子，百日而長，羽翼既成，食母而飛。」禽經：「梟鴟害母。」注云：「梟在巢，母哺之，羽翼成，啄母自翔去也。」文選檄吳將校部曲文注：「韓詩曰：『鴟鴞，既取我子，無毀我室。』鴟鴞，鸋鴂，鳥名也。鴟鴞所以愛養其子者，適以病之。愛養其子者，謂堅固其窠巢。病之者，謂不知托於大樹茂枝，反敷之葦蔄，風至蔄折巢覆，有子則死、有卵則破，是其病也。」今案：荀子勸學篇載此事作蒙鳩，大戴禮記勸學篇作蝱鳩，説苑善説篇作鷦鷯，類聚九二引詩義疏云：「鴟鴞似黄雀而小，喙刺如錐，取茅爲窠，以麻紩之，懸著樹枝。幽州謂之鸋鴂，或曰巧婦，或曰女匠，關西謂之篾雀。詩曰：『肇允彼桃蟲。』今鷦鷯是也。」陳喬樅三家詩遺説考引應氏此文云：「魯家説鴟鴞與韓同。」

度遼將軍〔一〕安定皇甫規威明〔二〕，連在大位，欲退避弟〔三〕，數上病，不見聽，會友人上郡太守王旻〔四〕物故〔五〕，規素縞到下亭迎喪〔六〕，發服送之〔七〕，因令客密告并州刺史胡芳〔八〕，言規擅遠軍營，赴私違公，當及舉奏〔九〕。答曰：「威明欲得避弟，故作激發〔一〇〕，我爲朝廷惜其功用，何能爲此私家計耶？〔一一〕」規後爲中郎將，督并、涼、益三州，時有黨事，懼見及，因先自上言〔一二〕：「臣前薦故太常〔一三〕張奂〔一四〕，才任將帥〔一五〕，是附黨也。又臣論輸左校〔一六〕，時太學生張鳳等上書訟臣，是爲黨人所附也〔一七〕。昔有畏舟之危，而自投水者，蓋憂難與處樂其亟決。〔一八〕」

〔一〕漢書昭紀注引應劭曰：「當度遼水往擊之，故以度遼爲官號。」後漢書安紀注引漢官儀：「度遼將軍屯五原曼柏縣。」

〔二〕范書規本傳云：「安定朝那人。」漢書地理志下「安定朝那」注引應劭曰：「史記故戎那邑也。」惠棟曰：「孫愐云：『漢初有皇父鸞者，自魯徙居武陵，改父爲甫，後漢安定太守儁始居安定朝那，爲西州著姓，又徙居京兆。』」

〔三〕拾補云：「范書譌『第』，注亦謬解，依此書作『弟』爲是。」錢大昕曰：「避弟，謂己避位，而弟得辟召也。」器案：作「弟」是，范書魯恭傳：「恭憐（其弟）丕小，欲先就其名，託疾不仕，郡數以禮請，謝不肯應。」則避弟欲就其名者，東漢尚有魯恭，非止有一皇甫規也。西漢有韋玄成讓爵辟兄，事亦相類。

〔四〕後漢書靈紀：「熹平六年十二月，永安太僕王旻下獄死。」或即此人。

〔五〕漢書蘇武傳注，師古曰：「物故，謂死也，言其同於鬼物而故也。一說，不欲斥言，但言其所服用之物，皆已故耳。」器案：物借歾字，說文：「歾，終也。」師古所載二說，都屬望文生訓。

〔六〕范書作「規縞素越界到下亭迎之」。

〔七〕范書無此句。

〔八〕通鑑胡注云：「度遼將軍屯西河界，并州刺史所部也。」案上引漢官儀，謂度遼將軍屯五原曼柏，胡三省謂屯西河界，蓋以五原、西河二郡，俱屬并州，胡氏因而致誤，並亦未詳其所在，僅就地望爲言也。

〔九〕「及」，范書作「急」，急亦從及得聲。

〔一〇〕范書作「威明欲避第仕塗，故激發我耳」。

〔一一〕范書作「吾當爲朝廷愛才，何能由此子計邪」。

〔一二〕范書作「及黨事大起，天下名賢，多見染逮，規雖爲名將，素譽不高，自以西州豪傑，耻不得豫，乃先自上言云云」御覽六三〇引續漢書同。

〔一三〕後漢書光武紀上：「光武爲太常偏將軍。」注：「前書曰：『奉常，秦官，景帝更名太常。』應劭漢官儀曰：『欲令國家盛大，社稷常存，故稱太常。』」

〔一四〕「煥」，范書、續漢書俱作「奐」，當據改。拾補曰：「范書作『故大司農張奐（器按續漢書同），奐由大司農轉太常，規薦以自代之時，奐爲中郎將。』」

〔一五〕范書、續漢書俱無此句。按規本傳云：「徵拜度遼將軍，至營數月，上書薦中郎將張奐以自代，曰：『臣聞人無常俗，而政有治亂，兵無強弱，而將有能否。伏見中郎將張奐才略兼優，宜正元帥，以從衆望；若猶謂愚臣宜充軍事者，願乞冗官，以爲奐副。』朝廷從之。」通鑑注：「元帥，謂度遼將軍也。」

〔一六〕范書「臣」下有「昔」字。李賢注引漢官儀：「左校，屬將作大匠也。」

〔一七〕規本傳：「以餘寇不絕，坐繫廷尉，論輸左校。諸公及太學生張鳳等三百餘人，詣闕訟之。」案後漢書李膺傳：「時侍御史景毅，其子爲膺門徒，不及於譴；毅慨然曰：『本謂膺賢，遣子師之；豈可漏奪名籍，苟安而已？』遂自表以免。時人義之。」此亦當時坿黨之事，自是一時風尚。

〔一八〕「昔有」以下，范書作「臣宜坐之」。札迻曰：「『與處』，應氏謹案述此語作『於處』，於義較長。此皇甫規自言身負大罪，憂難安處，冀朝廷亟決，心以爲樂；故應氏斷之云『殺決可也』，卽承規自請之辭而言。（盧氏謂規罪不至此，廦仲遠，言之太易，未喻其指。又案淮南子氾論訓云：『楚人有乘船而遇大風者，波至而恐，自投於水。』皇甫規蓋本於彼。）」

謹按：詩云：「淑人君子，其儀不忒；其儀不忒，正是四國。〔一〕」傳曰：「一心可以事百君，百心不可事一君。〔二〕」論語：「夫子温良恭儉讓以得之。〔三〕」立朝忘家，卽戎忘身〔四〕。身且忘之，況於弟乎？方殊俗越溢，大爲邊害，朝廷比辟公〔五〕旰食。規義在出身，折衝弭難；而誅伐已定，當見鎮慰。何有挾功，苟念去位？弟實雋德，不患無位〔六〕。而〔七〕徒闒茸，何所堪施？彊推轂之〔八〕，亂儀干度。孝武皇帝爲驃騎將軍〔九〕霍去病治第舍〔一〇〕，勑令視之，曰：「匈奴不滅，何以家爲！」去病外戚末屬，一切〔一一〕武夫，尚能抗節洪毅；而規世家純儒〔一二〕，何獨負哉〔一三〕？又以黨事先自勞衒。如有白驗，其於及己〔一四〕；而形兆求不可得，唯是從〔一五〕，何憚於病〔一六〕？曰「畏舟之危，自投於水，憂難於處樂其亟決」，主幸必不坐。太〔一七〕誓有云：「民之所欲，天必從之。」天作孽，猶可違；自作孽，不可逭〔一八〕。人之所忌，炎〔一九〕自取之〔二〇〕。蓋〔二一〕、嚴〔二二〕、楊惲，勳著王室，言事過差，皆伏大辟，以隆主威，抑驕侵也〔二三〕。規顧弟，私也；離局〔二四〕，姦也；誘巧，詐也；畏舟，慢也：四罪是矣，殺決可也〔二五〕。

〔一〕曹風鳲鳩文。

〔二〕晏子春秋内篇問下：「晏子曰：『一心可以事百君，百心不可以事一君。』」（器案「百心」原作「三心」，涉上「三君之心」而誤，兹據孔叢子詰墨篇及意林、類聚二〇引校改。）說苑反質篇：「一心可以事百君，百心不可以事一君。」（又見列女傳母儀魏芒慈母傳。又說苑談叢篇亦有此文。）

〔三〕學而篇文。

〔四〕文選西征賦注引六韜：「爲將者受命忘家，當敵忘身。」尉繚子武議篇：「將受命之日忘其家，張軍宿野忘其親，援枹而鼓忘其身。」史記司馬穰苴傳：「將受命之日則忘其家，臨軍約束則忘其親，援枹鼓之急則忘其身。」孔叢子問軍禮篇：「古者，大將受命而出，則忘其家，卽戎陳師，則忘其身。」說苑指武篇：「受命而出忘其國，卽戎忘其家，聞枹鼓之聲，唯恐不勝，忘其身，故必死。」後漢書高彪傳：「古之君子，卽戎忘身。」劉子新論兵術篇：「臨軍之日，則忘其親，援枹之時，則忘其身。」

〔五〕拾補曰：「『比辟公』三字疑衍。」

〔六〕論語里仁篇：「不患無位，患所以立。」

〔七〕「而」，拾補曰：「『如』同。」

〔八〕史記魏其武安侯列傳：「推轂趙綰爲御史大夫。」索隱：「按推轂，謂自卑下之，如爲之推車轂也。」又鄭當時傳：「其推轂士及官屬丞史。」正義曰：「推轂，謂薦舉人如車轂轉運無窮也。」漢書竇嬰田蚡傳注：「推轂，謂升薦之，若轉車轂之爲。」

〔九〕御覽二三八引應劭漢官儀：「漢興，置驃騎將軍，位次丞相。」

〔一〇〕大德本、朱藏元本、仿元本、兩京本、胡本「第」誤「弟」，宋本及餘本作「第」，與史記衛將軍驃騎傳、漢書霍去病傳合。又漢書無「舍」字。

〔一一〕史記荆燕王世家：「皆高祖一切功臣。」索隱：「猶一例同時也。」

〔一二〕案范書規本傳：「以詩、易教授門徒三百人。」蔡中郎集薦皇甫規表：「伏見護羌校尉皇甫規，少明經術，道爲儒宗。」陶淵明集聖賢羣輔録：「文帝令及甄表狀：『規少有岐嶷正直之節，對策指刺黄門，梁冀不能用，退隱山谷，敦樂詩、書。』」仲遠稱規爲純儒，蓋即謂此。

〔一三〕器案：負謂不如人也，此本當時課殿最之制爲言，蓋指斥皇甫之不如霍也。漢書兒寬傳：「以負租課殿，當免。」春秋繁露考功名篇，言考試法分九等，「三三列之，各有上中下三等，以一爲最，五爲中，九爲殿。有餘歸之於中，中而上者有得，中而下者有負，得少者以一益之至於四，負多者以四減之至於一，此其大較也。」續漢書百官志五注補引胡廣曰：「秋冬歲盡，各計縣户口墾田，錢穀出入，盜賊多少，上其集簿，丞尉以下，歲詣郡課校其功，功多尤爲最者，於廷尉（當作「慰」）勞勉之，以勸其後，負多尤爲殿者，於後曹別責，以糾怠慢也。諸對辭窮尤困收主者。掾史關白太守，使取法丞尉縛責以明下，轉相督勅，爲民除害也。」明帝詔書『不得僇辱黄綬』，以別小人吏也。」後漢書光武紀下：「建武十六年冬十月，遣使者下郡國……其牧守令長，坐界内盜賊而不收捕者，又以畏愞捐城委守者，皆不以爲負，但取獲賊多少爲殿最，唯蔽匿者迺罪之。」又章紀：「元和元年二月甲戌詔：『自牛疫以來，穀食連少，良繇吏教未至，刺史二千石不以爲負。其令郡國募人無田欲徙它界就肥饒者，恣聽之，到在所，賜給公田，爲雇耕傭賃種餉，貰與田器，勿收租五歲，除算三年，其後欲還本鄉者勿禁。』」諸所言負，皆以胡廣漢官解詁所列各條爲準，建武十六年詔所課者，卽以「盜賊多少」爲功負也，元和元年詔所課者，卽以「錢穀出入」爲功負也，李賢乃釋負爲憂，誤矣。

〔一四〕拾補曰：「此下有譌脱。」

〔一五〕案此句疑當作「唯□是從」，「唯」下脱一字。

〔一六〕左傳僖公七年：「心則不競，何憚於病。」

〔一七〕「太」，拾補校作「大」，案今本尚書作「泰」。

〔一八〕此四句，尚書太甲中文。

〔一九〕「炎」，拾補曰：「『餤』同。」朱筠曰：「今本『天』字固誤，『炎』字似由『餤』字之譌歟？」案何本誤作「天」。

〔二〇〕左傳莊公十四年：「人之所忌，其氣餤以取之。」釋文：「傳作『炎』，音艷，注仍作『餤』。」案：石經、敦煌卷子本作「炎」，漢書五行志、藝文志并作「炎」，顔師古曰：「『炎』讀與『餤』同。」潛夫論巫列篇亦作「炎」，續漢書五行志贊曰：「妖豈或妄，氣炎以觀。」

〔二一〕「蓋」，拾補曰：「指寬饒。」

〔二二〕「嚴」，拾補曰：「當謂嚴助，然其死不因言事。」

〔二三〕蓋寬饒、楊惲事，並詳漢書本傳。

〔二四〕左傳成公十五年：「欒鍼曰：『侵官，冒也；失官，慢也；離局，姦也。』」即此文所本。杜注：「遠其部曲爲離局。」後漢書袁紹傳：「討曹操檄曰：『時冀州方有北鄙之警，未遑離局。』」亦用左傳文，義與此同。規擅遠軍營，劭通之曰：「離局姦也。」此亦春秋決事比之義也。又案：白帖十二引禮：「各司其局。」抱朴子外篇君道：「立朝牧民者，不得侵官越局。」局義與此同，即部分之謂也。

〔二五〕拾補曰：「規之罪不至此，何言之太易耶！」

南陽五〔一〕世公〔二〕，爲廣漢太守，與司徒長史〔三〕段遼叔同歲〔四〕，遼叔太子〔五〕名舊，才操鹵〔六〕鈍，小子髡既見齒鄉黨，到見股肱曰：「太守與遼叔同歲，恩結締素，薄命早亡，幸來臨郡〔七〕，今年且以此相饒〔八〕，舉其子，如無罪，得至後歲貫魚之次〔九〕，敬不有違。」有主簿〔一〇〕柳對曰：「明府謹終追遠〔一一〕，興微繼絶；然舊實不如髡，宜可授之。」世公於是厲聲曰：「丈夫相臨，兒女尚欲舉之，何謂高下之間耶？釋兄用弟，此爲故殃段氏之家，豈稱相遭遇之意乎？」竟舉舊也。世公轉換南陽，與東萊太守蔡伯起同歲，欲舉其子，伯起自乞子瓚尚弱，而弟琰幸以成人，是歲舉琰，明年復舉瓚。瓚十四未可見衆，常稱病，遣詣生，交到十八〔一二〕，乃始出治劇〔一三〕平春長，上書：「臣甫弱冠，未任宰御，乞留宿衞。」尚書劾奏：「增年受選，減年避劇〔一四〕，請免瓚官。」詔書：「左遷武當左尉。〔一五〕」會車騎將軍馮緄〔一六〕南征武陵蠻、夷，緄與伯起同時公府辟，瓚爲軍曲候〔一七〕。瓚歸臥家，軍功除新陽長〔一八〕，官至下邳相〔一九〕。

〔一〕拾補曰：「五姓，乃五子胥之後。」案廣韻於五字注云『五姓』，而於伍字不言姓，故伍參，漢書古今人表作五參，伍員，呂氏春秋異寶篇、抱朴子嘉遁篇作五員，而古今人表作五子胥也。

〔二〕案華陽國志蜀郡士女王阜字世公，以世公爲字，正與此同。事類賦一三、御覽九〇六引蕭廣濟孝子傳，伍襲字世公，疑卽此人。

〔三〕御覽二〇九引漢官儀：「太尉、司徒、司空長史，秩比千石，號爲毗佐三台，助和鼎味。」

〔四〕同歲，謂同年被選舉之人。下文：「世公轉換南陽，與東萊太守蔡伯起同歲。」窮通篇：「蕭令吴斌，與司徒韓演同歲。」孔叢子連叢子下：「魯人有同歲上計而死者。」漢敦煌長史武班碑：「金鄉長，河間高陽史恢等追維昔日同歲，卽署孝廉。」柳敏碑：「縣長同歲犍爲屬國趙臺公。」後漢書李固傳：「有同歲生得罪於冀，亡奔邵。」御覽四〇九引三輔決録：「游殷爲胡軫所害，同郡吉伯房、郭公休與殷同歲相善，爲緦麻三月。」又二六八引汝南先賢傳：「黃浮字隱公，陽安人，除爲慮長、濮陽令，同歲子爲都市掾，犯法當死，一郡盡爲之請，浮曰：『周公誅二弟，石碏討其子，今維同歲子，浮所不能教也。』」三國志魏書武帝傳：「公與韓遂父同歲孝廉。」又注引魏武故事：「武帝讓縣自明杰志令：『孤始舉孝廉，……顧視同歲中年有五十，未名爲老，內自圖之，從此却去二十年，待天下清，始與同歲中始舉者等耳。』」案孔融、陳羣皆有同歲論，後漢書董卓傳注引同歲名，蓋猶後世之所謂同年録。

〔五〕「太」，拾補校作「大」。

〔六〕「鹵」，拾補云：「『魯』同。」

〔七〕臨謂臨莅。本書山澤篇林條：「予前臨郡。」文選蔡伯喈陳太丘碑文：「河南尹种府君臨郡。」又潘安仁楊荆州誄，前言「臨軹作令」，後言「君莅其任」。

〔八〕相饒，猶言相容。三國志魏書文帝傳注：「吴質，濟陰人也，自以少時，不爲本郡所饒。」抱朴子自序篇：「洪者，君之第三子也，生晚，爲二親所嬌饒，不見督以書史。」吴均去妾贈夫詩：「願君憶疇昔，片言時見饒。」北齊書樊遜傳：「遜少學，常爲兄仲優饒。」隋書劉炫傳：「自序云：『性本愚蔽，家業貧窶，爲父兄所饒，厠縉紳之末。』」諸饒字義與此同，可以互證。

〔九〕易剥卦：「六五，貫魚以宫人寵，无不利。」注：「貫魚，謂此衆陰也，駢頭相次，似貫魚也。」此用爲銓次而進意。通典十四選舉二：「至和帝時，梁武帝爲丞相，上表曰：『前代選官，皆立選簿，應在貫魚，自有詮次，胄籍升降，行能臧否，或素定懷抱，或得之餘論，故得簡通賓客，無俟掃門。』」

〔一〇〕通鑑三三胡注：「漢三公府皆有主簿，録省衆事。簿，文籍也，以版書之。」

〔一一〕論語學而篇：「慎終追遠，民德歸厚也。」孔安國曰：「慎終者，喪終其哀；追遠者，祭盡其敬。君能行此二者，民化其德，皆歸於厚也。」

〔一二〕漢人年十八始服官政。漢書儒林傳：「太常擇民年十八以上，儀狀端正者，補博士弟子。」又霍去病傳：「以皇后姊子，年十八爲侍中。」又終軍傳：「年十八選爲博士弟子，至府受遣；太守聞其有異材，召見軍，甚奇之，與交結。軍揖太守而去，至長安上書言事，武帝異其文，拜爲謁者，給事中。」與此可以互證。又「諂」疑「諸」譌。

〔一三〕案漢代縣分劇平二種，後漢書安紀：「永初元年詔：『自今長吏被考竟未報，自非父母喪，無故輒去職者，劇縣十歲，平縣五歲以上，乃得次用。』」漢舊儀上：「刺史舉民有茂材，移名丞相，丞相考召，取明經一科，明律令一科，能治劇一科，各一人。」潛夫論考績篇：「明經、寬博、武猛、治劇，此皆名自命而號自定。」

〔一四〕三國志魏書司馬朗傳：「十二試經爲童子郎，監試者以其身體壯大，疑朗匿年，劾問，朗曰：『朗之内外，累世長大，朗雖稚弱，無仰高之風，損年以求早成，非志所爲也。』監試者異之。」宋書孝義何子平傳：「母本側庶，籍注失實，年未及養，而籍年已滿，便去職歸家。時鎮軍將軍顧覬之爲州上綱，謂曰：『尊上年實未八十，親故所知，州中差有微禄，當啓相留。』子平曰：『公家正取信黄籍，籍年既至，便應扶侍私庭，何容以實年未滿，苟冒榮利。』」此則因其親籍年不實，而自引退。蓋古代服政官有限年之制，於是速成之輩，躁進之徒，往往有匿年以求入仕途者，據此所載，則自漢時已然矣。爾後則官年與實年之弊端，殆與封建制度相終始焉。

〔一五〕續漢書百官志五：「尉，大縣二人，小縣一人。」本注曰：「尉主盜賊，凡有賊發，主名不立，則推索行尋，案察姦宄，以起端緒。」注引應劭漢官曰：「大縣，丞、左右尉，所謂命卿三人；小縣，一尉一丞，命卿二人。」

〔一六〕詳怪神篇。

〔一七〕續漢書百官志一：「大將軍營五部，……部下有曲，曲有軍候一人，比六百石。」鍾本「候」作「尉」，非是。

〔一八〕水經潁水注引應劭曰：「新陽縣在新水之陽。」

〔一九〕漢書地理志上，東海郡下邳注引應劭曰：「邳在薛，其後徙此，故曰下邳。」水經泗水注引應劭曰：「奚仲自薛徙居之，故曰下邳也。」案後漢書孝明八王傳，劉衍封下邳王，蔡瓚爲下邳相，當在愍王劉意時。俞樾茶香室叢鈔三曰：「案此一事，可見漢時弊政，不減後世。五世公所到之處，其舉孝廉，但舉其年家子耳，甚者，子弟蟬聯，而及乳臭之兒，亦忝名器，斯今人所不至此也。至於增年減年，以意爲之，當時文籍，漫無稽考，可以想見。及爲尚書所劾，乃又夤緣戎幕，叨冒軍功，高卧家中，策勳幕府。然則近代軍功保舉之濫，亦猶行者之道矣。」

謹按：古無孝廉，唯有貢士〔一〕，貢士恩義，經傳無以〔二〕也。春秋諸侯朝覲會遇，大夫亦豫其好。禮記曰：「大夫三月葬，同位畢至〔三〕。」此言謹終悼亡，不説子弟當見寵拔也。魯有后成叔〔四〕聘衞，右宰穀〔五〕留而觴之，陳樂而不樂，酒酣而不飲〔六〕，送〔七〕以璧〔八〕，其妻孥，隔宅〔九〕而居之，分禄而食之，其子長乃〔一〇〕辟〔一一〕。孔子稱：「可寄百里之命，託六尺之孤，臨大節而不可奪。〔一二〕」相於〔一三〕之義，具於此矣。語有曰：「白頭如新，交蓋如舊。〔一四〕」簞食壺漿〔一五〕，會於樹陰，臨别眷眷，念在報効；何有同歲相臨，而可拱默者哉？春秋因其可褒而褒之〔一六〕，若乃世公二郡之舉，斯爲過矣。然世人亦多淺薄，在者無慇勤之誼〔一七〕，亡者無顧覆之施，飢〔一八〕寒緩急〔一九〕，視之若遺；非徒如此而已，至有可否之際，受刑誅者。人各有心，兩不得中〔二〇〕。夫孝廉平除〔二一〕，則有社稷民人〔二二〕，傷及民人，實宜料度，以爲後圖〔二三〕。

〔一〕書鈔設官部引漢官儀：「孝廉古之貢士，耆儒甲科之謂也。」

〔二〕「以」，拾補云：「疑『文』。」器案：疑當作「有」，「以」古作「目」，與「有」形近而誤。

〔三〕此左傳隱公元年文，禮記王制、雜記俱言「大夫三月而葬」，無下句；語又見説苑修文篇。

〔四〕「后」元作「右」，今改。文選嵇康幽憤詩注引左傳、禮記檀弓上，俱云「后成叔」，左傳昭公二十五年、定公十年及魯語上作「郈成叔」，吕氏春秋觀表篇、孔叢子陳士義篇作「郈成子」，左傳襄公十四年作「厚成叔」，釋文云：「『厚』本或作『郈』。」案：左傳昭公二十五年，「季、郈之雞鬭」，史記魯世家集解：「徐廣曰：『郈一本作厚，世本亦然。』」古今人表「厚昭伯」，注云：「即郈昭伯。」史記魯世家索隱：「郈昭伯稱厚氏。」潛夫論志氏姓篇：「魯之公族有后氏。」禮記檀弓「后木」，疏引世本作「厚氏」。說文：「垕，古文厚。」集韻：「或作『郈』。」則作「后」、作「厚」，皆「郈」之變文也。

〔五〕拾補曰：「呂氏春秋觀表篇有『臣』字。」器按：孔叢子陳士義篇、古今人表亦有「臣」字，左傳襄公十四年無「臣」字。

〔六〕「不飲」，拾補云：「二字衍。」

〔七〕「送」下，拾補校補「之」字。

〔八〕「璧」下，拾補據呂氏春秋、孔叢子補「及甯喜之難作，右宰穀（亦去「臣」字）死之，后成叔使人迎」十七字。

〔九〕拾補曰：「兩書皆作『隔』，『⿰阝聶』疑字誤。」拾補識語曰：「『⿰阝聶』讀爲『攝乎大國之間』之『攝』。」器案：盧校是，「⿰阝聶」即「隔」形近而誤。

〔一〇〕「乃」下，拾補校補「反其」二字。

〔一一〕「辟」，拾補校作「璧」。

〔一二〕論語泰伯篇曾子語。晉書閻纘傳引「可以託六尺之孤，臨大節而不可奪」，以爲孔子語，與此合。

〔一三〕潛夫論交際篇：「俗人之相於也，有利生親，積親生愛。」又釋難篇：「夫堯、舜之相於人也，非戈與伐也。」汪繼培箋云：「相於，兩相交被之辭。文五年左傳疏引鄭康成箴膏肓云：『禮，天子於二王後之喪，含爲先，襚次之，賵次之；於諸侯，含之，賵之；小君亦如之；於諸侯臣，襚之；諸侯相於如天子於二王後。』儀禮聘禮鄭注：『大問曰聘，諸侯相於，久無事，使卿相問之禮。』易林蒙之巽：『患解憂除，王母相於，與喜俱來，使我安居。』藝文類聚五十三孔融與韋休甫書曰：『疾動，不得復與足下岸幘廣坐，舉杯相於，以爲邑邑。』急就篇有尚自於，一人言自於，二人言相於。呂氏春秋不侵篇云：『豫讓國士也，而猶以人之於己也爲念。』高誘注：『於猶厚也。』相於亦相厚之意矣。」器案：曹子建樂府當來日大難：「廣情故，心相厚。」御覽六八八引繁欽定情詩：「何以結相於，金薄畫幓頭。」晉書左貴嬪傳：「爲離思賦曰：『況骨肉之相於兮，永緬邈而兩絶。』」讀曲歌：「君行負憐事，那得厚相於。」杜甫贈李八秘書別三十韻：「良友惜相於。」是相於一詞，自漢、魏至唐人猶相沿用之。尋左傳莊公九年：「管夷吾治於高傒。」杜注：「言管仲治理政事之才，多於敬仲。」又成公二年：「余雖欲於鞏伯。」於亦厚意。詩秦風權輿「於我乎」，箋所謂「其意勤勤然」，亦厚義也。馬融廣成頌：「淤賜犒功。」然則「於」亦「淤」之借字也。

〔一四〕史記鄒陽列傳：「諺曰：『有白頭如新，傾蓋如故。』」集解：「桓譚新論曰：『言内有以相知與否，不在新故也。』」索隱：「案服虔云：『人不相知，自初交至白頭，猶如新也。（傾蓋如故）如吴札、鄭僑也。』按家語：『孔子遇程子於途，傾蓋而語。』又志林云：『傾蓋者，道行相遇，軿車對語，兩蓋相切、小欹之，故曰傾也。』」漢書鄒陽傳注：「孟康曰：『初相識，至白頭不相知。』文穎曰：『傾蓋，猶交蓋，駐車也。』」語又見新序雜事三。

〔一五〕孟子梁惠王下：「簞食壺漿，以迎王師。」

〔一六〕公羊傳隱公元年：「因其可褒而褒之。」十反篇亦載此語。

〔一七〕此句元作「在者無之」，何本、鍾本、拾補引嚴于鈇本作「在者寡慇勤之誼」，鄭作「在者無□□之□」，今酌補「慇勤」「誼」三字。

〔一八〕「飢」，程本、鍾本作「饑」。

〔一九〕緩急二字，偏義複詞。

〔二〇〕「兩不得中」，何本、鍾本作「兩不可得」。

〔二一〕平，平議也。

〔二二〕論語先進篇：「子路曰：『有民人焉，有社稷焉，何必讀書，然後爲學？』」孔安國曰：「言治民事神，於是而習之，亦學也。」

〔三〕左傳桓公六年：「以爲後圖。」正義曰：「以爲在後圖謀。」案：三國志魏書邴原傳注引邴原別傳：「孔融曰：『往者，應仲遠爲泰山太守，舉一孝廉，旬月之間而殺之。夫君人厚薄，何常之有？』原對曰：『仲遠舉孝廉，殺之，其義焉在？夫孝廉，國之俊選也，舉之若是，則殺之非也；若殺之是，則舉之非也。詩云：彼己之子，不遂其媾。蓋譏之也。語云：愛之欲其生，惡之欲其死，既欲其生，又欲其死，是惑也。仲遠之惑甚矣，明府奚取焉。』」仲遠之舉孝廉而殺之，與此之議孝廉之平除，事可比義，故附及之。

汝南戴幼起，三年服竟，讓財〔一〕與兄，將妻子出客舍中，住官池田〔二〕以耕種。爲上計史〔三〕，獨車載衣資〔四〕，表汝南太守上計史戴紹車。後舉孝廉，爲陝令。

〔一〕「財」，郎本誤「則」。

〔二〕漢書宣紀：「詔：『池籞未御幸者，假與貧民。』」應劭注曰：「池，陂池也；籞，禁苑也。」

〔三〕後漢書應奉列傳注引謝承書：「奉少爲上計吏，許馴爲計掾。」劉攽曰：「案『吏』當爲『史』，總而言，掾、史皆吏，別而言之不同，上計有史有掾也。」案劉説是，本書正作上計史。續漢書百官志五：「秋冬集課上計於所屬郡國。」注補引胡廣曰：「秋冬歲盡，各計縣户口墾田，錢穀入出，盜賊多少，上其集簿，丞尉以下，歲詣郡課校其功，功多尤爲最者，於廷尉（借作「慰」）勞勉之，以勸其後，負多尤爲殿者，於後曹別責，以糾怠慢也。諸對辭窮尤困收主者，掾、史關白太守，使取法丞尉縛責以明下，轉相督勅，爲民除害也。明帝詔書『不得僇辱黄綬』，以別小人吏也。」

〔四〕漢書朱買臣傳：「買臣隨上計吏爲卒，將重車至長安。」師古曰：「買臣身自充卒，而與計吏將重車也。載衣食具曰重車。重音直用反。」據此，則上計吏當別有車，故應氏按語亦以推獨車爲言，此載衣資者，即所謂重車是也。

謹按：禮有東宮西宮，辟子之私，不足則資，有餘亦歸之於宗也〔一〕。此言兄弟無離異之義也。凡讓財者類與弟〔二〕，子弟尚幼，恩情〔三〕注，希有與兄。既出之日，可居冡〔四〕下，冡無屋，宗家〔五〕猶有贏〔六〕田廬田，可首粥力者耳〔七〕，何必官池客舍。既推獨車，復表其上，爲其〔八〕飾僞，良亦昭晰。幼起同辟有薛孟嘗者〔九〕，與弟子共居，弟子常〔一〇〕求分，力〔一一〕不能止，固〔一二〕乃聽之，都與，奴婢引〔一三〕其老者，曰：「與我共事〔一四〕，汝不能使之。」田屋取其荒壞者，曰：「我少時所作買〔一五〕，意所戀也。」器物取其久者〔一六〕，曰：「我服食久，身口安之也。〔一七〕」外有共分之名，內實十三耳。子弟〔一八〕無幾盡之，輒復更分，如此者數〔一九〕。傳稱袁盎三兄子分而供其公家之費〔二〇〕，此則〔二一〕然矣。論語：「泰伯三讓，民無得而稱之焉。〔二二〕」何有讓數十萬，畏人而〔二三〕不知，欲令皦皦〔二四〕，乃如是乎？方之袁、薛，差以千里。凡同居，上也；通有無，次也；讓其下耳〔二五〕。況若幼起，仍〔二六〕斯不足貴矣。

〔一〕儀禮喪服傳：「故昆弟之義無分，然而有分者，則辟子之私也。子不私其父則不成爲子，故有東宮，有西宮，有南宮，有北宮，異居而同財，有餘則歸之宗，不足則資之宗。」

〔二〕「弟」上，拾補校補「子」字。

〔三〕「情」下，拾補云：「下脱一字。」

〔四〕「冡」，兩京本誤作「家」，下同。御覽五二六、九七五引汝南先賢傳曰：「薛苞歸先人冡側坊中，種稻以祭祀，芋以充飢。」冡側猶冡下也。

〔五〕後漢書樊弘列傳：「與宗家親屬作營壍自守，老弱歸之者千餘家。」宗家，猶言宗人。

〔六〕「羸」元作「贏」，今據拾補校改。

〔七〕「首」，拾補校作「身」，云：「『粥身』又見下卷，乃勸力之意。」

〔八〕「爲其」，拾補曰：「似倒。」

〔九〕御覽一八一引華嶠後漢書：「汝南薛苞字孟嘗。」又四一四引汝南先賢傳：「薛苞字孟嘗，西平人。」

〔一〇〕「常」，郎本作「當」，未可據。

〔一一〕「力」，拾補云：「范書作『包』，乃孟嘗之名，上『薛』字下或當有『包』字。」

〔一二〕「固」，拾補校作「因」。

〔一三〕引亦取也，與下文言取，互文見義。後漢書孔融傳注引融家傳：「每與諸兄共食梨，融輒引小者。大人問其故，答曰：『我小兒，法當取小者。』」御覽三八五引孔融別傳亦謂：「每與諸兄共食梨，引小者，人問其故，答曰：『我小兒，法當取小。』」前言引，後言取，以互文見義，與此正同。

〔一四〕案范書劉趙淳于江劉周趙列傳序、後漢紀十一、御覽四一四引汝南先賢傳、又五一二引華嶠後漢書、顏氏家訓後娶篇俱作「與我共事久」，語意較完，當據補正。

〔一五〕拾補曰：「范書作『吾少時所理』。」器案：家訓與范書同，華書、袁紀、汝南先賢傳俱作「吾少時所治」。

〔一六〕器案：「久」讀爲「舊」，論語憲問篇集解引孔注：「久要，舊約也。」漢書述魏豹田儋韓信傳贊：「曷惟其舊。」與起、朽韻，應劭曰：「言不能久也。」文選答賓戲注引項岱曰：「久，舊也。」

〔一七〕「安之」，郎本誤乙作「之安」。

〔一八〕「子弟」，拾補校作「弟子」。

〔一九〕范書劉趙淳于江劉周趙列傳序：「安帝時，汝南薛苞孟嘗，好學篤行，喪母，以至孝聞。及父娶後妻而憎包，分出之；包日夜號泣不能去，至被歐杖。不得已，廬於舍外，旦入而洒掃；父怒，又逐之。乃廬於里門，昏晨不廢，積歲餘，父母慚而還之。後行六年服，喪過乎哀。既而弟子求分財異居，包不能止，乃中分其財，奴婢引其老者，曰：『與我共事久，若不能使也。』田廬取其荒頓者，曰：『吾少時所理，意所戀也。』器物取朽敗者，曰：『吾素所服食，身口所安也。』弟子數破其產，輒復賑給。」序末注云：「自此已上，並華嶠之詞也。」後漢紀十一：「弟子求出居，苞不能止，乃中分財，奴婢引其老者，曰：『與我共事久，若不能使也。』田廬取其荒者，曰：『吾少時所治，意所戀也。』器取朽者，曰：『我服之久，身所安也。』」御覽四一四引汝南先賢傳：「既而弟子求分異居，苞不能止，乃中分其財，奴婢引其老者，曰：『與我共事久居（疑「若」誤）不能使也。』田廬取其荒者，曰：『吾少時所治，意所戀也。』器物取朽敗者，曰：『我素所服食，身口所安。』弟子數破其產，續復賑給。」又五一二引華嶠後漢書：「薛苞弟子求出，苞不敢止，乃中分其財，奴婢引其老者，曰：『與我共事久，若不能使也。』田廬取其荒頓者，曰：『吾少時所治，意所戀也。』器物取其朽敗者，曰：『我服食已久，身口所安也。』」

〔二〇〕論衡定賢篇：「袁將軍再與兄子分家財，多有以爲恩義。」

〔二一〕「則」，何本、鍾本作「其」。

〔二二〕論語泰伯篇：「子曰：『泰伯其可謂至德也已矣，三以天下讓，民無得而稱焉。』」

〔二三〕「而」，拾補云：「衍。」

〔二四〕後漢書黃瓊傳：「皦皦者易污。」通鑑胡注曰：「皦皦，玉石之白也。」

〔三五〕日知錄十三曰：「應劭風俗通曰：『凡兄弟，同居，上也；通有無，次也；讓其下耳。』豈非中庸之行，而今人以爲難能者哉？」

〔三六〕「仍」，拾補云：「疑。」

江夏太守河内〔一〕趙仲讓，舉司隸〔二〕茂材，爲高唐令，密〔三〕乘輂車，徑至高唐，變易名姓，止都亭中十餘日，默入市里，觀省風俗，已，呼亭長問：「新令爲誰？從何官來？何時到也？」曰：「縣已遣吏迎，垂有起居。〔四〕」曰：「正我是也。」亭長怖，遽拜謁，竟，便具吏。其日入舍，乃謁府，數十日無故便去。爲郡功曹所選，頗有不用，因稱狂，亂首走出府門。太守以其宿有重名，忍而不罪。後爲大將軍〔五〕梁冀從事中郎〔六〕，冬月坐庭中，向日解衣〔七〕裘捕〔八〕虱，已，因傾臥〔九〕，厥形悉表露〔一〇〕。將軍夫人襄城君〔一一〕云：「不潔清，當亟推問。」將軍嘆〔一二〕曰：「是趙從事〔一三〕，絶〔一四〕高士也。」他事若此非一也〔一五〕。

〔一〕「河内」，御覽九五一引作「河南」。水經清水注引應劭地理風俗記：「河内，殷國也，周名之爲南陽，又曰『晉始啓南陽』，今南陽城是也，秦始皇改曰脩武。」又見漢書地理志脩武注引應劭。

〔二〕後漢書光武紀下注引漢官儀：「司隸校尉部河南、河内、右扶風、左馮翊、京兆、河東、弘農七郡於河南洛陽，故謂東京爲司隸。」

〔三〕「密」，何本、鍾本作「不」。

〔四〕拾補曰：「『垂有起居』，言垂卽有動静相聞耳。一本『垂』作『乘』，誤。」案兩京本誤作「乘」。垂，猶今言卽將，後漢書獨行趙苞傳：「遣使迎母及妻子，垂當到郡。」垂字義與此同。

〔五〕續漢書百官志一注引蔡質漢儀：「漢興，置大將軍、驃騎，位次丞相。」

〔六〕「中郎」原作「中郎將」，今據拾補校删。拾補曰：「『將』字衍，御覽無。」案御覽九五一引作「郎中」，字誤倒植，緯略四引有「將」字，誤同今本。續漢書百官志一：「大將軍從事中郎二人，六百石。本注曰：『職參謀議。』」

〔七〕御覽「衣」作「壞」。

〔八〕緯略「捕」作「搏」。

〔九〕緯略「傾」作「鵶」。

〔一〇〕「厥形悉表露」，謂暴露陰部也。三國志魏書袁紹傳：「遂勒兵捕諸閹人，無少長皆殺之，或無鬚而誤死者，至自發露形體而後得免。」亦謂發露陰部，示與閹宦有别也。御覽六九六引語林：「桓宣武性儉，着故禈，上馬不調，禈敗，五形遂露。」意亦同。

〔一一〕後漢書梁冀傳：「弘農人宰宣，素性佞邪，欲取媚於冀，迺上言：『大將軍有周公之功，今既封諸子，則其妻宜爲邑君。』詔遂封冀妻孫壽爲襄城君，兼食陽翟，租歲入五千萬，加賜赤紱，比長公主。」御覽作「襄成」，誤。

〔一二〕「嘆」，御覽作「笑」，緯略無。

〔一三〕此句緯略作「我從事中郎」。

〔一四〕御覽、緯略「絶」下有「清」字。

〔一五〕俞樾茶香室叢鈔三曰：「此事已開魏、晉竹林諸賢風氣矣。然襄城君卽孫壽也，趙君玩之，薄其人耳，應仲遠但執禮法以議之，似未識其雅意。」

謹按：詩云：「不愆不忘，率由舊章。〔一〕」左氏傳曰：「舊章不可無也。〔二〕」凡張官置吏〔三〕，爲之律度〔四〕，故能攝固〔五〕其位，天下無覬覦也〔六〕。今仲讓不先謁府，乃徑到縣，俱〔七〕謀吏民，爾乃入舍。論語：「升車〔八〕必正立〔九〕，執綏，不内顧。〔一〇〕」不掩不備，不見人短見〔一一〕。禮記：「户有二屨不入。〔一二〕」「將上堂，聲必揚。〔一三〕」家且猶若此，況於長吏乎？君子之仕，行其道也〔一四〕，民未見德，唯詐是聞〔一五〕，遠薦功曹，策名委質〔一六〕，就有不合，當徐告退，古〔一七〕既待放，須起〔一八〕乃逝，何得亂道〔一九〕，進退自由，傲很天常〔二〇〕，若無君父？洪範陳五事，以貌爲首〔二一〕，孝經列三法，以服爲先〔二二〕。仲讓居有田業，加之禄賜，勢可免凍餒之厄，未必須冬日之煖也，利不體皆此也〔二三〕。河内，殷之舊都，國分爲三，康叔之風既激〔二四〕，而紂之化由〔二五〕存，其俗士大夫本矜〔二六〕好大言〔二七〕，而少實行〔二八〕。

〔一〕詩大雅假樂文。

〔二〕左傳哀公三年文。

〔三〕後漢書光武紀下：「建武六年六月辛卯，詔曰：『夫張官置吏，所以爲人也。』」李賢注：「管子曰：『張官置吏，所以奉王之法。』」惠棟補注：「白虎通：『列土爲疆，非爲諸侯，張官設府，非爲卿大夫，皆爲民也。』」器案後漢書桓譚傳：「上疏陳時政所宜，曰：『夫張官置吏，以理萬人。』」亦用此文。

〔四〕左傳文公六年：「爲之律度。」史記夏本紀：「聲爲律，身爲度。」索隱：「言禹聲音應鍾律。」集解：「王肅曰：『以身爲法度。』」

〔五〕國語晉語四：「乃能攝固，保其土房。」韋注：「攝，持也。」

〔六〕左傳桓公二年：「是以民服事其上，而下無覬覦。」

〔七〕「俱」，拾補云：「譌，疑是『伺』。」

〔八〕拾補曰：「下『必正立執綏不』六字，定後人妄增，正立執綏，於此義無所當，何故引之？魯論語無『不』字，漢人引用多從魯。」

〔九〕史記夏侯嬰列傳集解引應劭曰：「古者皆立乘。」漢書夏侯嬰傳注引同。

〔一〇〕論語鄉黨篇：「升車，必正立，執綏，車中不内顧。」

〔一一〕「短見」，拾補曰：「『見』字衍。」案葉抱崧説叩引此作「升車，必正立，執綏，車中不内顧，不揜不備，不見人短見」，以爲論語文，失之目治。

〔一二〕禮記曲禮上「户」下有「外」字。

〔一三〕並見曲禮上。

〔一四〕論語微子篇：「君子之仕也，行其義也。」

〔一五〕左傳僖公二十三年：「卜偃曰：『民不見德，而唯戮是聞。』」

〔一六〕左傳僖公二十三年：「策名委贄。」贄、質古通。史記仲尼弟子列傳集解引服虔曰：「古者始仕，必先書其名於策，委死之贄於君，然後爲臣，示必死節於其君也。」

〔一七〕器案：「古」疑「若」。

〔一八〕「須起」，拾補云：「二字疑譌。」

〔一九〕札迻曰：「案目云：『因稱狂亂首，走出府門。』則『道』當作『首』。」器案：首、道古通，王氏讀書雜志已詳之矣。

〔二〇〕左傳文公十八年：「傲很明德，以亂天常。」

〔二一〕尚書洪範：「二五事：一曰貌，二曰言，三曰視，四曰聽，五曰思。貌曰恭，言曰從，視曰明，思曰睿。恭作肅，從作乂，明作哲，聰作謀，睿作聖。」

〔二二〕孝經卿大夫章：「非先王之法服不敢服，非先王之法言不敢道，非先王之德行不敢行。……三者備矣，然後能守其宗廟。」

〔二三〕拾補云：「此六字當爲衍文。」徐友蘭曰：「此蓋道厥形表露之失，當從丘蓋，未便刊落也。」

〔二四〕郎本原校云：「『激』一本作『歇』。」

〔二五〕「由」通「猶」，鍾本作「猶」。

〔二六〕拾補云：「『矜』下當有一『夸』字。」拾補識語曰：「『夸』爛爲『本』，倒在『矜』上。」

〔二七〕史記高紀：「劉季好大言。」漢書郊祀志：「欒大好大言。」

〔二八〕漢書地理志下：「河内本殷之故都。周既滅殷，分其畿内爲三國，詩風邶、庸、衛國是也。……河内殷虚，更屬於晉，康叔之風既歇，而紂之化猶存，故俗剛彊，多豪桀侵奪，薄恩禮，好生分。」管子水地篇：「齊、晉之水，枯旱而運，墩墆而雜，故其民諂諛葆詐，巧佞而好利。」

風俗通義十反第五〔一〕

易記出處默語〔二〕，書美「九德咸事」〔三〕，同歸殊塗，一致百慮〔四〕，不期相反，各有云〔五〕尚而已。是故伯夷讓國以採薇〔六〕，展禽不去於所生〔七〕；孔丘周流以應聘〔八〕，長沮隱居而耦耕〔九〕；墨翟摩頂以放踵〔一〇〕，楊朱一毛而不爲〔一一〕；干木息偃以藩魏〔一二〕，包胥重繭而存郢〔一三〕；夷吾朱紘以三歸〔一四〕，平仲辭邑而濯纓〔一五〕；惠施從車以百乘〔一六〕，桑扈徒步而裸形〔一七〕；甯戚商歌以干禄〔一八〕，顔闔踰牆而遁榮〔一九〕；高柴趣門以避難，季路求入而隕零〔二〇〕；端木結駟以貨殖，顔回屢空而弗營〔二一〕；孟獻高宇以美室〔二二〕，原憲蓬門而株楹〔二三〕。傳曰：「人心不同，有如其面。〔二四〕」古今行事〔二五〕，是則然矣，比其舛曰十反〔二六〕。

〔一〕蘇頌曰：「十反第五，子抄云：『第九。』」器案：自此以下各卷，大德本元有墨塊闕不等，今悉依宋本補訂，不另詳也。

〔二〕易繫辭上，已注愆禮篇。

〔三〕書皋陶謨文。

〔四〕易繫辭下：「天下同歸而殊塗，一致而百慮。」

〔五〕文選陸士衡答賈長淵詩注引應劭漢書注：「云，有也。」器按：云猶所也，漢書李尋傳：「各有云爲。」義與此同。

〔六〕史記伯夷列傳：「伯夷、叔齊，孤竹君之二子也，父欲立叔齊，及父卒，叔齊讓伯夷，伯夷曰：『父命也。』遂逃去。叔齊亦不肯立而逃之，國人立其中子。於是伯夷、叔齊聞西伯昌善養老，盍往歸焉，及至西伯卒。武王載木主，號爲文王，東伐紂。伯夷、叔齊叩馬而諫曰：『父死不葬，爰及干戈，可謂孝乎？以臣弒君，可謂仁乎？』左右欲兵之，太公曰：『此義人也。』扶而去之。武王已平殷亂，天下宗周，而伯夷、叔齊恥之，義不食周粟，隱於首陽山，采薇而食之，及餓且死，作歌，其辭曰：『登彼西山兮，采其薇矣。以暴易暴兮，不知其非矣。神農、虞、夏，忽焉没兮，我安適歸矣。于嗟徂兮，命之衰矣。』遂餓死於首陽山。」

〔七〕論語微子篇：「柳下惠爲士師，三黜，人曰：『子未可以去乎？』曰：『直道而事人，焉往而不三黜。枉道而事人，何必去父母之邦。』」展禽卽柳下惠，所生卽謂父母之邦。

〔八〕陸賈新語本行篇：「夫子……周流天下，無所合意。」鹽鐵論論儒篇：「孔子周流。」趙岐孟子題辭：「莫仲尼周流憂世。」

〔九〕論語微子篇：「長沮、桀溺耦而耕。」集解引鄭玄曰：「長沮、桀溺，隱者也。耜廣五寸，二耜爲耦。」

〔一〇〕孟子盡心上：「墨子兼愛，摩頂放踵，利天下爲之。」趙岐注：「墨子，墨翟也。兼愛他人，摩突其頂，下至於踵，以利天下，己樂爲之也。」

〔一一〕孟子盡心上：「楊子最爲我，拔一毛而利天下，不爲也。」趙注：「楊子，楊朱也。爲我，爲己也。拔己一毛，以利天下之民，不肯爲也。」拾補曰：「『爲』或是『應』字，協韻。」器案：爲字古韻屬歌部，與耕部對轉，如羸聲有羸有嬴是也，故此與耕部字通協，盧説非是。

〔一二〕事詳呂氏春秋期賢篇、淮南子脩務篇、新序雜事五、史記魏世家、論衡非韓篇、高士傳。廣韻二十九換引氏姓篇云：「段氏，段干木之後。」史記老子列傳集解、路史國名紀乙引風俗通云：「姓段，名干木。」淮南注、論衡、魏都賦：「干木之德。」楚辭九辨王逸注：「干木闔門而辭相。」俱稱干木。姓苑、通志氏族略五、路史國名紀乙、程大中四書逸箋並謂段干姓，木名。考史記老子列傳：「老子之子名宗，爲魏將，封於段干。」國策齊策一高注：「段干，姓。」三輔決録：「段干木之子隱如入關，去干字爲段。」則段干爲複姓，明矣。古人複姓，多取下字連名稱之，故孫叔敖爲叔敖，公牛哀爲牛哀，司馬遷爲馬遷，東方朔爲方朔等，不可計極，段干木稱干木，正其比也。史記集解、齊東野語一並謂風俗通作姓段名干木，蓋不知古人語例耳。又案：息偃當作偃息，幽通賦：「木偃息以藩魏。」呂氏春秋順説篇高注：「段干木偃息以安魏。」趙岐孟子公孫丑下孟子謂蚳鼃章章指：「段干木偃寢而式閭。」三國志魏書衛臻傳載明帝詔：「昔干木偃息，義壓强秦。」左太冲詠史詩：「吾希段干木，偃息藩魏君。」字皆作偃息是其證。

〔一三〕「蠒」，朱藏元本、仿元本、兩京本、胡本、郎本、鍾本、類纂本誤作「蠆」。札迻曰：「案『蠆』當爲『蠒』之誤，淮南脩務訓云：『申包胥曾繭重胝，七日七夜，至於秦庭。』（干祿字書：「繭，俗作蠒。」）」器案：應氏此二言，原本班固幽通賦，班賦曰：「木偃息以蕃魏兮，申重繭以存荆。」彼文正作「重繭」，師古注云：「繭，足下傷起如繭也。……昭王反國，將賞包胥，包胥辭曰：『吾所以重繭爲君耳，非爲身也。』逃不受賞。」案包胥辭賞事，詳載戰國策楚策、淮南修務、説苑至公、新序義勇，包胥辭曰云云，俱不作「重蠒爲君」，顔氏此注殆依正文爲説耳。宋策：「墨子百舍重繭。」高誘注：「重繭，累胝也。」淮南脩務：「昔者，楚欲攻宋，墨子聞而悼之，自魯趍而十日十夜，足重繭而不休息，裂衣裳裹足，至於郢見楚王。」後漢書馮衍傳：「田邑報衍書：『昔墨翟累繭救宋，申包胥重胝存楚。』」抱朴子博喻篇：「墨翟以重繭怡顔。」梁書武紀上：「府僚重請曰：『雖復累繭救宋，重胝存楚，居今觀古，曾何足云。』」包胥重繭之説，殆借用墨翟事。又案：禮記内則：「執麻枲，治絲繭，織紝組紃，學女事以共衣服。」列女傳賢明宋鮑女宗傳用其文，「繭」作「蠒」。又王制「繭栗」，釋文：「字又作『蠒』，公典反。」史記貨殖白圭傳：「歲孰取穀，與之絲漆蠒。」俱爲「繭」字古又作「置」之證。

〔一四〕「紘」原作「絃」，朱筠曰：「案『朱絃』當作『朱紘』。」器案禮記雜記下：「孔子曰：『管仲鏤簋而朱紘，旅樹而反坫，山節而藻棁，賢大夫也，而難爲上也。』」卽應氏所本，朱校是，今據改正。論語八佾篇：「管氏有三歸。」

〔一五〕「辭」，鍾本誤作「息」。晏子春秋内篇雜上：「晏子爲莊公臣，言大用，每朝賜爵益邑；俄而不用，每朝致邑與爵，爵邑盡，退朝而乘，喟然而歎，終而笑。其僕曰：『何歎笑相從數也？』晏子曰：『吾歎也，哀吾君不免於難；吾笑也，喜吾自得也，吾亦無死矣。』崔杼果弒莊公。」孟子離婁上：「有孺子歌曰：『滄浪之水清兮，可以濯我纓；滄浪之水濁兮，可以濯我足。』」

〔一六〕淮南齊俗篇：「惠子從車百乘以過孟諸，莊子見之，棄其餘魚。」

〔一七〕「桑」字原脱，何本、鍾本有「伯」字，類纂本、合雅本有「桑」字，拾補校補「桑」字，今從之。今案楚辭涉江：「桑扈羸行。」王逸注：「桑扈，隱士也，去衣裸裎，效夷、狄也。『羸』一作『裸』。」説苑修文篇：「孔子曰：『可也簡。』簡者易野也，易野者，無禮文也。孔子見子桑伯子，子桑伯子不衣冠而處。弟子曰：『夫子何爲見此人乎？』曰：『其質美而無文，吾欲説而文之。』孔子去，子桑伯子門人不説，曰：『何爲見孔子乎？』曰：『其質美而文繁，吾欲説而去其文。』故曰文質修者，謂之君子；有質而無文，謂之易野。」

〔一八〕史記鄒陽列傳：「甯戚飯牛車下，而桓公任之以國。」集解引應劭曰：「齊桓公夜出迎客，而甯戚疾擊其牛角，商歌曰：『南山矸，白石爛，生不逢堯與舜禪，短布單衣適至骭，從昏飯牛薄夜半，長夜漫漫何時旦。』公召與語，説之，以爲大夫。」漢書鄒陽傳注引應劭説同，惟「商歌」作「高歌」，宋祁以爲「高」字合作「商」。器案管子小問、淮南道應、氾論二篇、列女傳辯通齊管妾婧傳、新序雜事五及孟子告子下趙岐注、離騷王逸注、淮南氾論、繆稱二篇高注，俱作「商歌」，宋校是也。考甯戚歌見於記載者各異，其以爲歌碩鼠者，說苑善説（據後漢書馬融列傳注引，今本誤作「顧見」）及呂氏春秋舉難高注是也；其以爲歌南山、滄浪、東門三歌者，蒙求舊注引三齊略記，後漢書蔡邕傳注、孟子告子下疏、洪興祖離騷補注、困學紀聞三引三齊記載南山歌，與應氏所引同，文選江文通雜體詩集注引鈔作「南山峩峩白石粲，下有寒泉文章侵，中有鯉魚長尺半，袒布單衣裁至骭，生不遭堯與舜禪，長夜漫漫何時旦？黃特上坂且休息，細剉大豆在爾側，吾將與爾相齊國。」藝文類聚四三引甯戚扣牛角歌云：「滄浪之水白石粲，中有鯉魚長尺半，穀布單衣裁至骭，清朝飯牛至夜半。黃犢上坂且休息，吾將捨汝相齊國。」（御覽五九引三齊畧記：「滄浪水，在齊城西南十五里，康衢，則甯戚扣牛角歌於此也。」）文選成公子安嘯賦注引東門歌云：「出東門兮厲石班，上有松柏兮清且蘭。麤布衣兮緼縷，時不遇兮堯、舜主。牛兮努力食細草，大臣在爾側，吾當與爾適楚國。」馮惟訥古詩紀引劉向別録載戚歌南山、滄浪、東門三首，楊慎風雅逸篇六引東門歌，亦云：「劉向別録所載。」考古書引別録無此文，此恐是明人謬言。馮氏詩紀又引蝸笑外稿云：「此歌不類春秋時人語，蓋後世所擬者，高誘注呂氏春秋，謂戚所歌乃詩碩鼠之辭，雖未見所據，亦可知南山白石之歌，誘初未之見也。然其辭亦激烈，足以動人。」其以爲歌白水之詩者，劉子新論適才篇袁孝政注：「甯戚初仕於齊，佯爲商人，見桓公，乃扣角而歌，歌曰：『浩浩之泉，游游之魚，懷德不仕，乃容將軍者也。』」案袁氏此說，本管子小問及列女傳辯通齊管妾婧傳，彼文謂「古有白水之詩是也。」綜上所述，是甯戚商歌有三說也。論語爲政篇：「子張學干祿。」

〔一九〕漢書揚雄傳解嘲注：「應劭曰：『魯君聞顏闔賢，欲以爲相，使者往聘，因鑿後垣而亡。』」以爲鑿垣，與此文異。案此事詳莊子讓王篇、呂氏春秋貴生篇，高誘注以爲踰坏，淮南齊俗篇、宋玉九辯王逸注以爲鑿培，是舊有二說也。

〔二〇〕左傳哀公十五年：「季子將入，遇子羔將出，曰：『門已閉矣。』季子曰：『吾姑至焉。』子羔曰：『弗及，不踐其難。』季子曰：『食焉不辟其難。』子羔遂出。子路入，及門，公孫敢門焉，曰：「無入爲也。」季子曰：『是公孫，求利焉而逃其難，由不然，利其祿，必救其患。』有使者出，乃入，曰：『大子焉用孔悝，雖殺之，必或繼之。』且曰：『大子無勇，若燔臺半，必舍孔叔。』大子聞之懼，下石乞。盂黶敵子路，以戈擊之，斷纓，子路曰：『君子死，冠不免。』結纓而死。孔子聞衛亂，曰：『柴也其來，由也死矣。』」案此事又詳史記衛康叔世家及仲尼弟子列傳。御覽三六六引論語隱義曰：「衛蒯聵亂，子路與師往，有狐黯者，當師曰：『子欲入耶？』曰：『然。』黯從城上下麻繩鉤子路，半城，問曰：『爲師耶？爲君耶？』曰：『在君爲君，在師爲師。』黯因投之，折其左股，不死，黯開城欲殺之，子路目如明星之光耀，黯不能前，謂曰：『畏子之目，願覆之。』子路以衣袂覆目，黯遂殺之。」又御覽三七四、廣志二五引幽通賦注：「衛蒯聵亂，子羔滅鬢，衣婦人衣，逃得出，曰：『父子爭國，吾何爲其間乎！』」則又傳聞異辭也。

〔二〕論語先進篇：「子曰：『回也其庶乎！屢空。賜不受命，而貨殖焉，億則屢中。』」漢書貨殖傳：「子贛既學於仲尼，退而仕衛，發貯鬻財曹、魯之間，七十子之徒最爲饒。而顔淵簞食瓢飲，在於陋巷。子贛結駟連騎，束帛之幣，聘享諸侯，所至國君，無不分庭，與之抗禮。然孔子賢顔淵而譏子贛，曰：『回也其庶乎！屢空。賜不受命，而貨殖焉，意則屢中。』」

〔三〕器案：「孟獻」疑當作「晉獻」。禮記檀弓下：「晉獻文子成室，晉大夫發焉，張老曰：『美哉輪焉，美哉奐焉。』」鄭注：「輪，輪囷，言高大。奐言衆多。」又晉語八：「趙文子爲室，斲其椽而礱之，張老夕焉而見之，不謁而歸。」當卽其事。

〔三〕史記仲尼弟子列傳：「原憲字子思，……孔子卒，原憲遂亡在草澤中，子貢相衛，而結駟連騎，排藜藿，入窮閻，過謝原憲。憲攝敝衣冠見子貢。子貢恥之曰：『夫子豈病乎？』原憲曰：『吾聞之：無財者謂之貧，學道而不能行者謂之病。若憲貧也，非病也。』子貢慙，不懌而去，終身恥其言之過也。」（又見莊子讓王篇）

〔二四〕左傳襄公三十一年：「人心之不同，如其面焉。」

〔二五〕漢書翟方進傳：「自道行事以贖論。」劉敞曰：「漢時人言行事、成事，皆謂已行已成事也。王充書亦有之。」案：行事，亦言成事、往事、已事、故事，説詳王念孫讀書雜志漢書十二。

〔二六〕「舛」，鍾本誤作「外」。案：十反，指上言十者，事物相反。韓非子有六反篇，亦言言實相反者有六事，應氏卽擬爲之。

太尉〔一〕沛國劉矩叔方〔二〕，父〔三〕字叔遼，累祖卿尹〔四〕，好學敦整，士名〔五〕不休揚，又無力援，仕進陵遲。而叔方雅有高問，遠近偉之，州郡辟請，未嘗答命，往來京師，委質通門〔六〕。太尉徐防〔七〕、太傅〔八〕桓焉〔九〕二公，嘉其孝敬，慰愍契闊〔一〇〕，爲之先後〔一一〕，叔遼由此辟公府博士〔一二〕，徵議郎〔一三〕。叔方爾乃翻然〔一四〕改志，以禮進退，三登台衮〔一五〕，號爲名宰〔一六〕。

〔一〕續漢書百官志一：「太尉公一人。」本注曰：「掌四方兵事功課，歲盡，卽奏其殿最，而行賞罰。凡郊祀之事，掌亞獻；大喪則告謚南郊。凡國有大造大疑，則與司徒、司空通而論之；國有過事，則與三公通諫争之。世祖卽位，改爲大司馬，建武二十七年，改爲太尉。」注引應劭曰：「自上安下曰尉，武官悉以爲稱。」

〔二〕後漢書循吏列傳：「劉矩字叔方，沛國蕭人也。」又皇甫規傳注引應劭漢官儀：「劉矩字叔方。」

〔三〕「父」，拾補據范書校作「叔父」。器案：盧校非也，漢人叔侄亦稱父子。孫志祖讀書脞録六：「古人稱叔侄亦曰父子，漢書疏廣傳：『父子並爲師傅。』謂廣爲太子太傅，其兄子受爲少傅也。後漢書蔡邕傳：『陽球飛章言邕及質，邕上書自陳，如臣父子，欲相傷陷。』晉書謝安傳：『朝儀欲以謝玄爲荆州刺史，謝安以父子名位太重。』質乃邕之叔父，玄亦安之兄子也。又通鑑卷一百十：『慕輿護曰：以子拒父猶可，況以父拒子乎？』慕容德於寶爲叔父，亦稱父子，晉以後則罕見矣。」今案：孫説是，應氏此文，亦是叔侄稱父子之證，盧氏據范書補作「叔父」，非也。

〔四〕案後漢書順紀：「永建二年，秋七月庚子，太常劉光爲太尉，録尚書事。」注：「劉光字仲遼，即太尉劉矩之弟。」案仲遼即叔遼，是矩叔父，非弟也。劉矩傳稱「叔父光，順帝時爲司徒。」案順紀：「永建四年秋八月丁巳，太尉劉光免。」則光卒官太尉，云司徒，亦誤。又案：累祖猶言歷代。後漢書何敞傳：「累祖蒙恩，至臣八代。」

〔五〕土名，即當時所謂鄉曲之譽。後漢書和紀：「永元五年三月戊子詔曰：『選舉良才，爲政之本，科別行能，必由鄉曲。』」蓋當時進身之階，率由鄉舉里選，故土名對於仕宦前途，關係綦重。三國志魏書王粲傳注引魏略：「始吴質爲單家，少遊遨貴戚間，蓋不與鄉里相沈浮，故雖已出官，本國猶不與之土名。」又引吴質別傳：「土名不揚，謚爲醜侯。」則土名之説，曹魏時猶然。魏書傅嘏傳注、世説文學篇注引傅子：「鄧颺好變通，合徒黨，鬻聲名於閭閻。」晉書孫楚傳：「才藻卓絶，爽邁不羣，多所陵傲，缺鄉曲之譽，年四十餘，始參鎮東軍事。」抱朴子自叙：「持鄉論者，則賣選舉以取謝。」由上所引吴質、鄧颺、孫楚、葛洪諸事觀之，皆可説明土名對於仕宦之關係也。

〔六〕文選西都賦：「立十二之通門。」蜀都賦：「闢二九之通門。」吴都賦：「通門二八。」則所謂「委質通門」，猶言從政於輦轂之下也。

〔七〕後漢書徐防列傳：「防字謁卿，沛國銍人也，延平元年，遷太尉。」

〔八〕續漢書百官志一：「太傅上公一人。」本注曰：「掌以善導，無常職。世祖以卓茂爲太傅，薨，因省，其後，每帝初即位，輒置太傅，録尚書事，薨輒省。」注引應劭漢官儀曰：「傅者，覆也。」

〔九〕後漢書桓焉列傳：「焉字叔元，永寧中，順帝立爲皇太子，以焉爲太子少傅，月餘，遷太傅。」書鈔五九引華嶠後漢書：「桓焉明經篤行，有名稱，以尚書授安帝，拜太傅，録尚書，復入授順帝於禁中，因宴見，奏宜引三公尚書入省事，天子從之。」

〔一〇〕契闊，謂勤苦，詳愆禮篇注。

〔一一〕尚書大傳殷傳：「文王，胥附、奔輳、先後、禦侮，謂之四鄰，以免於牖里之害。」詩大雅緜：「予曰有先後。」正義：「先後者，此臣能相導禮儀，使依法典，在君前後，故曰先後也。」

〔一二〕御覽二三六引應劭漢官儀：「博士，秦官也。博者，通博古今；士者，辯於然否。孝武帝建元五年，初置五經博士，秩六百石。太常差次有明威重者一人爲祭酒，總領綱紀。」

〔一三〕書鈔設官部引漢官儀：「議郎、郎中，秦官也。議郎，秩比六百石，特徵賢良方正，敦朴有道，第公府掾試博士者拜郎中。」

〔一四〕孟子萬章上：「湯三使往聘之，既而幡然改曰云云。」趙注：「幡，反也。」荀子大略篇：「幡然。」楊注：「『幡』與『翻』同。」文選檄吴將校部曲文：「翻然大舉。」劉良注：「翻然，迴飛貌。」

〔一五〕漢人以三公爲台衮，台即三台，衮者三公命服。北史豆盧雄傳論：「後登台衮。」又尉遲迥傳：「論職推台衮。」

〔一六〕後漢書劉矩傳：「矩字叔方，沛國蕭人也。叔父光，順帝時爲司徒。矩少有高節，以叔父遼未得仕進，遂絶州郡之命。太尉朱寵、太傅桓焉嘉其忠義，故叔遼以此爲諸公所辟，拜議郎。」

陽翟令左馮翊田煇叔都，兄字〔一〕威〔二〕都，俱合〔三〕純懿，不隕洪祚。叔都最爲知名，郡常欲〔四〕爲察授之〔五〕，煇耻越賢兄，懼不得免，因緣他疾，遂託病痟。家人妻子，莫知其情，人數恐灼〔六〕，持之有度。後在田舍，天連陰雨，友人張子平、吉仲考等，密〔七〕共穿踰〔八〕，奪取衣衾，窮夜獨處，迫切至矣，然無聲響〔九〕，徒喑喑而已。子平因前抱持曰：「我某公也〔一〇〕，謂汝〔一一〕避兄耳，何意真然耶？天喪斯人，吾儕將何效乎！」相對歔欷，哀動左右。間積四歲，威都〔一二〕果舉，遷安定長史〔一三〕，據輜乘綏，還歷鄉里，薦祀祖考。叔都沃酹神坐，頫仰因語。是月，司隸、太尉、大將軍同時並辟，爲侍御史〔一四〕，舉茂才〔一五〕，不幸早隕。威都官至武都太守〔一六〕。

〔一〕類林一引無「字」字。

〔二〕鍾本「威」誤「成」。

〔三〕「合」，拾補云：「疑『含』。」案類林作「稱」。

〔四〕拾補曰：「疑脱『使』字。」

〔五〕拾補曰：「『之』字衍。」器案：原文不脱不衍，盧校俱非是。察謂察舉，漢書文翁傳：「少好學，通春秋，以郡縣吏察舉。」授謂授職，後文「封祈、周乘爲太守李張所舉，函封未發，張病物故，夫人於柩側，下帷見六孝廉曰：『李氏蒙國厚恩，據重任，咨嘉休懿，相授歲貢云云。』」即察授之事也。

〔六〕器案：「恐灼」不辭，疑當作「恐猲」，漢書王子侯表上：「葛魁侯戚，元鼎三年，坐縛家吏恐猲受賕，棄市。」師古曰：「猲，謂以威力脅人也。猲音呼葛反。」又下：「承鄉侯德天，鴻嘉二年，坐恐猲國人，受財臧五百以上免。」此「恐猲」連文之證，「猲」、「灼」形近而誤。

〔七〕「密」，鍾本誤「褒」。

〔八〕淮南齊俗篇：「故有大路龍旂，羽蓋委綏，結駟連騎，則必有穿窬、拊楗、抽箕、踰備之姦。」論語陽貨篇：「譬諸小人，其猶穿窬之盜也與。」穿踰卽穿窬。

〔九〕「響」原作「饗」，今從郎本、鄭本及類林改正。

〔一〇〕史記酈生列傳：「酈生曰：『舉大事不細謹，盛德不辭讓，而公不爲若更言。』」自稱爲公，與此相同。

〔一一〕類林「汝」下有「陽」字。

〔一二〕朱藏元本、胡本、郎本、鍾本「威」誤「戚」，郎本校云：「一本作『威都』。」

〔一三〕續漢書百官志五：「每郡置太守一人，二千石；丞一人，郡當邊戍者，丞爲長史。」

〔一四〕後漢書何敞傳注引漢官儀：「侍御史，周官也，爲柱下史，冠法冠。」

〔一五〕「才」，胡本作「材」，古通。漢書武紀：「元封五年詔：『其令州郡察吏民有茂材異等，可爲將相及使絕國者。』」注：「應劭曰：『舊言秀才，避光武諱稱茂才。』師古曰：『茂，美也。』」後漢書黃琬傳：「舊制，光祿舉三署郎，以高功久次才德尤異者爲茂才四行。時權富子弟多以人事得舉，而貧約守志者，以窮退見遺，京師爲之謠曰：『欲得不能，光祿茂才。』」

〔一六〕漢書地理志下，武都郡注引應劭曰：「故白馬氐、羌。」

太尉掾〔一〕汝南范滂孟博〔二〕，天資聰叡，辯於持論〔三〕，舉孝廉〔四〕光祿主事〔五〕，京師歸德，四方影附〔六〕。父字叔矩〔七〕，遭母憂，既葬之後，饘粥不贍，叔矩謂其兄弟：「禮不言事〔八〕，辯〔九〕杖而起；今俱匍匐號咷〔一〇〕，上闕奠酹，下困餬口〔一一〕，非孝道也。」因將人客〔一二〕於九江，田種畜牧〔一三〕，多所收獲〔一四〕，以解債，負土成冢〔一五〕，立祀。三年服闋，二兄仕進。

叔矩以自替於喪紀〔一六〕，獨寢墳側，服制如初，哀猶未歇。郡舉至孝〔一七〕，拜中司〔一八〕勾章長，病去官，博士徵，兄憂不行〔一九〕。司徒梁國盛允字子嗣，爲議郎〔二〇〕，慕孟博之德，貪樹於有禮〔二一〕，謂孟博：「家公〔二二〕區區〔二三〕，欲辟大臣，宜令邑人廉薦之。」孟博厲聲曰：「老夫〔二四〕年尊，絶意世事〔二五〕；又海内清高，當路非一。」退而告人：「子嗣欲德我，我不受也。」子嗣亦以恨，遂不得辟。　孟博病去受事，而常幹宰相之職。

〔一〕「太尉掾」三字，各本誤入上條「武威太守」之下，拾補云：「圓圍誤在此（案指「太尉掾」三字）下，當移三字之上。文選王文憲集序注引『太尉范滂辨於持論』，蓋脱一『掾』字。」器案：文選贈河陽詩注引作「太尉掾范滂，天資聰叡」，今據移正。

〔二〕後漢書范滂傳：「滂字孟博，汝南征羌人也。」注：「征羌，解見來歙傳。謝承書曰：『汝南細陽人也。』」按來歙傳：「以歙有平羌、隴之功，故改汝南之當鄉縣爲征羌國焉。」

〔三〕漢書嚴助傳：「朔、皋不根持論，上頗俳優畜之。」師古曰：「論議委隨，不能持正，如樹木之無根柢也。」又儒林傳：「仲舒通五經，能持論，善屬文。」案：持論謂堅持所立之論也。

〔四〕孝廉，注見本書序。

〔五〕唐六典一引漢官儀：「光祿勳有南北廬主事、三署主事，於諸郎之中，察茂才高第者爲之，秩四百石，次補尚書郎，出宰百里。」通典二二職官四：「主事二，漢有之。」原注：「漢光祿勳有南北廬主事，主三署之事，於諸郎之中，察茂才高第者爲之。　後漢范滂字孟博，自光祿四行遷光祿主事，時陳蕃爲光祿勳，滂執公儀詣蕃，蕃亦不止，滂懷恨，投板，棄官而去。郭泰聞之曰：『若范孟博者，豈以公禮格之。』蕃乃謝。又胡伯蕃、公沙穆並爲之。」案漢書張安世傳：「爲光禄勳，郎有醉，小便殿上。主事白行法，安世曰：『何以知其不及水漿邪？如何以小過成罪。』」此即光禄主事也。後漢書張霸傳：「舉孝廉光禄主事。」注：「光禄卿之主事也，見漢官儀。」獨行戴封傳：「後舉孝廉光禄主事。」又戴就傳：「太守劉寵舉就孝廉光禄主事。」注：「風俗通曰：『光禄奉盼舉就爲主事。』」

〔六〕文選答賓戲：「其餘猋飛景附，霅煜其間者，蓋不可勝載。」張銑注：「如影之附形。」三國志魏書司馬朗傳注引司馬彪序傳：「朗祖父儁字元異，博學好古，倜儻有大度，長八尺三寸，腰帶十圍，儀狀魁岸，與衆有異，鄉黨宗族，咸景附焉。」又辛毗傳：「今劉、孫用事，衆皆影附。」抱朴子外篇正郭：「聲譽翕熠，秦、胡景附。」顔氏家訓勉學篇：「何晏、王弼，祖述玄宗，遞相誇尚，景附草靡。」

〔七〕後漢書范滂傳注引謝承書曰：「滂父顯，故龍舒侯相也。」

〔八〕禮記喪大記：「既葬，與人立，君言王事，不言國事；大夫士言公事，不言家事。」即此文所本。拾補謂「禮不言事辨」句，非是。

〔九〕「辯」，胡本、鄭本作「辨」，辨杖即治杖，猶辨裝之爲治裝也。「起」，吴本誤「記」，鍾本作「立」。

〔一〇〕易同人：「先號咷而後笑。」

〔一一〕左傳隱公十一年：「餬口于四方。」説文：「餬，寄食也。」

〔一二〕杜甫遣興詩：「問知人客姓。」人客字本此。

〔一三〕宋本、朱藏元本、仿元本、兩京本、胡本、郎本、鍾本「畜」作「蓄」，古通。

〔一四〕宋本「收」作「全」。

〔一五〕「冢」，兩京本誤「家」。

〔一六〕禮記文王世子：「喪紀以服之輕重爲序。」鄭注：「紀猶事也。」呂氏春秋十月紀：「飭喪紀。」高注：「紀，數也。」

〔一七〕至孝，爲漢代選舉之一科。後漢書安紀：「永初五年，詔舉至孝與行卓異者。」桓紀：「建和元年，詔舉至孝、篤行之士。」獻紀：「建安五年，詔三公舉至孝二人，九卿、校尉、郡國守相各一人。」趙咨列傳：「大司農陳豨舉咨至孝、有道。」荀爽列傳：「太常趙典舉爽至孝。」繁陽令碑陰有至孝湼夔君威。

〔一八〕唐人以中丞爲中司，則此謂御史中丞也。

〔一九〕朱彝尊曰：「東漢風俗之厚，期功之喪，咸得棄官持服，如賈逵以祖父，戴封以伯父，西鄂長楊弼以伯母，繁陽令楊君以叔父，上虞長度尚以從父，韋義、楊仁、劉衡以兄，思善侯相楊著以從兄，太常丞譙玄、槐里令曹全以弟，廣平令仲定以姊，王純以妹，馬融以兄子，陳寔以期喪，皆去官；范滂父字叔矩，以博士徵，因兄喪不行；圉令趙君，司徒楊公辟，以兄憂不至；陳重當遷會稽太守，遭姊憂去官；至晉而嵇紹拜徐州刺史，以長子喪去職；陶潛以程氏妹喪自免：見於史傳及碑版，如此之多。蓋古人尚孝義，薄祿位，故能行其心之所安也。通典曰：『安帝初，長吏多避事去官，乃自非父母之服，不得去職。』自是因咽廢食之見，後人於父母之喪，且有不去官者矣。」

〔二〇〕「嗣」元作「翩」，今據孫詒讓說校改。札迻曰：「案後漢書桓帝紀李注云：『允字子代。』與此不同。水經獲水注云：『盧城城東有漢司徒盛允墓碑：允字伯世，梁國虞人也。』酈引碑文，最爲可據。後漢書注『世』作『代』者，唐人避太宗諱改耳。此作『翩』者，實當爲『嗣』字，『嗣』與『世』音正相近也。漢隸『嗣』或作『⿰冊司』（見隸釋漢石經殘碑尚書），與『翩』形近，故傳寫易誤。前愆禮篇河南尹太山羊翩祖，後漢書羊陟傳作『字嗣祖』，『翩』亦『嗣』之誤，是其證矣。」器案：孫校是，今據改。「嗣」、「世」古通，史記韓世家：「景公問曰：『尚有世乎？』」即借「世」爲「嗣」。又據鄜引碑文，「子」亦當作「伯」，「伯」古通作「百」，（如「伍伯」作「五百」之比）「百」草書作「ə」，又訛爲「子」耳。又案：孫所引桓紀文，見延熹二年，又「三年七月，司空盛允爲司徒。」

〔三一〕國語周語上：「樹於有禮，艾人必豐。」晉語四：「樹於有禮必有艾。」

〔三二〕器案後漢書王丹列傳：「丹徵爲太子少傅，時大司徒侯霸欲交友，及丹被徵，遣子昱候於道，昱拜車下，丹下答之，昱曰：『家公欲與君結交，何爲見拜？』丹曰：『君房有是言，丹未之許也。』」此子稱父爲家公者，應氏此文，則又可稱人之父爲家公也。世説新語政事篇：「袁公問陳元方：『賢家君在太丘云云。』」即其此類。劉表與袁譚書，稱譚父紹爲太公，（後漢書袁譚傳）晉簡文與郗超語，謂超父愔爲尊公，（晉書簡文紀）此亦稱人父爲公之例。顏氏家訓風操篇：「昔侯霸之子孫，稱其祖父曰家公。」則祖父亦稱家公也。

〔三三〕廣雅釋訓：「區區，愛也。」文選古詩：「一心抱區區。」後漢書何敞傳：「臣敞區區，誠欲計策兩安。」

〔三四〕「老夫」，胡本、鄭本作「老父」，御覽八五九引亦作「老父」，尋上文「允謂孟博家公」，及應氏案語，自以作「老父」爲是，當據改正。

〔三五〕御覽引「事」作「仕」。

謹按：禮：「父爲士，子爲天子。」〔一〕武王建有周之號，謚大王、王季，言王業肇於此矣〔二〕。越裳〔三〕重九譯，獻白雉，周公薦陳祖廟，曰：「先人之德。」〔四〕有天下，尊歸於父，此人道之極〔五〕。前漢詔曰：「〔六〕海内〔七〕大亂，兵革並起〔八〕，朕被堅執鋭〔九〕，自率〔一〇〕士卒，犯危難，平暴亂〔一一〕，偃兵〔一二〕息民，天下大安，此皆太公之教訓也〔一三〕。今上尊號曰太上皇。〔一四〕」春秋之義，「因其可褒而褒之」〔一五〕。孝經曰：「敬其父則子悦。」〔一六〕叔矩則其孝敬〔一七〕，則粥身苦思，率禮無違矣。則其友于〔一八〕，則褒兄委榮，盡其哀情矣〔一九〕。則其學藝，則家法〔二〇〕洽覽，誨人不倦矣〔二一〕。則其政事，則施於已試，靡有闕遺矣。君子百行〔二二〕，子產有四〔二三〕。凡在他姓，尚宜褒之，況於父乎？敬意之至，猶用夷悦〔二四〕，況於寵族乎？抗〔二五〕爽言以拒厚旨，抑所生〔二六〕以爲己高，忍能厲然獨享其榮，若乃不令之下愚〔二七〕，流貨賄〔二八〕於權變，此罪人也。田煇託疾，上也；劉矩屈體，次也；范滂吾無取焉耳。

〔一〕禮記喪服小記：「父爲士，子爲天子、諸侯，則祭以天子、諸侯，其尸服以士服。」此似有脱文。

〔二〕禮記大傳：「牧之野，武王之大事也，既事而退，柴於上帝，祈於社稷，設奠於牧室，遂率天下諸侯，執豆籩，逡奔走，追王大王亶父、王季歷、文王昌，不以卑臨尊也。」疏云：「中庸云：『周公追王太王、王季』者，謂以王禮改葬耳；不改葬文王者，以王禮葬故也；此太王、王季追王者，迹所由興，故追王也；所以追王者，以子爲天子，而不以卑臨尊，若非王迹所由，不必追王也。故小記云：『父爲士，子爲天子、諸侯，祭以天子、諸侯，其尸服以士服。』是也。」

〔三〕「裳」，拾補作「常」，古通，胡本誤作「嘗」。

〔四〕御覽七八五引尚書大傳：「交趾之南有越裳國，周公居攝六年，制禮作樂，天下和平；越裳以三象重譯而獻白雉，曰：『道路悠遠，山川阻深，音使不通，故重譯而朝。』成王以歸周公，公曰：『德不加焉，則君子不饗其質；政不施焉，則君子不臣其人；吾何以獲此賜也？』其使請曰：『吾受命吾國之黃耇曰：久矣，天之無別（列）風淮（淫）雨，意者，中國有聖人乎？有則盍往朝之。』周公乃歸之於王，稱先王之神致，以薦於宗廟。周德既衰，於是稍絶。」是應氏此文，原本尚書大傳，而陳氏定本、皮氏疏證俱未引以爲説，何也。

〔五〕漢書高紀：「六年詔云：『子有天下，尊歸於父，此人道之極也。』」

〔六〕見漢書高紀六年。

〔七〕「海内」，漢書作「天下」。

〔八〕漢書有「萬民苦殃」句。

〔九〕漢書「朕」下有「親」字。師古曰：「被堅，謂甲冑也。」又陳勝傳注：「師古曰『堅，堅甲也；銳，利兵也。』」

〔一〇〕漢書「率」作「帥」。

〔一一〕漢書有「立諸侯」句。

〔一二〕吕氏春秋蕩兵篇：「古聖王有義兵而無有偃兵。」高注：「偃，止。」

〔一三〕漢書有「諸王、通侯、將軍、羣卿大夫已尊朕爲皇帝，而太公未有號」二十二字。

〔一四〕漢書作「今上尊號太公曰太上皇」。

〔一五〕公羊傳隱公元年：「公及邾婁儀父盟于眛，……與公盟者衆矣，曷爲獨褒乎此？因其可褒者而褒之。」

〔一六〕廣要道章文。

〔一七〕左傳文公十八年：「夫莒僕，則其孝敬，則弒其君父矣；則其忠信，則竊其寶玉矣。」此文擬之，每句第一則字作動詞用，第二則字作副詞用。

〔一八〕後漢書史弼列傳：「陛下隆於友于。」注：「友，親也。尚書（君陳）曰：『惟孝友于兄弟。』」惠棟曰：「蔡邕石經論語云：『書云：孝于惟孝，友于兄弟。』包咸云：『孝于惟孝，美大孝之辭也。友于兄弟，善于兄弟施行也。所行有政道，卽與爲政同。』今流俗本作『孝乎』，梅氏僞撰尚書，以『惟孝』屬下讀，改『孝于』爲『孝乎』，遂失本真也。」錢大昕曰：「案袁紹傳亦云：『友于之性，生于自然。』六朝人好用此語，三國志陳思王傳：『今之否隔，友于同憂。』吳三嗣主傳：

『友于之義薄矣。』許靖傳注：『處室則友于不穆。』晉書長沙王乂傳：『友于十人，同產皇室。』東萊王蕤傳：『曾無友于之情。』孝友傳論：『篤友于而宣範。』宋書廬江王禕傳：『克敦友于。』桂陽王休範傳：『先帝穆於友于。』范泰傳：『孝慈天至，友于過隆。』南齊書豫章王嶷傳：『友于之愛，垂友于之性，朕友于之深。』王思遠傳：『友于甚至。』梁書陳伯之傳：『朱鮪涉血於友于。』南史齊文惠太子傳：『太子見上，友于既至。』梁臨川王宏傳：『武帝於友于甚厚。』袁象傳：『辨讞之日，友于讓生。』北史李順傳：『篤於友于，見稱於世。』李謐傳：『幼事兄瑒，恭順盡友于之誠。』薛聰傳：『友于篤穆。』房彥謙傳：『上劃聖主友于之意。』要皆濫觴于後漢也。」器案：惠、錢說是，惜失引應氏此文。又陶潛庚子歲五月中從都還阻風於規林詩：「一欣侍温顏，再喜見友于。」南史劉湛傳：「友于素篤。」可爲錢説補證。苕溪漁隱叢話前集十二引洪駒父詩話：「世謂兄弟爲友于，謂子孫爲貽厥者，歇後語也。」

〔一九〕器案：哀讀爲愛，樂記：「肆直而慈愛者。」鄭注：「愛或爲哀。」管子形勢解：「見愛之交，幾於不結。」形勢篇「愛」作「哀」。吕氏春秋報更篇：「人主胡可以不務哀士。」高注：「哀，愛也。」淮南説山篇：「各哀其所生。」高注：「哀猶愛也。」釋名釋言語：「哀，愛也，愛乃思念之也。」論語陽貨篇：「有三年之愛於其父母乎？」愛又借爲哀。並哀、愛通借之證。

〔二〇〕後漢書質紀：「先能通經者，各令隨家法。」注：「儒生爲詩者，謂之詩家，禮者謂之禮家，故言各隨家法也。」徐防傳：「伏見太學博士弟子，皆以意説，不修家法。」注：「諸經爲業，各自名家。」

〔二一〕論語述而篇，孔丘兩言「誨人不倦」。

〔二二〕説苑談叢篇：「百行之本一言也。」孔叢子連叢子上與子琳書：「學者所以飭百行也。」東觀漢記鮑永傳：「仁者百行之宗。」詩氓鄭箋：「士有百行，功過可以相除。」孝經音義引鄭玄孝經序、高誘吕氏春秋孝行覽注並言：「孝爲百行之首。」書鈔六三引鍾離意別傳：「正色鄉黨，百行優備。」論衡累害篇：「動百行，作萬事。」邯鄲淳鴻臚鍾紀碑銘：「內苞九德，外兼百行。」類聚二三引程曉女典篇：「丈夫百行，以功補過。」類聚四七引陸機吳大司馬陸抗誄：「質文殊塗，百行異轍。」文選嵇叔夜與山巨源絕交書：「君子百行，殊塗而同致。」南齊書陸澄傳：「王儉答澄書曰：『僕以此書（孝經），明百行之首，實人倫所先。』」劉孝威奉和簡文帝太子詩：「百行紀司成。」敦煌遺書有百行章，備列百行之目。

〔三三〕論語公冶長：「子謂：『子產有君子之道四焉：其行己也恭，其事上也敬，其養民也惠，其使民也義。』」應氏謂此爲百行之四，蓋先儒舊說。

〔三四〕家語五帝德：「四海之內，舟轝所及，莫不夷悅。」爾雅釋言：「恞，悅也。」

〔三五〕文選西京賦注：「抗，舉也。」爾雅釋言：「爽，差也，忒也。」

〔三六〕詩小雅小宛：「毋忝爾所生。」

〔三七〕詩小雅十月之交：「不寧不令。」國語齊語：「寡君有不令之臣。」令，善也。論語陽貨篇：「唯上智與下愚不移。」

〔三八〕大德本、朱藏元本、仿元本、胡本、鍾本「賄」作「財」。

巴郡太守〔一〕太山但望〔二〕伯門〔三〕，爲司徒掾，同產〔四〕子作客殺人〔五〕繫獄〔六〕，望自劾去，星行電征〔七〕，數日〔八〕歸，趨〔九〕詣府，露〔一〇〕首肉袒〔一一〕，辭謝太守太尉李固〔一二〕，謝〔一三〕與相見，頓頭流血，自說：「弟薄命早亡，以孤〔一四〕爲託，無〔一五〕義方之教〔一六〕，自陷罪惡，自男穿〔一七〕既與〔一八〕知情〔一九〕，幸有微胤，乞以代之。」言甚哀切。李公達於原度，即活出之〔二〇〕。

〔一〕漢書地理志上，巴郡注引應劭曰：「左氏：『巴子使韓服告楚。』」

〔二〕拾補引孫云：「御覽四百廿一『但』作『任』。」器案：「任」字誤，華陽國志巴志作「但」，書鈔六八引亦作「但」。

〔三〕「門」，拾補云：「御覽作『闔』。」器案：書鈔亦作「闔」，（陳俞本誤「門」）華陽國志作「闔」，「闔」、「門」俱「闔」之誤；闔望義正相應。

〔四〕史記文紀：「今犯法已論，而使毋罪之父母、妻子、同產坐之，乃爲收帑，朕甚不取。」文又見漢書刑法志，漢書元紀：「封外祖父平恩戴侯同產弟子中常侍許嘉爲平恩侯，奉戴侯後。」後漢書明紀：「爵過公乘，得移與子若同產、同產子。」注：「同產，同母兄弟也。」拾補「產」下據御覽補「弟」字，云：「舊無，然可省。」器案：書鈔亦有「弟」字。

〔五〕「人」字，拾補據御覽補，今從之。

〔六〕「獄」字，拾補據御覽補，今從之。

〔七〕晉書夏統傳：「每採梠求食，星行夜歸。」星行，謂戴星而行也。陸機答兄書：「羲陽趣駕，炎華電征。」電征，謂迅行如電掣之疾也。

〔八〕拾補云：「二字御覽無。」

〔九〕「趨」，拾補云：「御覽作『便道』。」

〔一〇〕「露」，大德本作「路」，係描字，不可據。

〔一一〕注詳愆禮篇袁夏甫少舉孝廉條案語。

〔一二〕李固，後漢書有傳。

〔一三〕「謝」，胡本、御覽作「請」。

〔一四〕「孤」上，御覽有「遺」字。

〔一五〕「無」，拾補云：「御覽作『望失』二字，是。」
〔一六〕左傳隱公三年：「臣聞愛子教之以義方。」禮記樂記：「而民鄉方。」注：「方，道也。」
〔一七〕「自」，拾補據御覽校作「息」。
〔一八〕「與」，御覽作「豫」。
〔一九〕後漢書孔融傳融議引漢律：「與罪人交關三日已上，皆應知情。」
〔二〇〕拾補曰：「御覽『李公於是原活出之』。」

高唐令樂安〔一〕周玔〔二〕孟玉〔三〕，爲大〔四〕將軍掾，弟子〔五〕使客殺人，捕得，太守盛亮，陰爲宿留。玔〔六〕亦自劾去，詣府，亮與相見，不乞請，又不辭謝〔七〕。亮告賓客：『周孟玉欲作抗〔八〕直，不恤其親，我何能枉憲〔九〕乎？』遂斃〔一〇〕于獄。弟婦不哭死子而哭孟玉。世人誤之，猶以爲高〔一一〕。

〔一〕水經濟水二注：「應劭曰：『樂安縣，取休令之名矣。』」
〔二〕「玔」，原誤作「糾」，拾補云：「范書作『璆』。」今據孫詒讓説校改，見下條。
〔三〕札迻曰：「案『糾』疑『玔』之誤，古從翏聲、丩聲字多通用。集韻五十一幼有玔字，云：『玉器。』」器案：范書陳蕃傳：「蕃爲樂安太守，郡人周璆，高潔之士，前後郡守招命，莫肯至，唯蕃能致焉，字而不名，特爲置一榻，去則懸之。璆字孟玉，臨濟人，有美名。」書鈔三六引袁山松後漢書：「周璆爲高唐令。」御覽四七四引袁山松後漢書：「周璆字孟玉，爲樂城令，逍遥無事，縣中大治，去官，徵聘不至。陳蕃爲太守，璆來置榻，去懸之。」又七〇六引謝承後漢書：「周璆字孟玉，陳蕃爲太守，璆來置一榻，去則懸之也。」羣輔録引文帝令及甄表狀：「徵士樂安周璆字孟玉，體清純之性，蹈高潔之行，前後十五辟皆不就，除高唐令，色斯而舉。時陳仲舉、李元禮、陳仲弓皆難其高風。」世說新語言語篇注引伏滔集論青楚人物：「後漢時周孟玉，此青士有才德者也。」又後漢書徐璆傳：「璆字孟玉。」字亦作「璆」，書鈔六八、御覽五一二引作「玘」，正是與「玔」形近而誤耳。今從孫校改正，下並同。

〔四〕「大」，御覽作「右」。

〔五〕書鈔三七引有「奕」字。

〔六〕「玔」，書鈔三七作「周」。

〔七〕書鈔六八引此二句作「不請弟子之命」，御覽引此二句作「了不論弟子之命」。

〔八〕「抗」，書鈔三七作「亢」，亢、抗古通，漢書陳勝項籍傳贊：「不亢於九國之師。」師古曰：「亢讀與抗同。」又高紀上：「沛公還軍亢父。」注：「鄭氏曰：『亢音人相抗答。』」抗直爲漢人習用語，猶言持直不撓也。史記鄒陽傳贊：「鄒陽辭雖不遜，然其比物連類，有足悲者，亦可謂抗直不撓矣。」漢書陳萬年傳：「子咸，字子康，年十八，以萬年任爲郎，有異材，抗直數言事，刺譏近臣，書數十上。」

〔九〕書鈔三七「憲」上有「王」字。

〔一〇〕「遂斃」，書鈔、御覽作「遂俱盡」。

〔一一〕書鈔、御覽引此二句作「孟玉由此爲高」。

謹按：春秋：叔牙爲慶父殺般，閔公大惡之甚，而季子緣獄有所歸，不探其情，緩追逸賊，親親之道〔一〕。州吁既殺其君，而虐用其人〔二〕，石碏惡之，而厚與焉〔三〕。大義滅親，君子猶曰：純臣之道備矣，於恩未也；君親無將，王誅宜耳〔四〕。今二家之子，幸非元惡；但望誠心內發，哀情外露，義動君子，合禮中矣。周玔苟執果毅，忽如路人。昔樂羊爲魏伐中山，歠其子羹，文侯壯其功而疑其心。秦西巴觸〔五〕命放麑〔六〕，而孟氏旋進其位；麑猶不忍，況弟子乎〔七〕？孟軻譏無惻隱之心〔八〕，傳曰：「於厚者薄，則無所不薄矣。」〔九〕

〔一〕拾補曰：「叔牙欲弒而未成，卽爲季子酖死，其弒二君，皆慶父也，此誤記。」器案：事詳左傳莊公三十二年。閔公二年，公子慶父出奔莒，公羊傳於公薨云：「緩追逸賊，親親之道也。」春秋繁露王道篇：「魯季子之免罪，吳季子之讓國，明親親之恩也。」漢書鄒陽傳：「公子慶父使僕人殺子般，獄有所歸，季子不探其情而誅焉。慶父親殺閔公，季子緩追免賊，春秋以爲親親之道也。」鹽鐵論周秦篇：「聞兄弟緩追以免賊。」並用公羊義。

〔二〕左傳隱公四年，「人」作「民」，此唐人避諱改。

〔三〕「厚」，程本、郎本誤作「後」，札迻曰：「案『後』當爲『厚』，左隱三年傳云：『其子厚與州吁游。』是也。」器案：左傳隱公四年：「君子曰：『石碏純臣也，惡州吁而厚與焉。大義滅親，其是之謂乎！』」應氏正用此文，孫校引三年傳，未當。

〔四〕器案：「王」當作「將」，蓋原作小二，卽、二文「將」之重文，後人轉寫，誤爲「王」耳。說詳正失篇。

〔五〕「觸」原作「蜀」，程本、郎本作「屬」，今據孫校改正。拾補云：「『蜀』因連『巴』字而誤寫，非有形聲可求，程本强改作『屬』，義何取乎？今定作『違』。」札迻曰：「案『蜀』當爲『觸』，周禮司刑，鄭注：『尚書大傳云：觸易君命。』盧校非。」器按：孫校是，漢書元紀：「永光元年詔：『民漸薄俗，去禮義，觸刑法。』」義正同。

〔六〕「麑」原作「獸」，今據盧校改。拾補云：「下云『麑猶不忍』，明當作『麑』字。」識語曰：「謹案：『麑』無由譌『獸』，當是午易耳。此既作『麑』，下當爲『獸』是也。」

〔七〕韓非子說林上：「樂羊爲魏將而攻中山，其子在中山，中山之君烹其子而遺之羹，樂羊坐於幕下而啜之，盡一杯。

文侯謂堵師贊曰：『樂羊以我故而食其子之肉。』答曰：『其子而食之，且誰不食。』樂羊罷中山，文侯賞其功而疑其心。孟孫獵得麑，使秦西巴持之歸，其母隨之而啼，秦西巴弗忍而與之，孟孫適至而求麑，答曰：『余弗忍而與其母。』孟孫大怒，逐之；居三月，復召以爲其子傅，其御曰：『曩將罪之，今召以爲子傅，何也？』孟孫曰：『夫不忍麑，又且忍吾子乎？』故曰：巧詐不如拙誠，樂羊以有功見疑，秦西巴以有罪益信。」案此事又見淮南人閒篇、說苑貴德篇。又戰國策魏策、中山策載樂羊事，白帖二六、八五引董仲舒春秋決獄載秦西巴事。

〔八〕孟子公孫丑上：「無惻隱之心非人也。」

〔九〕孟子盡心上：「於所厚者薄，無所不薄也。」此文「厚」上疑脱「所」字。

豫章太守汝南封祈〔一〕武興、泰山太守周乘子居〔二〕，爲太守〔三〕李張〔四〕所舉，函封未發，張病物故，夫人於柩側下帷見六孝廉〔五〕，曰：「李氏蒙國厚恩，據重任，咨〔六〕嘉休懿，相授歲貢〔七〕，上欲報稱聖朝，下欲流惠氓隸〔八〕；今李氏獲保首領以天年終〔九〕，而諸君各懷進退，未肯發引。妾幸有三孤，足統喪紀；正相追隨〔一〇〕，蓬顆〔一一〕墳栢，何若曜德王室〔一二〕，昭顯亡者？亡者有靈，實寵賴之。殁而不朽〔一三〕，此其然乎！」於是周乘顧謂左右：「諸君欲行，周乘當止者，莫逮郎君，盡其哀惻。〔一四〕」乘與鄭伯堅〔一五〕即日辭行，祈與黄叔度〔一六〕、郅伯嚮、盛孔叔留隨輴柩〔一七〕。乘拜郎，遷陵長，治無異稱，意亦薄之。某官與祈相反〔一八〕，俱爲侍御史，公車令〔一九〕，享相位焉〔二〇〕。

〔一〕「祈」，孔本書鈔七九引作「新」。

〔二〕世説新語賞譽篇注引汝南先賢傳：「周乘字子居，汝南安城人，天姿聰明，高峙嶽立，非陳仲舉、黄叔度之儔，則不交也。仲舉嘗歎曰：『周子居者，真治國之器也。』爲太山太守，甚有惠政。」

〔三〕「守」字原脱，拾補校補，今從之。

〔四〕「李張」，孔本書鈔七九引作「李章」，下同。案焦氏類林二引杜元凱女戒、五總志引汝南傳、羣輔録、小學紺珠六俱作「李倀」。

〔五〕後漢書种暠列傳：「歆謂之曰：『今當舉六孝廉。』」書鈔七九引陳羣同歲論：「初選孝廉，鄉舉里選，郡舉一人，後積增至六人也。」

〔六〕「洛」，孔本書鈔誤作「浴」。

〔七〕漢書食貨志上：「諸侯歲貢少學之異者於天子。」後漢書蔡邕傳下：「古者取士，必使諸侯歲貢。」注：「尚書大傳曰：『古者，諸侯之於天子，三年一貢士。』」案孟浩然送張參明經舉兼向涇州覲省詩：「孝廉因歲貢。」本此。

〔八〕史記秦始皇本紀贊：「甿隸之人。」集解：「如淳曰：『甿，古氓字，民也。』」

〔九〕左傳隱公三年：「若以大夫之靈，得保首領以没。」國語楚語二：「若得保其首領以殁。」韋昭注：「保首領，免刑誅也。」漢書張安世傳：「專精神以輔天年。」

〔一〇〕「正」疑當作「止」，此謂六孝廉，非指三孤，尋文義自明。

〔一一〕「蓬顆」，原作「蓬轂」，拾補云：「梁處素疑『敎』字。」器按當作「蓬顆」，漢書賈山傳：「使其後世曾不得蓬顆蔽冢而託葬焉。」注：「顆謂土塊。」顆草書作㚘，與敎相似致誤，今改正。

〔一二〕文選魏都賦注、西征賦注引應劭漢官儀：「帝室猶古言王室。」

〔一三〕左傳襄公二十四年：「古人有言曰：『死而不朽。』」

〔一四〕拾補云：「語不明了，上下必有脱文。」器謹案：女戒、汝南傳俱作：「子居嘆曰：『不有行者莫宜公，不有止者莫邮居。』」疑此文原作「諸君欲行者，周乘當之」，謂己在行者數中耳。止、之篆文相似，迻寫者又誤移植「者」字於「止」字下，遂致不可句讀。

〔一五〕「鄭伯堅」，女戒、羣輔録、汝南傳、小學紺珠作「艾伯堅」。

〔一六〕後漢書黄憲傳：「憲初舉孝廉，又辟公府，友人勸其仕，憲亦不拒之，暫到京師而還竟無就。」據風俗通此文，則憲初舉孝廉，亦未嘗到京師，其暫到京師，或辟公府後事也。

〔一七〕案東漢人多爲舉主行喪制服。後漢書傅燮傳：「再舉孝廉，聞所舉將喪，乃棄官行服。」桓鸞傳：「太守向苗舉鸞孝廉，苗卒，鸞去膠東令職，奔喪，終三年乃歸。」荀彧傳：「袁逢舉爽有道，不應，及逢卒，爽制服三年。」清波雜志五：「後漢董翊舉孝廉，爲須昌令，聞舉將喪，解官歸。」此亦其比。漢代郡守兼總兵權，故稱郡守爲將。

〔一八〕拾補云：「此句又有譌脱。」

〔一九〕續漢書百官志二：「公車司馬令一人，六百石。」本注曰：「掌宮南闕門，凡吏民上章，四方貢獻及徵詣公車者。」應劭漢官儀上：「公車司馬令，周官也，秩六百石，冠一梁，掌殿司馬門，夜徼宮中，天下上事及闕下，（案和帝紀注引作「諸上書詣闕下者皆集奏之」。）凡所徵召，皆總領之。」（據孫星衍校集本）

〔二〇〕羣輔録：「周子居、黄叔度、艾伯堅、郅伯向、封武興、盛孔叔。右汝南六孝廉。太守李倀選此六人，以應歲舉，受版未行，倀死，子居等遂駐行喪。倀妻於柩側下帷見之，厲以宜行。子居嘆曰：『不有行者莫宜公，不有止者莫邮居。』於是與伯堅即日辭行；封、黄四人留隨柩。事見杜元凱女戒。」（焦氏類林一引女戒同，又見小學紺珠六）五總志引汝南傳：「太守李倀選周子居、黃叔度、艾伯堅、郅伯向、封武興、盛孔叔爲六孝廉，以應歲舉，未行，倀死，子居等遂駐行喪。假妻於柩側下帳見六孝廉，厲以宜行。子居歎曰：『不有行者莫宣公，不有止者莫卹居。』於是與伯堅即日辭行，留封、黃四人隨柩。時人以爲知禮。」劉師培左盦集七據書鈔七九引作「豫章太守李章舉汝南封新、太山日（以今本「周」字爲長）爽等爲孝廉，日等未行，章病物故」，謂「較今本爲昭」。案此文經書鈔刪節，其譌脫較今本爲甚，劉說未當。

謹按：孝經：「資於事父以事君。〔一〕」「君親臨之，厚莫重焉。〔二〕」春秋國語：「民生於三，事之如一。〔三〕」禮：「斬衰，公士大夫衆臣爲其君。〔四〕」乘雖見察授〔五〕，函封未發，未離陪隸〔六〕，不與賓于王〔七〕，爵諸臨城社，民神之主也〔八〕，義當服勤，闕其祀紀。夫人雖有懇切之教，蓋子不以從令爲孝〔九〕，而乘嚣然要勤〔一〇〕同儕，去喪即寵，謂能有功異也，明試無效〔一一〕，亦旋告退，安在其顯君父德美之有。

〔一〕見士章，何本「事父」誤爲「父母」。

〔二〕聖治章文。

〔三〕晉語一：「民生於三，事之如一：父生之，師教之，君食之；非父不生，非食不長，非教不知，生之族也，故一事之。」

〔四〕「臣」原作「生」，胡本作「士」，今據盧、孫說校改。拾補校改「生」作「臣」。札迻曰：「案『生』當作『臣』，儀禮喪服斬衰經云：『公士大夫之衆臣爲其君，布帶繩屨。』仲遠即引彼文。」

〔五〕察授，謂察舉孝廉，使之服官從政也。

〔六〕陪隸，前已出注，謂郡國之吏也。文選盧子諒贈劉琨詩注引傅子：「漢武元光初，郡國舉孝廉，元封五年舉秀才，歷世相承，皆向郡國稱故吏。」蓋當時守、相所辟之吏，於郡國義屬君臣，於漢朝則爲陪臣重隸也，故漢人之於舉主率稱故吏也。

〔七〕易觀卦：「觀國之光，利用賓于王。」

〔八〕左傳僖公十九年：「民，神之主也。」

〔九〕文選永明九年策秀才文李善注引風俗通：「子以不從令爲孝，後生固宜是革，浸以爲俗，豈不謬哉？」

〔一〇〕何本「勒」誤「勤」。

〔一一〕書舜典、左傳僖公二十七年俱有「明試以功」語。漢書宣紀地節二年注引應劭曰：「敷，陳也，各自奏陳其言，然後試之以官，考其功德也。」此文「明試無效」，即謂試之以官，迄無功德也。

河内太守府〔一〕廬江〔二〕周景仲嚮〔三〕，每舉孝廉，請之上堂，家人宴飲，皆令平仰〔四〕，言笑晏晏〔五〕，如是三四；臨發〔六〕，贈以衣齊〔七〕，皆出自中。子弟中外〔八〕，過歷職署，踰於所望，曰：「移臣作子，於之何有。」〔九〕

〔一〕「府」，拾補云：「疑衍。」

〔二〕漢書地理志上注、水經淮水注引應劭曰：「故廬子國。」

〔三〕「嚮」，拾補云：「范書本傳作『饗』。」器案：三國志吳書周瑜傳注、書鈔七二、御覽二六三引謝承後漢書亦作「周景字仲嚮」，「嚮」、「饗」古多互誤，如漢書宣紀：「上帝嘉嚮。」注：「嚮讀饗。」漢紀三正作「饗」，此誤「饗」爲「嚮」也。漢書叙傳：「故能爲鬼神所福饗，天下所歸往。」後漢紀五作「嚮」，此誤「嚮」爲「饗」也。范書黨錮傳有蕃嚮字嘉景，（羣輔録、馬永易實賓録五引三君八俊録、小學紺珠六並同），與此名字正復相應，范書誤。

〔四〕三國志魏書王粲傳注、世說新語言語篇注引典略：「劉楨字公幹，東平甯陽人，……妙選文學，使楨隨侍太子，酒酣坐歡，乃使夫人甄氏出拜，坐上客多伏，而楨獨平視。他日，公聞，乃收楨，減死輸作部。」又王粲傳注引吳質別傳：「帝嘗召質及曹休歡會，命郭后出見質等，帝曰：『卿仰諦視之。』其至親如此。」禮記曲禮注：「平視，謂視面也。」然則，平謂視面，仰謂諦視。

〔五〕「晏晏」，大德本（描字）、類纂本作「宴宴」，古多混用。詩衛風氓：「言笑晏晏。」毛傳：「晏晏，和柔也。」抱朴子外篇疾謬：「要呼憒雜，入室視妻。……何必房集內讌，爾乃款誠著，妻妾飲會，然後分好昵哉？」則此風氣，魏、晉時猶然也。

〔六〕漢書元紀，「臨遣。」注引應劭曰：「自臨面約勑乃遣之。」

〔七〕「齊」，拾補云：「『資』同。」器案：易旅卦：「得其資斧。」釋文：「『資』，子夏及衆家本皆作『齊』。」周禮考工記注：「故書『資』作『齊』。杜子春云：『齊當爲資。』」皆「齊」、「資」通用之證。

〔八〕中外，謂母之兄弟之子。世說新語言語篇：「張玄之、顧敷是顧和中外孫。」又賞譽篇下：「謝胡兒作著作郎，嘗作王堪傳，不諳堪是何似人，咨謝公，謝公答曰：『世胄亦被遇。堪，烈之子，阮千里姨兄弟，潘安仁中外，安仁詩所謂子親伊姑，我父唯舅，是許允壻。』」注：「岳集曰：『堪爲成都王軍司馬，岳送至北邙別，作詩曰：微微髮膚，受之父母。峨峨王侯，中外之首。子親伊姑，我父唯舅。』」

〔九〕拾補云：「吳志周瑜傳注亦同范書云：『臣子同貫，若之何不厚。』」案三國志魏書衛臻傳：「夏侯惇爲陳留太守，舉臻計吏，命婦出宴。臻以爲末世之俗，非禮之正。」

河內太守司徒潁川韓演伯南〔一〕，舉孝廉，唯臨辭，一與相見，無所寵拔，曰：「我已舉若，豈可令恩偏〔二〕積於一門乎？〔三〕」

〔一〕「演」，拾補云：「張璠漢紀作『縯』。」器案：范書韓稜傳：「稜孫演，順帝時爲丹陽太守，政有能名。桓帝時爲司徒，大將軍梁冀被誅，演坐阿黨抵罪，以減罪論，遣歸本郡，後復徵拜司隸校尉。」注：「演字伯南。」案桓紀：「永壽元年六月，司空房植免，太常韓縯爲司空。三年冬十一月，司空韓縯爲司徒。延熹二年八月，司徒韓縯、司空孫朗下獄。」則字又作「縯」，胡廣傳、黃瓊傳同；周景傳、宦者單超傳作「演」，與風俗通同。續漢書五行志一：「到其（延熹）八年，桓帝因日蝕之變，乃拜故司徒韓寅爲司隸校尉，以次誅鉏，京都正清。」注：「案本傳：『寅誅左悺，貶具瑗。』雖剋折姦首，羣閹相蒙，京都未爲正清。」據此，則韓伯南之名又作「寅」，竊疑正當作「縯」，以字少見，傳寫誤爲「演」或「寅」也。又據劉昭注，則續漢書韓寅有傳。

〔二〕鍾本「偏」作「寵」，涉上文而誤。

〔三〕范書周景傳：「景字仲饗，辟大將軍梁冀府，稍遷豫州刺史、河內太守，好賢愛士，其拔才薦善，常恐不及，每至歲時，延請舉吏，入上後堂，與共宴會，如此數四，乃遣之，贈送什物，無不充備。既而選其父兄子弟，事相優異，嘗曰：『臣子同貫，若之何不厚。』先是，司徒韓演在河內，志在無私，舉吏當行，一辭而已，恩亦不及其家，曰：「我舉若可矣，豈可令偏積一門。』故當時論者，議此二人。」三國志吳書周瑜傳注引張璠漢紀：「初景歷位牧守，好善愛士，每歲舉孝廉，延請入上後堂，與家人宴會，如此者數四，及贈送既備，又選用其子弟，常稱曰：『移臣作子，於政何有。』先是，司徒韓縯爲河內太守，在公無私，所舉一辭而已，後亦不及其門戶，曰：『我舉若可矣，不令恩偏稱一家也。』當時論者，或兩譏焉。」案范書、張紀之所謂『當時論者』，即指應劭也。

謹按：春秋左氏傳：「夫舉無他也，唯善所在，親疏〔一〕一也。〔二〕」「祈奚〔三〕称其讎不爲諂，立其子不爲比，舉其偏不爲黨，建一官而三物成」〔四〕，晉國賴之，君子歸焉。蓋人君者，闢門開窻〔五〕，號咷博求〔六〕，得賢而〔七〕賞，聞善若驚〔八〕，無適也，無莫也〔九〕。周不綜臧否，而務蘊祟之〔一〇〕，韓演不唯善是務，越此一槩〔一一〕。夫不擇而彊〔一二〕用之，與可用而敗之，其罪一也。

〔一〕大德本「疏」作「踈」，二字古多混用。

〔二〕昭公二十八年文。

〔三〕「祈奚」，左傳作「祁奚」，呂氏春秋開春篇亦作「祈奚」，與此同。器案：祁、祈古通，史記五帝本紀索隱：「堯姓伊祁氏。」魏書高紀：「懷州民伊祈苟，初自稱堯後應王，聚衆於重山。」是二字通用之證。

〔四〕左傳襄公三年文。

〔五〕尚書堯典：「闢四門，明四目，達四聰。」段玉裁古文尚書撰異曰：「左傳文公十八年，杜注曰：『闢四門，達四窻，以賓禮衆賢。』（釋文曰：『『窻』本亦作『聰』。』）或疑不應作『窻』。攷風俗通十反篇曰：『蓋人君者，闢門開窻，號咷博求。』此亦用堯典也。蓋古文尚書本作『囱』，『窗』者『囱』之或字，『窻』又『窗』之俗體，『聰』又『囱』之同音字，作『囱』而或如字，或讀爲『聰』，猶之『台』可讀爲『怡』，『尼』可讀爲『昵』，『庸』可讀爲『鏞』也。（作「窗」正合惠氏定宇明堂之説）」器謹案：漢書平紀注引應劭曰：「明堂所以正四時，出教化。明堂上圜下方，八窗四達，布政之宮，在國之陽，上八窗，法八風，四達法四時，九室法九州，十二重法十二月，三十六户法三十六雨，七十二牖法七十二風。」釋名釋宮室：「窻，聰也，於內窺外爲聰明也。」大戴禮記盛德篇：「一室而有四户八聰。」張衡東京賦：「復廟重屋，八達九房。」薛綜注：「八達謂八窻也。」御覽五三三引禮含文嘉：「明堂者，八牖四闥，牖通八卦之氣。」初學記十三、類聚三八引孝經援神契：「明堂者，天子布政之宫，八牖四闥，上圓下方，在國之陽。」隋書禮儀志一：「梁武帝明堂制：『鄭玄據援神契亦云上圓下方，又云四窗八達。』」後漢書郅壽傳：「侍御史何敞上疏理之曰：『臣聞聖王闢四門，開四聰。』」以闢門開聰對言，與應氏同，「聰」亦當作「窻」，是漢、魏、六朝人所見古文尚書固皆作「開四窻」也。

〔六〕後漢書崔駰傳：「思輔弼以婾存兮，亦號咷以誚咎。」李賢注：「號咷，哀呼也。」器案：崔駰、應劭，俱用「號咷」爲求賢之意。

〔七〕而，猶若也，而與若互文見義。

〔八〕國語楚語下：「闔廬聞一善若驚，得一士若賞。」

〔九〕論語里仁篇：「子曰：『君子之於天下也，無適也，無莫也，義之與比。』」皇疏引范甯曰：「適莫，猶厚薄也。比，親也。君子與人無有偏頗厚薄，唯仁義是親也。」白虎通諫諍篇：「君所以不爲臣隱何？以爲君之與臣，無適無莫，義之與比，爲賞一善而衆臣勸，罰一惡而衆臣懼，若爲卑隱爲不可殆也。」後漢書文苑劉梁傳：「又著辯和同之論，其辭曰：『……君子之於事也，無適無莫，必考之以義焉。……是以君子之行，周而不比，和而不同，以救過爲正，以匡惡爲忠。……故君子之行，動則思義，不爲利回，不爲義疚，進退周旋，唯道是務，苟失其道，則兄弟不阿，苟得其義，雖仇讎不廢，故解狐蒙祁奚之薦云云。』」持論引證與應氏相同。三國志魏書陳羣傳：「羣轉爲侍中，領丞相東西曹掾，在朝無適無莫，雅杖名義，不以非道假人。」又常林傳注引常沐豫作終制誡其子以儉葬，曰：「莊周闊達，無所適莫。」又夏侯玄傳注引魏略：「曹爽專政，豐依違二公間，無有適莫。」

〔一〇〕左傳隱公六年：「芟夷蘊崇之。」杜注：「蘊，積也。崇，聚也。」

〔一二〕一槩，猶言一律。楚辭九章懷沙：「同糅玉石兮，一槩而相量。」

〔一三〕大德本「彊」誤「疆」。

安定太守汝南胡伊伯、建〔一〕平長樊紹孟建，俱爲司空虞放掾屬〔二〕，放〔三〕遜位自劾還家，郡以伊爲主簿，迎新太守，曰：「我是宰士〔四〕，何可委質於二朝乎？〔五〕」因出門名户，占繫〔六〕陳國。紹曰：「柳下惠不去父母之國〔七〕，君子不辭下位。〔八〕」獨行服事。後公黄瓊〔九〕，大以爲恨，移書汝南，論正主者〔一〇〕吏，絶紹文書，而更辟伊。

〔一〕「建」，拾補云：「下疑有脱字。」徐氏識語云：「謹案『建平長』連文，當是『伯』下有奪。」器案：疑卽奪「建」字，蓋傳寫重文作小二，最易奪去也。

〔二〕范書虞延傳：「延從孫放字子仲，少爲太尉楊震門徒。」又桓紀：「延熹三年，太常虞放爲司空。」注：「放字子仲，陳留人也。」

〔三〕「放」，大德本誤作「故」，係描字。

〔四〕宰士，謂公卿之屬官。鹽鐵論刺議：「文學曰：『今子（丞相史）處宰士之列。』」漢書翟方進傳：「請遣掾史以宰士督察。」師古曰：「謂丞相掾史爲宰士者，言其宰相之屬官而位爲士也。」又王莽傳下：「至成羣黨，遮略乘傳宰士。」後漢書周榮傳：「蒙先帝大恩，以歷宰二城，今復得備宰士。」注：「榮辟司徒府，故稱宰士。」義詳下文按語。

〔五〕漢代州治，亦稱爲朝，尹宙碑：「綱紀本朝。」又言：「正色立朝。」此屬吏稱郡守爲朝也。後漢書法真傳：「太守曰：『昔哀公雖不肖，孔子稱臣；太守虛薄，欲以功曹相屈，光贊本朝，何如？』」此郡守自稱爲朝也。此文「二朝」，亦屬吏對新舊太守之稱也。

〔六〕占繫，即占度户口，繫著名籍。漢書宣紀：「流民自占八萬餘口。」注：「謂自隱度其户口，而著名籍也。」

〔七〕論語微子篇：「柳下惠爲士師，三黜。人曰：『子未可以去乎？』曰：『直道而事人，焉往而不三黜？枉道而事人，何必去父母之邦？』」漢石經諱「邦」作「國」。

〔八〕孟子公孫丑上：「柳下惠不羞汙君，不卑小官。」

〔九〕黄瓊，范書有傳。

〔一〇〕主者，猶言主辦之人。續漢書百官志一注引漢官儀：「頃者，舉謡言者，掾屬令史都會殿上，主者大言：『某州郡行狀云何。』善者同聲稱之，不善者各爾銜枚。」

謹按：春秋尊公曰宰，其吏爲士。言於四海，無所不統焉〔一〕。孟軻稱：「不枉尺以直尋，況於枉尋以直尺？〔二〕」柳下惠不枉道以事人，故三黜而不去，孔子謂之不恭〔三〕。今紹見編，會以禮遊引耳，其義不同於此。伊心明審，自求多福〔四〕。近靈帝之末，司徒掾弘農董君考上名典，君事不得自劾，暫以家急假〔五〕，太守李〔六〕崇請乞相見，癲領功曹，與俱班録訖乃謝遣。時公袁隗〔七〕意亦非之，然〔八〕彈糾。自是之後，彌以滋甚，郡用從事〔九〕，縣用府吏，上下溷淆，良可穢〔一〇〕也。詩云：「雖無老成人，尚有典刑。〔一一〕」國之大綱也，可不申勑小懲而大戒哉〔一二〕？

〔一〕公羊傳隱公元年：「秋七月，天王使宰咺來歸惠公仲子之賵。宰者何？官也。」解詁：「以周公加宰，知爲官也。」傳又云：「曷爲以官氏宰士也？」解詁云：「天子上士以名氏通，中士以官禄，下士略稱人。」又僖公九年：「宰周公者何？天子之爲政者也。」鹽鐵論刺義篇：「春秋士不載文，而書咺者，以爲宰士也。」

〔二〕孟子滕文公下：「且夫枉尺而直尋者，以利言也。如以利，則枉尋直尺而利，亦可爲與？」此文用其意。

〔三〕翟灝四書考異曰：「按此豈孟子引孔子言以爲斷，傳寫者譌『孔』爲『孟』歟？法言淵騫篇：『或問：柳下惠非朝隱者歟？曰：君子謂之不恭。』後漢書黄瓊傳：『君子謂伯夷隘，柳下惠不恭。』概稱君子，未定其果屬誰也。」器案：此蓋應氏雜舉論、孟之文，而誤孟爲孔耳，翟說未當。

〔四〕詩大雅文王文。

〔五〕史記高紀：「高祖爲亭長時，常告歸。」集解：「李斐曰：『休謁之名也，吉曰告，凶曰寧。』孟康曰：『古者名吏休假曰告，告又音嚳。』漢律：『吏二千石有予告賜告。予告者，任官有功最，法所當得者也；賜告者，病滿三月，當免，天下優賜復其告，使得帶印紱，將官屬歸家治疾也。』」索隱：「韋昭曰：『告，請歸乞假也。』」

〔六〕「李」，從宋本，餘本俱作「季」。

〔七〕范書袁安傳：「逢弟隗，少歷顯官，先逢爲三公。」注：「隗字次陽。」

〔八〕「然」，拾補云：「疑脱『不』字。」

〔九〕强汝詢漢州郡縣吏制考：「部郡國從事，每郡國各一人，主督促文書，察舉非法，其民爲吏所冤，及盜賊辭訟事自言于刺史者，各屬所部從事治之。東漢時，刺史舉劾，不復覆案，從事爲刺史耳目，其權益重，得自舉案二千石，郡僚掾以下，則徑自收考，守相至稱爲上司焉。」（參續漢志、朱博、朱浮、第五種、史弼、橋玄等傳）

〔一〇〕鍾本「穢」作「畏」，音近之誤。

〔一一〕大雅蕩文。

〔一三〕「戒」，大德本作「誡」，古通。易繫辭：「小懲而大誡。」

宗正〔一〕南陽劉祖奉爲郡屬曹吏，左騎校尉〔二〕薛丞君卓爲户曹史〔三〕，太守公孫慶當祠章陵，舊俗常以衣冠〔四〕子孫，容止端嚴，學問通覽〔五〕，任顧問〔六〕者，以爲御史〔七〕，時功曹白用劉祖〔八〕，祖曰：「既託帝王肺腑〔九〕，過聞前訓，不能備光輝胥附〔一〇〕之任，而身當側身陪乘〔一一〕，執策握革〔一二〕，有死而已，無能爲役。〔一三〕」薛丞因前自白：「今明公垂出〔一四〕，未有御者，雖云不敏〔一五〕，敢充人乏。〔一六〕」周旋進退〔一七〕，補察時闕，言出成謨，大見敬重；亦以祖爲高，歲盡，俱舉孝廉。

〔一〕「正」，兩京本作「止」，鍾本作「政」，俱誤。漢書百官公卿表：「宗正，秦官。」注引應劭曰：「周成王之時，彤伯入爲宗正也。」

〔二〕後漢書曹褒傳注引漢官儀：「羽林左騎，秩六百石，領羽林，屬光禄勳也。」

〔三〕續漢書百官志一：「户曹，主民户祠祀農桑。」

〔四〕漢書杜欽傳：「故京師（從王念孫校）衣冠謂欽爲盲杜子夏以相别。」師古曰：「衣冠，謂士大夫也。」後漢書霍諝傳：「光衣冠子孫。」又黨錮羊陟傳：「家世衣冠族。」御覽二一五引魏略：「姜維家本衣冠，不願爲將。」袁子正書：「古者命士以上皆有冠冕，故謂之冠族。」文選奏彈王源集注引鈔曰：「衣冠，簪纓人也。」歐陽修撰王道卿制曰：「唐將相之後，能以勛名自繼其家者，號稱衣冠盛事。」通鑑三二一注：「衣冠，當時士大夫及貴游子弟也。」

〔五〕論衡定賢篇：「以通覽古今，祕隱傳記無所不記爲賢乎？……若太史公及劉子政之徒，……則有博覽通達之名矣。」

〔六〕後漢書章紀：「皆欲置於左右，顧問省納。」續漢書百官志三：「侍中，本注曰：『無員，掌侍左右，贊導衆事，顧問應對。』」抱朴子吴失篇：「不別菽麥之同異，而忝叨顧問之近任。」晉書段灼傳：「臣無陸生之才，不在顧問之地。」

〔七〕「御史」，拾補云：「『史』疑衍。」器案：疑亦州郡之屬官，謂執御之史，與御史大夫之屬官有別。後漢書韋彪傳：「今歲垂盡，當選御史，意在相薦，子其宿留乎。」當卽此御史也。

〔八〕據此，則祖爲名，上文「奉」字之上或下當有脱文耳。

〔九〕漢書楚元王傳：「臣幸得託肺附。」師古曰：「舊解云：『肺附，謂肝肺相附著，猶言心膂也。』一說：『肺謂斫木之肺札也。自謂於帝室，猶肺札附於大材木也。』」王念孫讀書雜志五曰：「案一說近之。然既言附，又言託，則語意重出。余謂肺附皆謂木皮也，說文曰：『朴，木皮也。柿，削木札朴也。』作『肺』者，假借字耳。後漢書方術傳云：『風吹削肺』是也。（今本「肺」誤作「哺」，顏氏家訓已辯之。）小雅角弓箋曰：『附，木桴也。』正義曰：『桴謂木表之麤皮也。』桴、附、朴，聲並相近，肺、附，語之轉耳。言己爲帝室微末之親，如木皮之託於木也。下文云：『臣幸得託末屬。』是其證矣。田蚡傳曰：『蚡以肺附爲相。』中山靖王傳曰：『得蒙肺附。』衛青傳曰：『青幸得以肺附待罪行間。』宣六王傳曰：『博幸得肺附。』師丹傳曰：『肺附何患不富貴。』王莽傳曰：『伏自惟念得託肺附。』史記惠景間侯者表序曰：『諸侯子弟若肺附。』（今本「附」作「腑」，因「肺」字而誤。凡「肺附」字作「肺腑」者皆誤，古書「藏府」字亦無作「腑」者。）後漢書盧芳傳曰：『以肺附之故。』太玄親次：『八曰肺附乾餱，其榦已良。』義並同也。若以肺爲肺肝之肺，則義不可通。」案王說是，此文義亦如之。

〔一〇〕尚書大傳殷傳：「文王胥附、奔輳、先後、禦侮，謂之四鄰，以免於牖里之害。」詩大雅緜作「疏附」，毛傳：「率下親上曰疏附。」鄭箋：「疏附，使疏者親也。」

〔一一〕周禮夏官齊右：「行則陪乘。」注：「陪乘，參乘，謂車右也。」

〔一二〕周禮夏官大馭：「僕左執轡。」禮記曲禮上：「執策分轡驅之。」

〔一三〕左傳成公二年：「克於先大夫，無能爲役。」杜注：「不中爲之使役。」

〔一四〕「垂」，兩京本誤作「乘」。通鑑九四注：「漢、魏以來，率呼宰輔岳牧爲明公。」

〔一五〕漢書文紀：「十五年春詔：『以不敏不明，而久撫臨天下，朕甚自媿。』」師古曰：「敏，材識捷疾。」

〔一六〕「乏」原作「之」，盧校作「乏」，今據改正。

〔一七〕「退」原作「對」，鍾本作「退」，今從之。左傳僖公二十三年：「左執鞭弭，右屬櫜鞬，以與周旋。」

謹案：周禮保氏：「掌六藝之教，其一曰御。」論語曰：「吾何執，執御乎。〔一〕」「子適衛，冉子僕。〔二〕」有，政事之士〔三〕，列于四友〔四〕，然猶御者，不爲役也。春秋左氏傳：「晉悼公即位，程鄭爲乘馬御，訓羣騶知禮。〔五〕」今國家〔六〕大駕〔七〕，大僕親御〔八〕，他出，奉車都尉御〔九〕，寧可復言執策握革，而辭讓之乎？凡黔首皆五帝子孫，何獨今之肺附〔一〇〕，當見優異也？宗廟之人，或在甽畝，人之化也，何日之有〔一一〕。舊時長吏質樸，子皆駕御，故曰從兒〔一二〕。君臣父子，其揆一也〔一三〕，臣不肯御，子〔一四〕豈可然。公孫〔一五〕遂偃蹇〔一六〕不使，下陵上替，能無亂乎〔一七〕？劉祖幸免罪戾，而見褒賞，公孫於是失政刑矣〔一八〕。

〔一〕子罕篇文。

〔二〕論語子路篇文，「冉子」，今本作「冉有」，春秋繁露仁義法篇、論衡問孔篇、皇疏本俱作「冉子」，與此同。

〔三〕論語先進篇：「政事：冉有，季路。」史記仲尼弟子列傳同。

〔四〕尚書大傳曰：「文王，胥附、奔輳、先後、禦侮，謂之四鄰，以免於牖里之害。懿子曰：『夫子亦有四鄰乎？』孔子曰：『文王得四臣，丘亦得四友焉：自吾得回也，門人加親，是非胥附與？自吾得賜也，遠方之士日至，是非奔輳與？自吾得師也，前有輝，後有光，是非先後與？自吾得由也，惡言不入於門，是非禦侮與？文王有四臣以免虎口，丘有四友以禦侮。』」（據皮錫瑞疏證本）集聖賢羣輔録載孔子四友同，是四友無冉有也。「四友」當作「四科」，陶淵明集與子儼等疏：「子夏有言：『死生有命，富貴在天。』四友之人，親受音旨，發斯談者，將非窮途不可妄求，壽夭永無外請故邪？」「四友」亦是「四科」之誤。

〔五〕成公十八年傳文。

〔六〕漢人稱天子爲國家，續漢書祭祀志上注引應劭漢官儀：「馬第伯封禪儀記：『十五日始齋，國家居太守府舍。』又：『國家上見之。』」即謂天子爲國家。

〔七〕續漢書輿服志上：「乘輿大駕，公卿奉引，太僕御，大將軍參乘。」

〔八〕漢書百官公卿表上：「太僕，秦官。」注：「應劭曰：『周穆王所置也，蓋太御衆僕之長，中大夫也。』」

〔九〕「御」字原無，今據盧校補。續漢書輿服志上：「乘輿法駕，八卿不在鹵簿中，河南尹、執金吾、雒陽令奉引，奉車郎御，侍中參乘。」御覽二四一引韋昭辯釋名曰：「奉車都尉奉天子乘輿。辯云：『奉車都尉主乘輿乘車，尊不敢言主，故言奉。』」

〔一〇〕「附」原作「腑」，今改。

〔一二〕公羊傳宣公十二年：「何日之有。」解詁：「何日之有，猶無有日。」

〔一三〕三國志魏書賈逵傳注引魏略：「楊沛前後宰歷城守，不以私計介意，又不肯以事貴人，故身退之後，家無餘積，治疾於家，借舍從兒，無他奴婢。」案世說新語德行篇：「陳太丘詣荀朗陵，貧儉無僕役，乃使元方將車。」此即所謂從兒也，蓋以兒輩充從役之事，故謂之從兒也。

〔一三〕孟子離婁下：「先聖後聖，其揆一也。」

〔一四〕「子」原作「乎」，今據拾補校改。

〔一五〕「孫」原作「子」，拾補疑作「孫」，今據改正。下文亦作「公孫」，可證。

〔一六〕後漢書蔡邕傳：「董卓爲司空，聞邕名高，辟之，稱疾不就，卓大怒曰：『我力能族人，蔡邕遂偃蹇者，不旋踵矣。』」用法與此正同。文選張平子思玄賦：「偃蹇夭矯，娩以連卷兮。」李善注：「偃蹇，驕傲之貌也。」

〔一七〕左傳昭公十八年：「于是乎下陵上替，能無亂乎？」正義：「于是在下者陵侮其上，在上者替廢其位，上下失分，能無亂乎？」

〔一八〕左傳隱公十一年：「鄭伯使卒出豭，行出犬鷄，以詛射潁考叔者。君子謂莊公失政刑矣。政以治民，刑以正邪，既無德政，又無威刑，是以及邪。」

聘士〔一〕彭城姜肱伯淮〔二〕，京兆〔三〕韋著休明〔四〕，靈帝踐祚〔五〕，太后臨朝，陳、竇以忠見害，中常侍〔六〕曹節〔七〕秉國之權，大作威福〔八〕，冀寵名賢，以弭己謗，於是起姜〔九〕肱爲犍爲太守，著東海相。肱告其人：「吾以虛獲實，蘊藉聲價，盛明之際，尚不委質，況今政在家哉！〔一〇〕」遂乘桴浮海〔一一〕，莫知所極〔一二〕。而著驥以承命，駕言宵征〔一三〕，民不見德，唯〔一四〕

戮是聞〔一五〕，論輸左校〔一六〕。

〔一〕南史陶季直傳：「淡于榮利，屢召不起，號曰聘君。」義與此同。

〔二〕「淮」原作「雅」，今校改。拾補曰：「孫云：『范書肱本傳字伯淮，以其弟字仲海、季江例之，是「淮」非「雅」明矣。』」器案：蔡邕集彭城姜肱碑、羣輔録引續漢書及善文、御覽四九九又七〇七引海内先賢傳、又四二〇引謝承後漢書、蒙求舊注俱作「姜肱字伯淮」。道藏本抱朴子逸民篇作「伯雅」，亦當作「淮」。

〔三〕御覽一五七引應劭漢官儀：「京兆，絶高曰京，京，大也；十億曰兆。京兆云者，欲令帝都殷盈也。」水經河水注二引應劭説，「殷盈」誤作「啟益」。

〔四〕後漢書徐穉傳：「延熹二年，尚書令陳蕃、僕射胡廣等上書薦穉等曰：『臣聞善人天地之紀，政之所由也。詩云：思皇多士，生此王國。天挺俊乂，爲陛下出，當輔弼明時，左右大業者也。伏見處士豫章徐穉、彭城姜肱、汝南袁閎、京兆韋著、潁川李曇，德行純備，著于人聽；若使擢登三事，協亮天工，必能翼宣盛美，增光日月矣。』桓帝乃以安車玄纁，備禮徵之，（以上又見御覽六三〇引續漢書）並不至。帝因問蕃曰：『徐穉、袁閎、韋著，誰爲先後？』蕃對曰：『閎生出公族，聞道漸訓。著長于三輔禮義之俗，所謂不扶自直，不鏤自雕。至于穉者，爰生江南卑薄之域，而角立傑出，宜當爲先。』」（以上又見御覽四四五引謝承後漢書）又向栩傳：「又與彭城姜肱、京兆韋著並徵，栩不應也。」

〔五〕器案：焦氏類林五下引此段文，前尚有「桓帝嘗徵姜肱，不至，乃下彭城，使畫工圖肱形狀。肱卧於幽闇，以被韜面，言感眩疾，不欲出風。工竟不得見之云云」，與范書所敍合，當據補。

〔六〕續漢書百官志三：「中常侍千石。」本注曰：「宦者無員，掌侍左右，從入内宫，贊導内衆事，顧問應對給事。」

〔七〕曹節，見後漢書宦者傳。

〔八〕尚書洪範：「惟辟作福，惟辟作威，惟辟玉食。臣無有作福作威玉食。臣之有作福作威玉食，其害于而家，凶于而國，人用側頗僻，民用僭忒。」

〔九〕大德本「姜」誤「家」。

〔一〇〕天中記九引此句作「今政在私門，夫何爲哉」。左傳昭公三年：「政在家門。」

〔一一〕論語公冶長：「子曰：『道不行，乘桴浮于海，從我者，其由與。』」

〔一二〕類林引「其極」二字作「所之」。天中記引尚有「時人以爲非凡」六字。後漢書肱本傳：「後與徐穉俱徵，不至。桓帝乃下彭城，使畫工圖其形狀。肱卧於幽闇，以被韜面，言感眩疾，不欲出風。工竟不得見之。中常侍曹節等專執政事，新誅太傅陳蕃、大將軍竇武，欲借寵賢德，以釋衆望，乃白徵肱爲太守。肱得詔，乃私告其友曰：『吾以虚獲實，遂藉聲價，明明在上，猶當固其本志，況今政在閹豎，夫何爲哉？』乃隱身遯命，遠浮海濱。再以玄纁聘，不就，即拜太中大夫，詔書至門，（注引謝承書曰：『靈帝手筆下詔曰：『肱抗凌雲之志，養浩然之氣，以朕德薄，未肯降志。昔許由不屈，王道爲化；夷、齊不撓，周德不虧。郡以禮優順，勿失其意。』』）肱使家人對云：『久病就醫，遂羸服閒行，竄伏青州界中，賣卜給食，召命得斷，家亦不知其處。』歷年乃還。」抱朴子逸民篇：「桓帝以玄纁玉帛，安車軺輪聘姜伯雅，就拜太中大夫、犍爲太守，不起。」事類賦六引高士傳：「姜肱十辟公府，九舉有道，皆不就。靈帝時，曹節白帝徵肱，隱身遯命，浮桴入海也。」

〔一三〕詩召南小星：「肅肅宵征。」

〔一四〕何本「唯」誤「淮」。

〔三五〕左傳僖公二十三年："民不見德，而唯戮是聞。"

〔三六〕後漢書韋彪傳："豹子著，字休明，少以經行知名，不應州郡之命，大將軍梁冀辟不就。延熹二年，桓帝公車備禮徵，至霸陵，稱疾歸，乃入雲陽山采藥不返，有司舉奏加罪，帝時原之。復詔京兆尹重以禮敦勸，著遂不就徵。靈帝即位，中常侍曹節以陳蕃、竇氏既誅，海内多怨，欲借寵時賢以爲名，白帝就家拜著東海相，詔書迫切，不得已解巾之郡，政任威刑，爲受罰者所奏，坐輸左校。"袁宏後漢紀二十三："陳、竇之誅，海内寃之，曹節善招禮名賢，以衛其罪，乃言于帝，就拜姜肱爲犍爲太守，韋著爲東海相，詔書迫切，肱浮海遁逃，卒不屈去。著不得已，遂解巾臨郡，爲政任威刑，妻子放恣，爲受罰家所告，論輸左校。"後漢書皇甫規傳注引漢官儀："左校署，屬將作大匠。"

謹按：易稱："君子之道，或出或處，或默或語。〔一〕"傳曰："朝廷之人，入而不能出；山林之士，往而不能返。"言各有長也〔二〕。孔子嘉虞仲、夷逸〔三〕，作者七人〔四〕，亦終隱約〔五〕。姜肱高尚其事〔六〕，見得思義〔七〕，豈不綽綽然有餘裕哉〔八〕！韋著邁種其德〔九〕，少有云補〔一〇〕，可也；虐刑以逞〔一一〕，民心怨痛，德薄位尊，力小任重，古人懼旃，鮮能不及矣〔一二〕。

〔一〕繫辭文。

〔二〕注詳愆禮篇。

〔三〕論語微子篇："逸民：伯夷、叔齊、虞仲、夷逸、朱張、柳下惠、少連。……謂：『虞仲、夷逸，隱居放言，身中清，廢中權。』"

〔四〕論語憲問篇："子曰：『賢者辟世，其次辟地，其次辟色。』子曰：『作者七人矣。』"集解引包曰："作，爲也，爲之者凡七人。"皇疏引王弼曰："七人：伯夷、叔齊、虞仲、夷逸、朱張、柳下惠、少連也。"後漢書黃瓊傳注引論語注："七人，謂伯夷、叔齊、虞仲、夷逸、朱張、柳下惠、少連。」殆卽王弼釋疑說，羣輔録載七人後說，卽參用王說。據應氏此文，以虞仲、夷逸等爲七人，蓋漢師舊說。

〔五〕漢書司馬遷傳：「詩、書隱約。」師古曰：「隱，憂也；約，屈也。」

〔六〕易蠱卦：「不事王侯，高尚其事。」

〔七〕論語季氏篇載孔子語，子張篇載子張語並同。

〔八〕詩小雅角弓：「綽綽有裕。」孟子公孫丑：「豈不綽綽然有餘裕哉？」

〔九〕左傳莊公八年：「夏書曰：『皋陶邁種德。』」杜注：「邁，勉也。」

〔一〇〕文選陸士衡答賈長淵詩注引漢書應劭注云：「云，有也。」器案：云猶所也。漢書諸葛豐傳：「有未云補。」文選傅長虞贈何劭王濟詩：「進則無云補。」俱言所補，與此義同。

〔一一〕左傳僖公二十三年：「淫刑以逞，誰則無罪。」

〔一二〕拾補曰：「『能』疑衍。」徐氏識語云：「謹案：能，語詞。禮記『民鮮能久矣』，卽論語『民鮮久矣』。」器案：易繫辭下：「易曰：『其亡其亡，繫於苞桑。』子曰：『德薄而位尊，知小而謀大，力少而任重，鮮不及矣。』」應語本此。

趙相汝南李統，少幼，爲冀州刺史阮況〔一〕所奏「耳目不聰明」〔二〕，股肱掾史，咸用忿憒，欲詣闕自理。統聞知之，歷收其家，遣吏追還，曰：「相〔三〕久忝重任，負於素餐〔四〕，年漸七十，禮在懸車〔五〕，頃被疾病，念存首丘〔六〕，比自乞歸，未見聽許，州家〔七〕幸能爲，相〔八〕得去，實上願也。〔九〕」居無幾，果徵。時冀州有疑獄，章帝見問統。統處當〔一〇〕詳平，克〔一一〕

厭上心，曰：「君大聰明，刺史〔一二〕侵君。〔一三〕」統曰：「臣受國厚恩，官尊禄重，不能自竭，有以報稱，久〔一四〕抱重疾，氣力羸露〔一五〕，耳聾目眩，守虚隕越〔一六〕，自分奄忽〔一七〕塡壑，猥〔一八〕得承望闕廷，親見御座，不勝其喜，權時有瘳〔一九〕，辭出之後，必復故〔二〇〕也，刺史不侵臣也。」上悦其遜，卽日免況，拜統侍中〔二一〕。

〔一〕「阮」字原脱，拾補據御覽六四〇補，今從之。後漢書任光傳：「更始至洛陽，以光爲信都太守。及王郎起，郡國皆降之，光獨不肯，遂與都尉李忠、令萬脩、功曹阮況、五官掾郭唐等同心固守。」又朱暉傳：「後爲郡吏，太守阮況，嘗欲市暉婢，暉不從。及況卒，暉乃厚贈送其家，人或譏焉，暉曰：『前阮府君有求於我，所以不敢聞命，誠恐以財貨污君，今而相送，明吾非有愛也。』」當卽此人。朱筠以爲「大德本『況』上闕一字，當是『爲』字」，非是。

〔二〕御覽引作「耳目不聰，宜免職任」。

〔三〕「相」，何本、郎本、程本、鍾本作「統」，郎本校云：「『統久』一本作『相久』。」拾補云：「（程本作「統」）不當從。」朱筠曰：「蓋自吏口稱『相』爲是，從大德本改正。」

〔四〕文選傳長虞贈何劭王濟詩注引韓詩曰：「何謂素餐？素者質，人但有質朴，無治民之材，名曰素餐。」

〔五〕漢書韋賢傳：「韋孟在鄒詩：『懸車之義，以洎小臣。』」注：「應劭曰：『古者，七十懸車致仕。』」禮記王制：「七十致政則懸車。」白虎通致仕篇：「臣年七十懸車致仕者，臣以執事趨走爲職，七十陽道極，耳目不聰明跂踦之屬，是以退老去，避賢者路，所以長廉遠恥也。懸車，示不用也。」公羊傳桓公五年注：「禮七十懸車致仕。」疏云：「舊説云：『日在懸輿，一日之暮。人年七十，亦一世之暮，而致其政事於君，故曰懸輿致仕。』」孝經開宗明義章釋文、正義引鄭注：「七十行步不逮，縣車致仕。」文選蔡伯喈陳太丘碑文：「及文書赦宥，時年已七十，遂隱丘山，懸車告老。」論衡自紀篇：「年漸七十，時可懸輿。」三國志魏書徐宣傳：「宣曰：『七十有懸車之禮，今已六十八，可以去矣。』」又陳矯傳：「七十有懸車之禮。」司馬貞補史記序：「七十列傳，取懸車之暮齒。」器案：淮南子天文篇：「日至於悲泉，爰息其馬，是謂縣車。」公羊疏引舊說本此。

〔六〕說文：「狐……死則首丘。」白虎通封禪篇：「狐死首丘，不忘本也。」

〔七〕「州家」，郎本、程本作「皇家」，不可從。郎本校云：「『皇家』一作『州家』。」三國志吳書太史慈傳：「慈仕郡奏曹，會郡與州有隙，州章已去，慈晨夜到洛陽，取州章截敗之，因通郡章，州家更有章，不復見理，由是爲州家所嫉。」州家亦謂州刺史也。刺史之稱爲州家，蓋亦如天子之稱爲國家也。唐人詩文多稱刺史爲州家，本此。

〔八〕何本、郎本、程本、鍾本「相」作「統」。

〔九〕何本、郎本、程本、鍾本「上顧」作「至顧」。

〔一〇〕漢書刑法志：「宣帝詔曰：『今遣廷史與郡鞫獄，任輕祿薄，其爲置廷平，秩六百石，員四人，其務平之，以稱朕意。』」注：「如淳曰：『以囚辭決獄事爲鞫，謂疑獄也。』」又：「二千石官以其罪名當報之。」師古曰：「當謂處斷也。」

〔一一〕御覽「克」作「尅」。

〔一二〕「刺史」，拾補曰：「御覽有『下』字。」徐氏識語云：「謹案此因下『刺史不侵臣』長『不』字，或更爲『下』耳。」案宋本御覽作「不」不作「下」。

〔一三〕御覽「侵」作「親」，不可據。

〔一四〕鍾本「久」作「大」。

〔一五〕左傳昭公元年：「勿使有所壅閉湫底，以露其體。」杜注：「露，羸也，壹之則血氣集滯，而體羸露。」孟子滕文公：「是率天下而路也。」趙注：「是率導天下人以羸露之困也。」戰國策秦策：「士民潞病於內。」高注：「路羸於內。」呂氏春秋不屈篇：「士民罷潞。」高注：「潞，羸也。」案露、路、潞音義俱同。

〔一六〕左傳僖公九年：「恐隕越于下。」杜注：「隕越，顛墜也。」

〔一七〕文選馬季長長笛賦：「奄忽滅没。」注：「方言曰：『奄，遽也。』」

〔一八〕後漢書鄧騭傳注：「猥，曲也。」

〔一九〕文選朱叔元爲幽州牧與彭寵書：「欲權時救急。」權時，猶今言暫時。

〔二〇〕「故」，鍾本作「固」。

〔二一〕漢書百官公卿表侍中注引應劭曰：「入侍天子，故曰侍中。」又詳孫星衍校集漢官儀上。

司徒九江朱倀〔一〕，以年老，爲司隸虞詡所奏〔二〕，耳目不聰明，見掾屬大怒曰：「顛而不扶，焉用彼相〔三〕？君勞臣辱，何用爲？」於是東閤祭酒〔四〕周舉曰：「昔聖帝明王，莫不歷象日月星辰〔五〕，以爲鏡戒，熒惑比有變異，豈能手書，密以上聞？」倀曰：「可自力也〔六〕。」舉爲創草〔七〕：「臣聞易曰：『天垂象，見吉凶。〔八〕』『觀乎天文，以察時變。〔九〕』臣竊見九月庚辰，今月丙辰，過熒惑於東井辟，金光輝合，并移時乃出。臣〔一〇〕經術淺末〔一一〕，不曉天官〔一二〕，見其非常，昭昭再見，誠切怪之。臣〔一三〕誠懣憒。夫月者太陰，熒惑火星，不宜相干。臣聞盛德之主，不能無異，但當變改，有以供御。孔子曰：『雖明天子，熒惑必謀。〔一四〕』禍福之徵，慎察用之。孝宣皇帝地節元年〔一五〕，月蝕熒惑，明年有霍氏亂〔一六〕。孔子曰：『火上不可握，熒惑班變，不可息志，帝應其修無極。〔一七〕』此言熒惑火精，尤史家所宜察也。楚莊曰：『災異不見，寡人其亡。〔一八〕』今變異屢臻，此天以佑助漢室，覺悟國家也。臣誠懼史官畏忌，不敢極言〔一九〕，惟陛下深留聖思〔二〇〕，按圖書之文〔二一〕，鑒古今之戒，召見方正，極言而靡諱，親賢納忠，推誠應人，猶影響也〔二二〕。宋景公有善言，熒惑徙舍，延年益壽〔二三〕。況乎至尊〔二四〕，感不旋日〔二五〕。書曰：『天威棐諶。』言天德輔誠也〔二六〕。周公將没，戒成王以左右常伯〔二七〕、常任、準人、綴衣、虎賁〔二八〕。言此五官，存亡之機，不可不謹也。臣願陛下思周旦之言，詳左右清禁之内，謹供養之官，嚴宿衛之身，申勑屢省，務知戒慎，以退未萌，以此無疆〔二九〕。謹匍匐自力，手書密上。」上覽倀表，嘉其忠讜，倀目數病，手能細書〔三〇〕。詡案大臣，苟肆私意。詡坐上謝，倀蒙慰勞。

〔一〕後漢書順紀：「永建元年，長樂少府九江朱倀爲司徒。」注：「朱倀，字孫卿，壽春人也。倀音丑良反。」又來歷傳：「太中大夫朱倀。」注：「倀音丑羊反。」又丁鴻傳：「門下由是益盛，遠方至者數千人，彭城劉愷、北海巴茂、九江朱倀，皆至公卿。」又劉愷傳：「倀能説經書，而用心褊狹。」又周舉傳：「後長樂少府朱倀代郃爲司徒。」注：「倀音丑良反。」顔氏家訓風操篇：「後漢有朱張字孫卿。」字作「張」，誤。

〔二〕後漢書虞詡傳：「虞詡，字升卿，陳國武平人也。永建元年，代陳禪爲司隸校尉。」御覽六四二引續漢書：「虞詡字叔卿，陳留圉人。祖爲獄吏，嘗倣于公之治獄，及詡生，經曰：『吾雖不及于公，子卿至丞相，冀得爲九卿。』故字詡曰叔卿。至尚書令。」

〔三〕論語季氏篇：「危而不持，顛而不扶，則將焉用彼相矣？」

〔四〕後漢書周磐傳：「潁川太守韓崇召蔡順爲東閤祭酒。」司空孔扶碑：「扶當國時，辟史晨之父爲東閤祭酒。」又有南閤祭酒，說文許沖表：「臣父故大尉南閤祭酒慎。」經典釋文敍録：「陳元爲司空南閤祭酒。」又有西閤祭酒，晉書衞玠傳：「玠爲太傅西閤祭酒。」漢舊儀：「丞相設四科之辟，第一辟曰：德行高妙，志節清白，補西曹南閤祭酒。」

〔五〕尚書堯典：「歷象日月星辰。」史記五帝本紀：「數法日月星辰。」索隱：「尚書作『歷象日月』，則此言數法，是訓歷象二字，謂命羲、和以歷數之法，觀察日月星辰之早晚，以敬授人時也。」

〔六〕三國志魏書曹爽傳注引魏末傳：「司馬懿謂李勝曰：『今當與君別，自顧氣力轉微，後必不更會，因欲自力，設薄主人，生死共別，令師、昭兄弟，結君爲友，不可相舍去，副懿區區之心。』」唐書白志堅傳：「硜硜自力，有知數。」自力猶言自盡其力。鍾本「力」作「立」，非是。

〔七〕論語憲問篇：「爲命，裨諶草創之。」器按：范書周舉傳：「後長樂少府朱倀代郃爲司徒，舉猶爲吏。時孫程等坐懷表上殿争功，帝怒，悉徙封遠縣，洛陽令促期發遣。舉說朱倀曰：『朝廷在西鍾下時，非孫程等豈立？雖韓、彭、吳、賈之功，何以加諸。今忘其大德，録其小過；如道路夭折，帝有殺功臣之譏。及今未去，宜急表之。』倀曰：『今詔怒，二尚書已奏其事，吾獨表此，必致罪譴。』舉曰：『明公年過八十，位爲台輔，不於今時竭忠報國，惜身安寵，欲以何求？禄位雖全，必陷佞邪之譏；諫而獲罪，猶有忠貞之名。若舉言不足採，請從此辭。』倀乃表諫，帝果從之。」疑此與應書載舉所作奏，當爲一事，而蔚宗省其表耳。

〔八〕繫辭上文。

〔九〕賁卦文。

〔一〇〕「臣」字原無，拾補校補，今從之。

〔一一〕漢書東平思王傳：「詔書又敕傅相：『自今以來，非五經之正術，敢以游獵非禮道王者，輒以名聞。』」又：「後三歲，天子詔有司曰：『今聞王改行自新，尊修經術。』」又翟方進傳：「當以經術進，努力爲諸生學問。」案漢時以經術飾吏事，故言政事者，率以經術爲準繩。

〔一二〕史記天官書索隱：「案天文有五官，官者，星官也，星座有尊卑，若人之官曹列位，故曰天官。」案天官謂掌天文之官，因而名其業亦曰天官，太史公自序所謂「學天官於唐都」是也。

〔一三〕「臣」字原無，據拾補校補補。

〔一四〕漢書天文志：「熒惑，天子理也，故曰：雖有明天子，必視熒惑所在。」隋書天文志中亦有「雖有明天子，必視熒惑所在」之文。案：開元占經三〇引石氏曰：「熒惑，天子之理也，東西南北無常，五月而出。」又引荆州占曰：「熒惑，上承天一，下主司天下人臣之過，司驕、司奢、司禍、司賊、司飢、司荒、司死、司喪、司日、司直、司兵、司亂，熒惑無不主之。王者禮義，熒惑不留其國；凶殃，熒惑罰之。」

〔一五〕漢書宣紀注引應劭曰：「以先者地震，山崩水出，於是改年曰地節，欲令地得其節。」

〔一六〕漢書天文志：「地節元年，正月戊午，乙夜月食熒惑，熒惑在角亢，占曰：憂在宫中，非賊而盜也，有内亂，讒臣在旁，其辛酉，熒惑入氐中，氐，天子之宫，熒惑入之，有賊臣。」又曰：「四年，故大將軍霍光夫人、顯將軍霍禹、范明友、奉車霍山，及諸昆弟賓婚爲侍中諸曹九卿羣守，皆謀反，咸伏其辜。」器案：漢書紀、傳，俱載霍氏亂在地節四年，與志相合，此作明年（地節元年之明年），誤，當據改。

〔一七〕開元占經三〇引吴龔天文書：「熒惑，火之精，其位在南方，赤帝之子，方伯之象也，爲天候主氣成敗，司察妖孽，東西南北無有常，出則有兵，入則兵敗，周旋止息，乃爲死喪。」

〔一八〕春秋繁露必仁且智篇：「楚莊王以天不見災，地不見孽，則禱之於山川曰：『天其將亡予邪？不説吾過，極吾罪也？』」案此事又見説苑君道篇、後漢書明紀永平三年詔、論衡譴告篇、渚宫舊事一。

〔一九〕漢書文紀：「二年詔：『舉賢良方正，能直言極諫者，以匡朕之不逮。』」極言、極諫義同。

〔二〇〕「思」，郎本誤「恩」。

〔二一〕後漢書班彪傳注：「圖書，河圖、洛書也。」又桓譚傳注：「圖書，卽讖緯符命之類也。」漢書藝文志天文家有圖書祕記十七篇。

〔二二〕書大禹謨：「惠迪吉，從逆凶，惟影響。」後漢書郎顗傳：「天之應人，敏于影響。」

〔二三〕呂氏春秋制樂篇：「宋景公之時，熒惑在心，公懼，召子韋而問焉，曰：『熒惑在心，何也？』子韋曰：『熒惑者，天罰也；心者，宋之分野也；禍當於君。雖然，可移於宰相。』公曰：『宰相，所與治國家也，而移死焉，不祥。』子韋曰：『可移於民。』公曰：『民死，寡人將誰爲君乎？寧獨死。』子韋曰：『可移於歲。』公曰：『歲害則民饑，民饑必死，爲人君而殺其民以自活也，其誰以我爲君乎？是寡人之命固盡已，子無復言矣。』子韋還走，北面載拜曰：『臣敢賀君，天之處高而聽卑，君有至德之言三，天必三賞君，今夕熒惑其徙三舍，君延年二十一歲。』公曰：『子何以知之？』對曰：『有三善言，必有三賞。熒惑必三徙舍，舍行七星，星一徙當一年，三七二十一，臣故曰君延年二十一歲矣。臣請伏於陛下以伺候之，熒惑不徙，臣請死。』公曰：『可。』是夕熒惑果徙三舍。」案此事又見淮南道應篇、史記宋世家、新序雜事四、論衡變虚、無形二篇。

〔二四〕文選東京賦：「降至尊以訓慕。」注：「至尊，天子也。」

〔二五〕漢書李尋傳：「子孫之福，不旋日而至。」蔡邕答詔問災異：「易傳曰：『陽感天，不旋日。』」不旋日，猶言日影不移，極言其速。

〔二六〕康誥：「天畏棐忱。」漢書敍傳：「幽通賦：『實棐諶而相訓。』」注引應劭曰：「棐，輔也；諶，誠也。」三國志魏書公孫瓚傳注引漢晉春秋：「袁紹與公孫瓚書：『天威棐諶。』」與此合。器案：威、畏古通，爾雅釋詁：「棐，俌也。」郭注、文選幽通賦注引書，「畏」皆作「威」，廣雅釋詁：「威，德也。」周頌有客：「既有淫威，降福孔夷。」正義：「言有德，故易福。」宣光五經從横，以德釋威，當有所本。僞孔云：「天德可畏，以其輔誠。」蓋不知舊訓，故望文生義，而增字以解經也。又文選注引「諶」作「忱」，云：「『諶』與『忱』，古字通。」按書大誥：「天棐忱辭。」漢書孔光傳引「忱」作「諶」，孔彪碑用書文作「上帝棐諶」，詩大明：「天難忱斯。」説文引作「諶」，蕩：「其命匪諶。」説文引作「忱」，廣韻：「『忱』與『諶』同。」

〔二七〕文選陳太丘碑注引漢官儀：「侍中，周官，號曰常伯，選於諸伯，言其道德可常尊也。」又東京賦注、藉田賦注、安陸王碑注引漢官儀：「侍中，周成王常伯任侍中，殿下稱制，出卽陪乘，佩璽抱劍。」

〔二八〕按見尚書立政，書序云：「周公作立政。」此云：「周公將没戒成王云云。」其説不同。考舉父防，師事徐州刺史蓋豫，受古文尚書，則舉此説，蓋亦古文師説也。

〔二九〕大德本「疆」誤「彊」，係後描字。

〔三〇〕後漢書循吏傳序：「其以手迹賜方國者，皆一札十行，細書成文，勤約之風，行于上下。」

謹按：論語：「能以禮讓爲國乎？何有。〔一〕」「夫子温良恭儉讓以得之。〔二〕」傳曰：「心苟不競，何憚於病。〔三〕」朱倀位極人臣，視事數年，訖無一言，彌縫時闕〔四〕。又倀年且九十，足以惛憒，義當自引，以避賢路〔五〕，就使有枉，欣以俟命耳，何能乃發忿〔六〕，欲自提理。周舉爲人謀而不忠〔七〕，維訖〔八〕匡陳，起自營衛。夫奉義順之謂禮，愛人而不以德〔九〕，不可謂仁，信不由中〔一〇〕，文辭何爲？向遇中宗永平之政〔一一〕，救罪不暇，何慰勞之有？李統内省不疚〔一二〕，進退温雅，明主是察，終爲長者〔一三〕。

〔一〕里仁文。

〔二〕學而文。

〔三〕左傳僖公七年：「諺有之：『心則不競，何憚於病。』」

〔四〕左傳僖公二十六年：「彌縫其闕。」

〔五〕史記萬石君傳：「願歸丞相侯印，乞骸骨歸，避賢者路。」謂避讓賢者出仕之路也。

〔六〕拾補云：「『能』衍。」識語云：「謹案：能、乃聲近通用。淮南子：『此何遽不能爲福乎？』藝文類聚引『能』作『乃』。漢書匈奴傳：『然後乃備。』漢紀『乃』作『能』。此文當是『能』字，後人識『乃』於旁，錯厠正文耳。」

〔七〕論語學而篇：「爲人謀而不忠乎？」

〔八〕「維訖」，拾補云：「二字疑。」器案：疑是「雖託」二字譌。

〔九〕禮記檀弓上：「君子之愛人也以德。」

〔一〇〕左傳隱公三年：「信不由中。」
〔一一〕漢書刑法志：「自建武、永平，朝無威福之臣，邑無豪傑之使，以口率計斷獄，少於成、哀之間什八，可謂清矣。」
〔一二〕論語顏淵篇：「內省不疚。」
〔一三〕慧琳一切經音義二三引風俗通：「春秋之末，鄭有賢人者著書一篇，號鄭長者，謂年長德艾，事長於人，以之爲長者也。」意林引風俗通：「禮云：『羣居五人，長者必異席。』今呼權貴作長者，非也。」

蜀郡太守潁川劉勝季陵，去官在家，閉門却掃〔一〕，歲致敬郡縣，答問而已，無所褒貶，雖自枝葉〔二〕，莫〔三〕力。太僕杜密周甫，亦去北海相，在家，每至郡縣，多所陳說，牋記括屬〔四〕；太守王昱，頗厭苦之，語次〔五〕：「聞得京師書，公卿舉故大臣劉季陵，高士也，當急見徵。」密知以見激，因曰：「明府在九重〔六〕之內，臣吏惶畏天威，莫敢盡情。劉勝位故大夫，見禮上賓〔七〕，俯伏甚於鱉蝟，泠澁比如寒蜓〔八〕，無能往來，此罪人也〔九〕。清雋就義，隱居篤學，時所不綜，而密達之，寃疑動賢，成陳之罪，所折〔一〇〕而密啟之〔一一〕，明府賞刑〔一二〕得中，令問休揚〔一三〕，雖自天然之姿〔一四〕，猶有萬分之一〔一五〕。詩不云乎：『雨我公田，遂及我私。〔一六〕』人情所有，庶不爲闕，既不善是，多見譏論，夫何爲哉？」於是昱甚悅服，待之彌厚〔一七〕。

〔一〕後漢書杜密傳作「閉門掃軌」，李賢注：「軌，車迹也。言絕人事。」
〔二〕左傳文公七年：「公族者，公室之枝葉也。」白虎通五行篇：「親屬臣諫不相去，何法？法木枝葉不相離也。」

〔三〕「莫」下，拾補云：「疑脱『爲致』二字。」

〔四〕拾補云：「『括』疑『聒』。」器案：廣博物志十七引作「託」，范書杜密傳：「每謁守令，多所陳託。」「括」當爲「託」之誤，盧説非。

〔五〕史記黥布傳：「從容語次，譽赫長者也。」漢書循吏黄霸傳：「吏民見者，語次尋繹。」案莊子田子方篇：「胸次」，注云：「次，中也。」語次，猶今説話間也。

〔六〕楚辭九辯：「豈不鬱陶而思君兮，君之門以九重。」

〔七〕通鑑五五作「位爲大夫，見禮上賓。」胡注：「位爲大夫，謂在朝列也。見禮上賓，謂郡守接遇之也。」

〔八〕西京雜記二：「元狩二年，大寒，雪深五尺許，野鳥獸皆死，牛馬皆蜷縮如蝟。」文選鮑照代出自北門行：「馬毛縮如蝟。」「寒蜓」，拾補曰：「范書作『蟬』。」器案章懷注云：「寒蟬，謂寂默也。楚辭曰：『悲哉，秋之爲氣也，蟬寂寞而無聲。』」方言十一：「寒蜩，螿也，似小蟬而青。」今案：寒蜩卽寒蟬，蟬之一種，至秋深天寒則不鳴，故稱瘖蜩。北史尉古真傳：「瑾好學吴人摇脣振足，爲人所哂，見人好笑，時論比之寒蟬。」

〔九〕後漢書杜林傳注引風俗通：「若能納而不能出，能言而不能行，講誦而已，無能往來，此俗儒也。」器案尚書君奭：「無能往來，兹迪彝教，文王蔑德，降于國人。」僞孔傳：「有五賢臣，猶曰其少，無所能往來，而五人以此道德教文王，以精微之德，下政令于國人。言雖聖人，亦須良佐。」漢書朱雲傳：「雲數上書，言丞相韋玄成，容身保位，亡能往來。」李奇注曰：「不能有所前却也。」

〔一〇〕「所折」，拾補云：「疑有譌脱。」

〔一一〕器案：范書此段作「今志義力行之賢，而密達之，違道失節之士，而密糾之」。

〔一二〕「刑」，大德本、何本同，范書亦作「刑」，朱藏元本、仿元本、兩京本、胡本、郎本、程本、鍾本、奇賞本作「賢」。

〔一三〕「問」，胡本、郎本作「聞」。綱目集覽十一：「令，善；休，美也。『問』與『聞』通，並音文運反，謂美善之名聞播揚也。」

〔一四〕文選陸士衡宴玄圃園詩注引桓譚新論：「聖人天然之姿，所以絶人遠者也。」後漢書第五倫傳：「陛下即位，躬天然之德。」天然，猶言自然。

〔一五〕淮南泰族：「夫欲治之主不世出，而可與治之臣不萬一。」漢書張釋之傳：「有如萬分一。」又谷永傳：「不能褒揚萬一。」師古曰：「言萬分之一。」文選典引：「竊作典引一篇，雖不足雍容明盛萬分之一，猶啟發憤滿，覺悟童蒙。」義俱同，爲今語「萬一」所本。

〔一六〕小雅大田文。

〔一七〕范書杜密傳：「杜密字周甫，潁川陽城人也，爲人沈質，少有厲俗志，爲司徒胡廣所辟，稍遷代郡太守，徵，三遷太山太守，北海相。後密去官還家，每謁守令，多所陳託。同郡劉勝，亦自蜀郡告歸鄉里，閉門埽軌，無所干及。太守王昱謂密曰：『劉季陵清高士，公卿多舉之者。』密知昱激己，對曰：『劉勝位爲大夫，見禮上賓，而知善不薦，聞惡無言，隱情惜己，自同寒蟬，此罪人也。今志義力行之賢而密達之，違道失節之士而密糾之，使明府賞刑得中，令聞休揚，不亦萬分之一乎？』昱慙服，待之彌厚。」

謹按：論語：「澹臺滅明，非公事未嘗至於偃之室也。〔一〕」「君子思不出其位。〔二〕」孟軻亦以爲「達則兼濟天下，窮則獨善其身。〔三〕」劉勝在約思純〔四〕，其靜已甚，若時意宴及，言論折中〔五〕，亦無嫌也。杜密婆娑〔六〕府縣，干與王政，就若所云，猶有公私；既見譏切，不覺坐謝負，而多伐善〔七〕，以爲己力〔八〕，惟顏之厚〔九〕，博而俗矣〔一〇〕。

〔一〕雍也篇文。

〔二〕憲問篇文。

〔三〕孟子盡心上作「窮則獨善其身，達則兼善天下」。此蓋記憶偶倒，在古書中往往有之。如呂氏春秋重言篇引詩「何其久也，必有以也，何其處也，必有與也」，今詩式微作「何其處也，必有與也，何其久也，必有以也」。玉篇人部仕下引論語「學而優則仕，仕而優則學」，金樓子立言下同，今論語子張篇作「仕而優則學，學而優則仕」，是其證。

〔四〕左傳昭公二十八年：「在約思純。」

〔五〕史記孔子世家贊：「折中於夫子。」索隱：「離騷云：『明五帝以折中。』王叔師云：『折中，正也。』宋均云：『折，斷也；中，當也。』按言欲折斷其物而用之，與度相中當，故以言其折中也。」

〔六〕詩陳風東門之枌：「婆娑其下。」漢書敍傳答賓戲：「婆娑虖術藝之場。」文選注引項岱曰：「婆娑，偃息也。」廣雅釋言：「媻娑，往來貌。」晉書王述傳：「王昶白牋於文皇帝曰：『昔與南陽宗世林共爲東宮官屬，世林少得好名，州里瞻敬，及其年老，汲汲自勵，恐見廢棄。世人咸共笑之。若天假其壽，致仕之事，不爲此公婆娑之事。』」義與此同。

〔七〕論語公冶長：「願無伐善，無施勞。」

〔八〕左傳僖公二十四年：「貪天之功，以爲己力。」

〔九〕書五子之歌：「鬱陶乎予心，顏厚有忸怩。」潘岳閑居賦：「雖吾顏之云厚，猶內媿于甯、蘧。」

〔一〇〕困學紀聞十二：「爲杜密之居鄉，猶效陳孟公、杜季良也；爲劉勝之居鄉，猶效張伯松、龍季高也；制行者宜知所擇。」胡氏讀史管見四：「或問：『劉勝、杜密，所處誰賢？』曰：『勝賢。如密之論，軒揚激發，固非常士所及；然勝之行，深潛靜退，可爲鄉里之式。如密之論，非惟犯出位之譏，亦取禍辱之道也；遇王昱賢者，故能容之耳。』」陸樹聲長水日鈔曰：「余以爲爲劉勝易，爲杜密難。使密所陳託，一出於公，而足以取信則可；不然，則寧爲劉季陵者之不至失己也。此魯男子所謂：『以我之不可，學柳下惠之可。』」